CW00571391

KNAUR

MIMI

# TRINKERBELLE

MEIN LEBEN IM RAUSCH

**Besuchen Sie uns im Internet:**
**www.droemer-knaur.de**

Aus Verantwortung für die Umwelt hat sich die Verlagsgruppe Droemer Knaur zu einer nachhaltigen Buchproduktion verpflichtet. Der bewusste Umgang mit unseren Ressourcen, der Schutz unseres Klimas und der Natur gehören zu unseren obersten Unternehmenszielen. Gemeinsam mit unseren Partnern und Lieferanten setzen wir uns für eine klimaneutrale Buchproduktion ein, die den Erwerb von Klimazertifikaten zur Kompensation des $CO_2$-Ausstoßes einschließt. Weitere Informationen finden Sie unter: www.klimaneutralerverlag.de

Originalausgabe März 2023

Ein Imprint der Verlagsgruppe Droemer Knaur GmbH & Co. KG, München

Covergestaltung: Katrin Lorenz
Coverabbildung: Katrin Lorenz / www.katrin-lorenz.com
Satz: Adobe InDesign im Verlag
Druck und Bindung: CPI books GmbH, Leck
ISBN 978-3-426-79148-6

*Für Ava und Ana.*
*Für meine Eltern und für meine Schwester.*

*Für Otto.*

*Für alle Abgestürzten.*
Vom Himmel und im Leben.

*Für die, die überlebt haben.*
Und für die, die es nicht geschafft haben.
Vor allem für die.

»The greater a child's terror,
and the earlier it is experienced,
the harder it becomes to develop a strong
and healthy sense of self.«

*Nathaniel Branden*

»Ask not why the addiction,
but why the pain.«

*Gabor Maté*

# Inhalt

# Vorwort von Nathalie Stüben

»Mein Krafttier ist eine Ameise. Deins auch?«

Nein, meins nicht. Ich musste nur lachen, als ich das zum ersten Mal gehört habe. Nun saß ich vor meinem Rechner, führte mein Podcastinterview mit Mimi, sprach überhaupt zum allerersten Mal mit ihr und wollte mit etwas Lustigem einsteigen. Und es war doch lustig, dass ihr Krafttier eine Ameise ist. Denn hey, Krafttiere, da denkt man doch eher an Löwen oder Geparden oder Adler.

Aber Mimi lachte nicht. Sie erklärte:

»Ich habe mal eine schamanische Reise gemacht. Der Schamane hat mich in eine Trance geführt und dann habe ich überall Ameisen gesehen. Da meinte er, ja, das ist dann dein Krafttier. Da war ich total enttäuscht. Eine Ameise? Kann es nicht irgendwas ein bisschen ›Posheres‹ sein? Aber er sagte, die Ameise sei eigentlich das kräftigste Tier im Schamanismus, weil sie sehr, sehr, sehr viel mehr tragen kann als das eigene Körpergewicht. Und das passt dann doch wieder zu meiner Geschichte, weil ich sehr viel mehr ausgehalten habe oder aushalten konnte, als ich dachte.«

Diese Aussage ist typisch für sie. Erst bringt sie dich zum Lachen. Dann packt dich die Tiefe ihrer Komik. Dann bringt sie dich zum Nachdenken. Dann verliebst du dich in sie.

Mimi ist eine der beeindruckendsten Frauen, die ich kenne. Eine der großzügigsten, liebenswürdigsten, klügsten und wärmsten. Sie ist eine Überlebende. Und ich danke allen

Göttern, Universen und Krafttieren dafür, dass sie lebt. Dass sie die Stärke besaß, aufzuhören mit Aushalten. Und anzufangen mit Gestalten.

Dieses Buch ist das Manifest eines Lebens, das sich nicht länger von außen bestimmen lässt. Ich bin so froh, dass es erscheint. Möge die Kraft dieser Frau und ihrer Worte alle Lesenden mitreißen, weg von Wahrheiten und Urteilen anderer, hin zu Unabhängigkeit und Selbstbestimmung.

Rosenheim, den 1. 11. 2022
Nathalie Stüben

# Prolog

Als ich die Worte meiner Freundin Nathalie Stüben zum ersten Mal gelesen habe, musste ich weinen. Es steckt so viel Liebe und so viel Wertschätzung in ihnen, dass ich Mühe hatte, sie anzunehmen. Obwohl ich schon so viel gelernt und so viel verstanden habe, taucht manchmal immer noch dieses *eine* abwertende Gefühl in mir auf und verunsichert mich.

Dieses Gefühl, das sagt: Das stimmt alles nicht und du hast das auch gar nicht verdient!

Aber anders als früher gebe ich unangenehmen Gefühlen so lange ihren Raum, wie sie ihn brauchen. Ich drücke sie nicht mehr weg. Ich betäube sie nicht mehr. Denn genau das haben Nathalie und ich *beide* lange gemacht. Ich ein ganzes Stück länger als sie. Weil ich früher angefangen und später aufgehört habe, es zu tun. Es tun zu *müssen.*

Gefühle lassen sich leichter ausschalten, wenn man betrunken ist, also haben wir getrunken. Erst manchmal zu viel. Und dann immer zu viel. Bei mir waren es nach meinem ersten Schluck nur wenige Monate von »manchmal zu viel« bis »immer zu viel«. Ich habe mit vierzehn angefangen und fast dreißig Jahre lang getrunken. Ganz gleich, wie sehr und wie oft ich versucht habe, den Alkoholkonsum einzugrenzen, mein Trinkverhalten hat sich nie wirklich verändert. Von Beginn an habe ich maßlos getrunken und war zu keinem Zeitpunkt fähig, meinen Konsum zu kontrollieren. Verändert haben sich nur die Trinkabstände, die mit den Jahren kleiner geworden sind. Dafür wurde die Menge an Alkohol größer.

Ich habe zu den klassischen funktionalen Trinkerinnen gehört, wobei der Ausdruck *funktional* in diesem Zusammenhang immer auch ein bisschen seltsam klingt. Denn so richtig funktioniert hat eigentlich recht wenig in meinem Leben. Ich war vollgetankt und bin trotzdem immer auf Reserve gefahren.

Erst als ich 2010 verstanden habe, dass ich alkoholkrank bin, und sagen konnte: »Ich bin Mimi und ich bin Alkoholikerin«, hat sich meine Fahrtrichtung verändert. Warum ich trotzdem noch acht Jahre gebraucht habe und erst 2018 aufhören konnte zu trinken und warum ich seither nicht mehr trinken *muss,* das kann ich nicht genau sagen. Es gibt keine logische Erklärung dafür, denn so genau weiß immer noch niemand, warum die einen es schaffen und die anderen nicht. Vielleicht hatte ich einfach Glück, dass ich immer wieder die Kraft fand, aufzustehen, um immer wieder zu versuchen, nüchtern zu werden.

Es gibt einen Spruch, den ich in den Räumen einer Selbsthilfegruppe, die mir geholfen hat, gesund zu werden, gelernt habe: *»Don't quit before the miracle happens.«*

Auch wenn ich oft völlig erschöpft und die Hoffnung auf dieses *miracle* nicht selten in weite Ferne gerückt war, habe ich nie aufgehört, an das Wunder des Nüchternwerdens zu glauben. Und in einer Gesellschaft, in der es normaler ist, zu trinken, als nicht zu trinken, fiel mir das sehr, sehr schwer. Vielleicht habe ich auch deswegen so lange gebraucht. Aber irgendwann war es tatsächlich da, und bis heute ist es nicht von meiner Seite gewichen.

Ich möchte dir an dieser Stelle aber sagen, dass *Trinkerbelle* kein Ratgeber ist. Ich sage das, weil ich keine falschen Hoffnungen schüren möchte. Obwohl *ich* nüchtern werden durfte, weiß ich trotzdem nicht, wie es für *dich* geht. Also habe ich mich erst gar nicht daran versucht. Der Weg zur Nüchternheit ist ein sehr persönlicher und ich glaube, es ist deswegen auch besonders wichtig, ihn auf seine ganz eigene Weise zu gehen.

Deswegen erzähle ich dir hier lediglich meine Geschichte. Und sie beginnt weit vor meiner Geburt, mit dem Leben meiner Ahnen.

Die Betäubung von seelischen Schmerzen ist auch in meiner Familie ein epigenetischer roter Faden, der sich von Generation zu Generation weitergesponnen hat. Die Schmerzen meiner Ahnen waren nicht alle gleich, aber alle waren sie tief. Woher mein eigener Schmerz kommt, daran konnte ich mich viele Jahre nicht erinnern.

Ich wusste nur, dass er da ist und dass er immer mehr Raum in mir einnimmt. Irgendwann war er so übermächtig und so groß, dass ich ihn einfach nicht mehr aushalten konnte. Sehr schnell habe ich gelernt, dass ich im Rausch meine Gefühle nicht mehr aushalten *muss*. Und genauso schnell, wie ich das gelernt habe, war ich süchtig nach Rausch.

Ich erzähle meine Geschichte aber nicht um meiner selbst willen, ich erzähle sie, um Alkoholismus eine Stimme zu geben. Denn die meisten alkoholkranken Menschen, denen ich begegnet bin, hatten keine. Sie waren Verwundete, deren Hilferufe so leise waren, dass sie nicht gehört wurden. Und weil sie nicht wussten, wie sie anders mit ihrem Schmerz umgehen sollten, haben sie ihn betäubt.

Ich habe beschlossen, in diesem Buch den Scheinwerfer ausschließlich auf diejenigen Ausschnitte meines Lebens zu richten, die direkt oder indirekt mit Alkohol zu tun hatten. Natürlich war alles nicht immer schwer und auch nicht immer tragisch, aber in jeder meiner Lebensphasen spielte Alkohol eine der Hauptrollen.

Die andere Hauptrolle spielte sexueller Missbrauch, den ich als Kind erleben musste. Viele Jahre wusste ich nicht mal, dass das so ist, weil ich mich nicht daran erinnern konnte. Aber ich erinnere mich heute und möchte dir diesen Teil meiner Geschichte nicht verschweigen. Überhaupt möchte ich ihn nie wieder verschweigen müssen.

Ich erzähle dir davon im Bewusstsein, dass ich dafür keine Beweise vorlegen kann und dass die, die dafür verantwortlich sind, ihre Verantwortung nie angenommen haben. Sie haben sogar das Gegenteil behauptet, nämlich, dass es nicht geschehen ist.

Aber es ist geschehen. Und es ist zu meinem *point of no return* geworden.

Danach hat sich die Tür zur Wiege der Unschuld für mich für immer verschlossen. Mein Weg war vorgezeichnet, denn als ich auf meine Täter traf, war ich bereits traumatisiert, und diesen Wunden wurden durch sie weitere, sehr viel tiefere Wunden hinzugefügt.

Lange habe ich darüber nachgedacht, ob ich das Recht dazu habe, ohne einen einzigen Beweis ein Manifest zu verfassen, das unverrückbar und für jeden nachlesbar ist. Aber so, wie sich zwei erwachsene Menschen erlaubt haben, einem Kind für die nächsten fünfunddreißig Jahre die Chance auf eine selbstbestimmte und gesunde Zukunft zu nehmen, erlaube ich mir, das, was sie getan haben, zu erzählen. Es gibt nur ein einziges Fragment, das in mein Bewusstsein gerückt ist, und ich beschreibe dieses Fragment so detailliert und so deutlich, wie es in meiner Wahrnehmung geschehen ist.

Ich bitte dich, genau zu überprüfen, ob du dich auf diese Beschreibung einlassen kannst. Ich habe alles zu Papier gebracht, was ich zu sagen hatte. Über Schuld und Scham und über Vergebung. Ich habe mich dabei behauptet und gelernt, meine Behauptung auszuhalten und anzuerkennen, dass das, was ich fühle, wahr ist. Und das war der wichtigste Schritt, den ich gegangen bin. Denn es war der erste. Ich habe mir die Freiheit genommen, noch viele weitere Schritte zu gehen. Danke, dass du dir die Zeit nimmst, mich dabei zu begleiten. Das bedeutet mir unendlich viel.

Deine Mimi

PS:
Am Ende dieses Buches findest du verschiedene Möglichkeiten, die ich für dich gesammelt habe, wenn du dir auf deinem Weg in die Nüchternheit Unterstützung wünschst. Es sind auch Adressen für diejenigen dabei, die süchtige Menschen in ihrem Umfeld haben und darüber sprechen möchten. Hinweise auf Hilfe, falls du sexuellen Missbrauch erleben musstest, findest du ebenfalls dort.

Du bist nicht allein. Ich fühle und sehe dich.

# SCHULD

## Dritte Klasse, Liverpool

Das Königreich Dalmatien liegt an der schönen Adria und ist ein österreichisches Kronland. Im Laufe der Jahrhunderte erwerben die Habsburger die schönste Perle der Adria, zusammen mit noch vielen weiteren Kronländern in Mitteleuropa: Dalmatien ist zwar besonders schön, aber auch besonders arm.

Mein Urgroßvater Ivan wird 1881 in die Monarchie seines Landes hineingeboren, dem Herrgott hinterm Rücken und im kältesten Februar des Jahrhunderts. Es ist so bitterkalt, dass seine Mutter in alle Decken eingewickelt werden muss, die im Dorf auffindbar sind. Ihr Bauch ist so steinhart und kalt, dass die Befürchtung groß ist, das Baby würde noch im Mutterleib erfrieren.

Meinem Urgroßvater ist die Temperatur alles andere als geheuer, er ziert sich und lässt sich viel Zeit, bevor er sein Köpfchen in die Februarkälte schiebt. Sein sieben Jahre älterer Bruder Mijo hockt mit eiszapfigen Füßen und eingerollt wie eine Katze hinter dem alten Sessel in der Küche, wo die Szene stattfindet, und bezeugt die Geburt eines Kindes, das keinen einzigen Mucks von sich gibt. Mein Urgroßvater Ivan ist derart entsetzt über die Lage, in die er hineingeboren wird, dass ihm die kleine Stimme im Hals stecken bleibt.

Ivan bleibt auch später ein Mensch, der nie schreit. Dafür

schreit sich der Nachzügler Mate, der fünf Jahre später in einem nicht minder eisigen Winter geboren wird, die Seele aus dem Leib.

Die beiden älteren Bauernsöhne wachsen zu geschickten Steinmetzen heran: Sie haben goldene Hände und bauen reichen Bauern weit über ihre dalmatinischen Dorfgrenzen hinaus die schönsten Häuser. Der jüngste Bruder, Mate, ist ein geschickter Jäger, und so teilen sich die drei Brüder die Aufgaben auf dem Hof. Zur Jahrhundertwende, Mate ist vierzehn, Ivan neunzehn und Mijo sechsundzwanzig, hören sie zum ersten Mal von den großen Schiffen, die eine bessere Zukunft im fernen Amerika versprechen, und davon, dass schon einige mutige Dalmatiner dort ein Leben für sich und ihre Familien aufbauen konnten. Die drei Brüder beschließen mit Handschlag: »Sobald wir Frauen und Kinder haben, nehmen wir auch so ein Schiff nach Amerika. Packen Vater und Mutter ein und bauen uns dort ein großes Haus, in dem wir alle leben. In einem besseren Leben.«

Ivan, der sparsamste der Brüder, verwaltet dreizehn Jahre lang die Kronen, die sie sich verdienen. Und auch wenn die Kronen nicht reichen, um Land in der Heimat zu kaufen, reichen sie allemal für drei Schiffstickets nach Amerika. Mate, der jüngste der Brüder, belesen und klug, hat zwar eine Ehefrau, aber noch kein Kind vorzuweisen und beschließt, die beiden älteren Brüder ziehen zu lassen, um später, hoffentlich schnellstmöglich selbst zum Vater geworden, mit Frauen, Kindern und den Eltern nachzukommen. Die anderen beiden versprechen, so schnell wie möglich genug Dollars und die Einreisepapiere zu senden.

Mijos Ehefrau, seine zwei Söhne und meine Urgroßmutter, Ivans Ehefrau, mit meiner Großmutter Mara, die zum Zeitpunkt der Abreise ihres Vaters Ivan vier Jahre alt ist, bleiben mit den Eltern, dem jüngsten Bruder Mate und seiner

Ehefrau im Königreich Dalmatien zurück. Dreizehn beschwerliche Jahre und dreizehn harte Winter nachdem die Brüder den Beschluss gefasst haben, ins gelobte Land auszuwandern, verlassen Ivan und Mijo ihr kleines dalmatisches Dorf Svib und machen sich auf die mühselige Reise nach Liverpool. Dort kaufen sie sich zwei Tickets für die *RMS Laconia,* auf der 350 Plätze der ersten, 350 Plätze der zweiten und 1500 Plätze der dritten Klasse belegt sind. Neun Tage verbringen die beiden in der dritten Klasse auf dem Schiff Richtung New York, um von dort aus nach Chicago weiterzureisen – die Stadt, in der schon viele Dalmatiner vor ihnen sesshaft geworden sind und eine große katholisch-dalmatinische Gemeinde aufgebaut haben. Dort warten warme Betten und eine goldene Zukunft auf die beiden Steinmetze mit den goldenen Händen, denn es gibt unbegrenzt Arbeit im Land der unbegrenzten Möglichkeiten.

Es wird nicht lange dauern, bis sie genug verdient haben, um den Rest der Familie mitsamt den Eltern nach Chicago zu holen. Niemand ahnt, dass die Zukunft des kleinen Dorfes auf den Monat genau ein Jahr später ins Ungewisse rutschen wird, als im August 1914 das Deutsche Reich dem russischen Zarenreich den Krieg erklärt.

Ein Attentat, bei dem der Thronfolger Österreich-Ungarns, Erzherzog Franz Ferdinand, und seine Ehefrau Sophie Chotek bei ihrem Besuch in Sarajevo ermordet werden, löst die Julikrise aus. Und die wiederum den Ersten Weltkrieg.

Während sich die Armeen rüsten, landet auch der jüngste Bruder Mate einen Treffer und zeugt 1914 seinen langersehnten Sohn, der 1915 in die brandneue Kriegswelt hineingeboren wird. Doch Mate siedelt nicht mit der übrigen Familie nach Amerika über, und zwar nicht nur, weil der Krieg das Tor nach Übersee verriegelt, sondern auch, weil er für die Monarchie kämpfen will.

1917 nimmt er nicht wie vereinbart die *RMS Laconia* nach Amerika, sondern als Soldat der Krone ein Kriegsschiff nach Italien.

Wäre Mate, wie vereinbart, nicht nach Italien, sondern mit der *Laconia* nach New York gereist, wäre er Zeuge ihrer letzten erfolgreichen Atlantiküberquerung geworden. Denn im selben Jahr wird das Schiff vor der irischen Küste von einem deutschen U-Boot versenkt. Unter den zwölf Todesopfern befinden sich zwei US-amerikanische Staatsbürgerinnen. Der frischgekürte amerikanische Präsident Woodrow Wilson kann unter keinen Umständen weitere von den Deutschen verursachte amerikanische Opfer dulden. Er erklärt im April 1917 dem Kaiserreich den Krieg.

Der Eintritt der USA markiert die Wende im Ersten Weltkrieg und macht es den beiden älteren Brüdern, die auf nichts anderes hinarbeiten als darauf, ihre Familien in die USA zu holen, unmöglich, dies zu tun.

Und so geschieht es, dass der Krieg die drei Brüder aus dem kleinen Dorf hinter Gottes Rücken für immer von ihren Familien trennt. Sie sehen weder ihre Eltern noch ihre Ehefrauen und ihre Kinder jemals wieder.

## Wolkenkratzer

Meine Großmutter Mara wächst behütet auf und liebt ihr Dorf über alles. Besonders die Tiere liebt sie. Sie hat sogar ein eigenes Kalb, vor ihren Augen wird es von der dicken Kuh geboren und ist ganz verschmiert und klein. Irgendwann wird Mara ganz allein mit ihren eigenen Händen viele kleine, verschmierte Kälber in die Welt ziehen.

Sie weiß, dass sie einen Vater hat. Sie weiß auch, wie er

ausschaut, weil ihre Mutter ein Bild von ihm unter der guten Damastbettwäsche im Schrank liegen hat. Dort liegt es, sagt ihre Mutter, damit die Sonne die Erinnerungen an ihn nicht wegnimmt. Er ist in Amerika, und sie und ihre Mutter sollen auch nach Amerika kommen. Und die anderen auch. Onkel Mate, ihre Tanten und Cousins und auch Oma und Opa. Aber keiner will.

Maras Mutter sagt, solange Krieg herrscht, wird sich niemand von der Stelle rühren. Sie seien ja nicht verrückt.

Für Mara ist der Krieg weit weg. So weit weg wie Amerika. Wenn sie das Bild ihres Vaters anschaut, wird keine Erinnerung in ihr wach. Aber wenn ihre Mutter mit ihr zum Heuspeicher hochklettert und sie das frische Heu riecht, dann erinnert sich Mara doch an ihren Vater. Daran, wie er sie huckepack die steilen Stufen nach oben trug und sie ins Heu warf. Sie erinnert sich daran, wie die Halme in seinem schwarzen Schnurrbart festhingen. Und an sein Lachen. Und daran, dass er nie schrie. Daran kann sie sich erinnern und ist erleichtert, *dass* sie sich erinnert.

Sie glaubt schon, dass sie ihn lieb hat, sie fühlt es nur nicht mehr. Die Liebe zu ihren Tieren und den Babykatzen, die Liebe zu ihrer Familie, die fühlt sie so tief, dass manchmal ihr Herz davon wehtut. Und weil das so ist, fühlt sie sich manchmal schuldig. Weil die Liebe zu ihrem Vater mit ihm nach Amerika verschwunden ist. Und so weiß sie bereits mit acht Jahren schon ganz genau, wie sich Schuld anfühlt.

Maras Onkel Mate erzählt beim Abendbrot, dass ihr Vater zusammen mit ihrem anderen Onkel Mijo in Amerika Häuser baut. Sehr hohe Häuser! Er zeigt nach oben in den Himmel und sagt, die Bauwerke nennt man Wolkenkratzer, so hoch sind sie. Sie fragt erstaunt, ob die Wolken nicht kaputtgehen, wenn sie von so einem hohen Haus gekratzt werden. Ihr Onkel Mate lacht, und Mara fragt weiter: »Wenn wir in

Amerika sind, können wir über diese hohen Häuser zu den Wolken hochklettern und die Engel besuchen? Mama sagt, in den Wolken wohnen die Engel!«

Mate lacht wieder und antwortet: »Ach herrje, Kind, hat sie das gesagt, ja? Die wohnen nicht in den Wolken, niemand weiß so recht, wo, aber dort sicher nicht!«

»Nicht?«, fragt Mara.

Er erläutert: »Wolken, das sind viele kleine Wassertröpfchen, und du könntest zwar hochklettern, aber nicht auf ihnen sitzen. Wolken sind wie ein dichter Nebel am Himmel, du würdest durch sie durchrutschen. Und dann wäre es aus mit dir. Zappenduster wäre es dann.«

Sie staunt und fragt sich, woher er das alles weiß.

Mate kaut weiter auf seinem Brot, reißt ein Stück Schinken ab und redet mit vollem Mund weiter: »Weißt du denn überhaupt, wie Wolken entstehen?«

Mara schüttelt den Kopf.

»Wolken entstehen, wenn durch die heißen Sonnenstrahlen Wasser auf der Erde verdunstet. Wie wenn Mama Wasser kocht und das Wasser dann als Dampf aufsteigt. Oben im Himmel kühlt der Dampf wieder ab und die kleinen Wassertröpfchen rücken dann ganz eng zusammen und du kannst sie so zusammengerückt als Wolken am Himmel sehen. Und wenn die Tropfen in den Wolken zu groß und zu schwer werden, rieseln sie als Regentropfen auf uns runter.«

Ihr Onkel ist ziemlich klug. Er bringt ihr bei, wie man ihren Namen schreibt, und erzählt ihr alles, was es über den Himmel und die Erde zu erzählen gibt. Und weil sie für ihn das fühlt, was sie für ihren Vater in Amerika empfinden sollte, fühlt sie sich noch schuldiger.

Obwohl Mama sagt, solange Krieg herrscht, wird sich keiner vom Fleck rühren, verlässt Onkel Mate ungerührt das Dorf. Es sei für die Krone und für das Vaterland.

Maras Vater ist in Amerika, und Mara denkt deswegen, Onkel Mate zieht für Amerika in den Krieg. Er drückt alle zum Abschied und zeigt sich kämpferisch und siegessicher. Sie werden sich niemandem ergeben, sagt er. »Wir sind Dalmatiner, Mara, vergiss das nicht. Dalmatiner kennen keine Angst. Wir sind stärker als der Rest der ganzen Welt. Und wenn ich wiederkomme, dann bringe ich dir das Lesen bei. Du wirst das klügste junge Mädchen im Dorf, klüger als alle Jungen zusammen.«

Mates Sohn ist zwei Jahre alt, Mara hält ihn auf dem Arm und winkt zusammen mit den anderen der Pferdekutsche hinterher, die ihren Onkel und die anderen Männer aus dem Dorf zum Hafen von Makarska und von dort aus in den Krieg bringt.

Ein paar Monate später wird ihre Mutter unter Tränen erzählen, dass es kein Lebenszeichen mehr von Onkel Mate gibt und dass sie denken, er sei gefallen.

Ihre Tante tauscht ihre bunten, mit Rosen bestickten Röcke gegen schwarze Kleider und verdeckt ihre Haare mit einem noch schwärzeren Tuch. Und alle weinen bitterlich.

Mara weint nicht. Sie kann nicht. Sie ist wütend auf Onkel Mate. Sie fragt sich, wie er so kopflos sein konnte! Er hat doch gewusst, dass man sich in Amerika nicht auf die Wolken setzen darf, weil man dann fällt. Und dass es dann aus mit einem ist. Weil ja nur Engel fliegen können. Er hat es ihr doch selbst erzählt. Warum zum Teufel hat er es dann trotzdem getan?

Sie schwört sich, niemals auch nur einen Fuß in dieses schreckliche, kratzige Amerika zu setzen, das Wolken im Himmel hat, durch die man fällt. Niemals wird sie diesen Ort betreten, der ihr nicht nur ihren Vater Ivan und ihren Onkel Mijo, sondern jetzt auch noch Onkel Mate genommen hat. Niemals.

## Gebete

Die Jahre gehen ins Land, der Erste Weltkrieg neigt sich 1918 dem Ende zu und niemand rechnet damit, dass das Königreich Dalmatien zu den Verlierern gehören wird. Onkel Mate ist nicht gefallen – jedenfalls weiß man das nicht genau –, er ist nur verschollen, kein Lebenszeichen weit und breit, und obwohl sein bester Freund, der mit ihm nach Italien verschifft wurde, offiziell für tot erklärt wird, bleibt Mate verschollen.

Seine Ehefrau weiß nicht, was schlimmer ist: verwitwet oder *vielleicht* verwitwet zu sein. Bis zu ihrem Tod wird sie es nie erfahren, sie bleibt in Schwarz gehüllt und ohne Mann.

Die anderen beiden Brüder sind immer noch in Amerika, und auch wenn Mate verschwunden bleibt, wollen sie wenigstens ihre Kinder und ihre Frauen nach Chicago holen. Aber immer noch will keiner das Dorf verlassen.

Mein Urgroßvater Ivan liest eines Morgens in der *Chicago Tribune,* dass eine Seuche in Europa ausgebrochen ist, die Spanische Grippe, und dass der spanische König Alfons XIII. bereits daran erkrankt ist. Die Spanier sind nicht am Krieg beteiligt, und weil die spanische Presse deswegen nicht zensiert wird, verbreitet sich die Nachricht von seiner Erkrankung schnell in Richtung Amerika. Dem Rest Europas wird die Seuche verschwiegen, es ist ein Staatsgeheimnis – schließlich herrscht immer noch Krieg. Demoralisierende Meldungen sind nicht erwünscht. Mein Urgroßvater wird auch immer demoralisierter und noch unruhiger als zuvor. Er möchte keine Sekunde mehr warten. Seine Familie soll so schnell wie möglich nach Chicago kommen.

Das Königreich Dalmatien gehört zu den haushohen Verlierern des Krieges, der über vierzig Millionen Opfer fordert, unter ihnen auch der kleine Bruder meines Urgroßvaters.

Und als sich Dalmatien aus der österreichisch-ungarischen Monarchie löst, marschieren immer mehr italienische Truppen ein, die das Land von den Alliierten zugesprochen bekamen. Der Nationalrat der Slowenen, Kroaten und Serben beschließt die Vereinigung der Königreiche. Das Königreich der Serben, Kroaten und Slowenen entsteht. Die dalmatinischen Bauern mögen die neue Monarchie aber nicht und gründen eine Bauernpartei, der sich auch Männer aus dem Dorf anschließen.

Mara ist neun Jahre alt, und die einzige männliche Bezugsperson, die sie jetzt noch hat, ist ihr Großvater. Und der ist bis an die Zähne bewaffnet und sagt, er wird jeden umschießen, der ihm sein Land wegnehmen will.

Mein Urgroßvater Ivan telegrafiert unterdessen seiner Frau, sie solle sich und die Tochter nun vorbereiten, dieses Mal dulde er keine Widerrede. Meine Urgroßmutter lässt zurücktelegrafieren, sie könne ihren Vater unter keinen Umständen seinem Schicksal überlassen, und schiebt die Reise wieder auf: Ivan, was nicht geht, geht einfach nicht! Komm du zurück nach Hause, dann haben wir die Probleme vom Tisch!

Ivan aber sieht keine Zukunft in seinem Dorf hinter Gottes Rücken und hat sich längst ein gutes Leben in Chicago aufgebaut. Er ist ein angesehener Mann, beschäftigt ein paar Arbeiter, zahlt pünktlich die Wochenlöhne aus, trägt feine Anzüge und hat fest vor, ein reicher Mann zu werden. Für ihn gibt es kein Zurück. Für ihn gibt es nur Amerika. Der Ausbruch der Spanischen Grippe wiederum wischt die Probleme vom Tisch meiner Urgroßmutter und macht eine Immigration in die USA für die nächsten Jahre unmöglich. Dass eine Überfahrt viel zu gefährlich für seine Tochter und seine Ehefrau ist, das muss auch mein Urgroßvater einsehen und schluckt die bittere Pille, die ihm die größte Seuche des

Jahrhunderts beschert. Meine Großmutter Mara wird pünktlich zum offiziellen Ende der Spanischen Grippe zwölf Jahre alt und von einem viel schlimmeren Fieber befallen. Heilung ausgeschlossen. Das Fieber heißt Liebe. Ihr Angebeteter ist mein Großvater Jozo, der schönste Junge im Dorf. Mara hat Schmetterlinge im Bauch und sieht nur noch Jozos graue Augen, seine Locken und sein verschmitztes Gesicht, das übersät ist mit Sommersprossen. Sie sieht weder die Schäden der Spanischen Grippe noch die Auswirkungen des Ersten Weltkrieges, sie sieht keinen Hunger, keine Not. Die verheerende Dürre in Dalmatien interessiert Mara auch nicht. Amerika hat sie sowieso längst vergessen. Alles, was meine Großmutter interessiert, ist mein Großvater. Maras Vater Ivan verliert langsam jegliche Geduld mit seinen beiden Frauen, die partout nicht nach Amerika kommen wollen. Das Geld, das er ihnen für die Reise schickt, geben sie dem bewaffneten Großvater.

Fünf weitere Jahre gehen ins Land. Fünf Jahre, in denen sich Ivans Frau und Tochter ihm und Amerika verweigern, bis ihm der Geduldsfaden endgültig reißt. Im Sommer 1925 schickt er wieder ein Telegramm. Und wieder wird es seine sture Ehefrau in die knarrende Küchenschublade stopfen und ein NEIN zurücktelegrafieren wollen. Aber diesmal tut sie es nicht, denn das Telegramm ist bitterernst. Ivan schreibt: Hole euch Weihnachten. Persönlich. Packt eure Sachen und haltet euch bereit!

Der Erste Weltkrieg ist seit sieben Jahren beendet, die Seuche treibt ihr Unwesen längst nicht mehr, und nun will er mit seiner Familie endlich das kommode Leben in Amerika genießen, das er sich mit mühsamer Arbeit aufgebaut hat.

Meine Großmutter Mara und mein Großvater Jozo sind unzertrennlich und verbringen seit Jahren jeden Nachmittag miteinander. Nach der Arbeit treffen sie sich heimlich auf dem Feld, unter den Pflaumenbäumen, die ihnen Schatten und Schutz vor den Augen der anderen bieten, während sie sich küssen. Mara will ihren Jozo niemals verlassen und betet jede Nacht zur Muttergottes, dass ihr Vater Ivan sie und ihre Mutter nicht abholen kommt.

Weder seine Ehefrau noch seine Tochter wollen weggehen. Sie können sich ein Leben ohne ihr Dorf nicht vorstellen, und Ivan ist schon so lange fort, dass sie sich auch ihn nicht mehr vorstellen können. Jozos Vater, mein Urgroßvater väterlicherseits, ist ebenfalls nach Amerika ausgewandert, und auch er kommt nach Dalmatien. Aber nicht, um seine Frau und die Kinder zu holen, sondern um zu bleiben. Er beugt sich der Sturheit *seiner* Frau, weil er des Bettelns müde geworden ist. Ivan hingegen ist nicht müde, er ist entschlossen und ziemlich sauer. Mara ist über seine Entschlossenheit so verzweifelt, dass sie die heilige Mutter schließlich um ein Wunder bittet. Egal, welches! Sie pilgert barfuß fünfzig Kilometer zur Muttergottes nach Sinj und barfuß fünfzig Kilometer zurück. Sie betet Hunderte Ave-Marias. Es muss etwas geschehen, es muss ein Wunder vom Himmel fallen, Gott darf nicht zulassen, dass sie ihren geliebten Jozo verlassen muss. Das Wunder fällt. Zwar nicht vom Himmel, aber aus der Straßenbahn. Ivan stürzt genau aus dieser, am Beginn seiner Reise, die ihn von Chicago über New York und Liverpool schließlich ins Dorf bringen soll. Nach dem Sturz wird mein Urgroßvater von einem Automobil überfahren. Er wurde zerquetscht wie eine Pflaume, wird man sich später im Dorf erzählen. Die Überseepapiere für seine Familie liegen in einer Blutlache auf der Straße und erreichen, so wie der Überbringer selbst, nie die Empfängerinnen.

Mara erfährt vom Tod ihres Vaters durch den dumpfen Aufprall ihrer ohnmächtigen Mutter. Beide Frauen tragen nach der Geschichte mit der Straßenbahn genau das gleiche tiefe Schwarz wie die Frau von Onkel Mate. Nur einmal wird meine Großmutter Mara etwas anderes als Schwarz tragen: zu ihrer Hochzeit mit meinem Großvater Jozo. Denn dass der gute Vater in Amerika zerquetscht wird wie eine Pflaume, das haben sie nicht gewollt!

Die Schuld frisst meine Großmutter von innen auf. Nur zu gut weiß sie, worum sie die Muttergottes gebeten hat. Und obwohl sie sich nichts sehnlicher gewünscht hat, als im Dorf zu bleiben, wird sie dort nie wirklich glücklich.

## Der Schrei

Meine Mutter ist gerade einen Monat volljährig, als ich geboren werde. Der Bruder meines Vaters fährt sie ins Krankenhaus, wo sie mich nach einer langen Nacht am frühen Morgen des 11. Septembers 1975 entbindet. Weder ihre eigene Mutter noch mein Vater sind bei ihr. Beide arbeiten in Deutschland. Die Mutter meiner Mutter bringt ihre fünf Kinder allein durch, schuftet tagsüber in einer Stofffabrik in Wangen am Bodensee, putzt nachts die Bäckerei nebenan und schickt Geld in die Heimat. Den Vater meiner Mutter gibt es nicht mehr.

Meine Mutter und mein Vater kommen wie Mara und Jozo auch beide aus dem Dorf. Aber als mein Vater endlich Arbeit in Deutschland findet, packt er über Nacht seine Sachen und geht. Diese Gelegenheit gibt es kein zweites Mal, denn er ist für den Fuhrpark eines Bauunternehmers zuständig. Und bekommt ein sattes Gehalt. Aber im Fuhrpark eines deutschen Unternehmers ist kein Platz für eine minderjährige, hochschwangere Jugoslawin. Also lässt mein Vater meine Mutter im Dorf zurück, es geht einfach nicht anders.

Als sie kurz vor der Niederkunft ist, fragt er, ob er Urlaub bekommen kann. Aber es gibt Regeln in Deutschland, und mein Vater hat seinen Antrag nicht früh genug eingereicht. Und deswegen ist es jetzt einfach zu spät. Und so bringt meine Mutter ihr erstes Kind allein und ohne ermutigende Worte zur Welt. Zusammen mit vier anderen Frauen, nur von vergilbten Vorhängen voneinander getrennt, in einem großen Saal des alten Militärkrankenhauses in Split. Der Arzt fragt meine Mutter, ob sie genauso laut geschrien hat, als ich gezeugt wurde. Mutterseelenallein liegt sie in den Wehen, ohne eine haltende Hand, ohne meinen Vater, vom eigenen Vater verlassen. Derweil geht unbeeindruckt die dalmatinische Sonne strahlend über dem Meer auf und beleuchtet wie eine viel zu helle Taschenlampe das Bett meiner gebärenden Mutter.

Die Geburt seines ersten Kindes feiert mein Vater in seinem kleinen Gastarbeiterzimmer mit seinen Gastarbeiterkollegen. Es wird Bier und Schnaps getrunken bis in die frühen Morgenstunden, und zwar in solchem Übermaß, dass dieser 11. September für lange Zeit als der Inbegriff eines Besäufnisses gilt. Mein Vater ist froh, endlich ein Kind vorweisen zu können, denn man hat sich bereits gefragt, ob mit ihm etwas nicht stimme. Aber es stimmt alles. Ich bin endlich da und das muss begossen werden.

Einen Monat später sieht mein Vater mich zum ersten Mal. Er weint. Doch der Besuch ist kurz und die folgende Ankündigung hart: Meine Mutter soll mitkommen nach Deutschland. Ohne mich. Die Familie meines Vaters ist groß und kinderreich, es gibt viele Tanten, die Ammen für mich sein wollen. Meine Mutter weigert sich zunächst, aber es ist aussichtslos. Sie hat keine Fürsprecher, keine Mutter, keinen Vater, die sich schützend vor sie stellen. Sie ist ein sippenloses achtzehnjähriges Mädchen, das gerade ein Kind zur

Welt gebracht hat, und beugt sich, obwohl sie ohne ihr Baby nicht gehen will. Es ist nur für ein paar Monate, beschwichtigt sie mein Vater. Und er meint es ernst. Auch er will so schnell wie möglich zurück nach Hause. Mit Taschen voller guter Deutscher Mark. Und der Aussicht auf eine bessere Zukunft.

Ich bleibe bei den Brüdern meines Vaters und ihren Ehefrauen und Kindern auf unserem Hof, und sie reichen mich wie einen kleinen Wanderpokal von Zimmer zu Zimmer. Ich werde inniglich geliebt, gehegt und gepflegt. Bis meine Tante Iva die Reise des verwaisten Wanderpokals beendet. Sie sagt, das Baby braucht eine Bezugsperson. Und diese Bezugsperson wird sie.

## Der Heimaturlaub I

Meine Mutter bekommt schnell auch so eine gute Arbeit in Deutschland wie mein Vater. Als Tellerwäscherin, in einem jugoslawischen Restaurant am Ort. Ihre Stelle ist begehrt, der Chef zahlt gut und hilft, die Kasse meiner Eltern zu füllen, die bald wieder zurück in die Heimat wollen, damit mein Vater in unserem Dorf eine kleine Autowerkstatt eröffnen kann. Meine Mutter muss dann gar nicht mehr arbeiten. Denn mein Vater hat große Pläne. Er hat eine Begabung fürs Geldverdienen, meine Mutter eine Begabung für die Küche. Der Chef hält große Stücke auf sie, sie ist jung, fleißig und reinlich. Und sie ist vor allem eines: bildhübsch. Er sagt, wenn sie schnell Deutsch lerne, würde er sie als Kellnerin einsetzen. Die hübschen jugoslawischen Kellnerinnen gingen alle mit Taschen voller Geld heim, das wolle sie sich doch nicht entgehen lassen. Aber meine Mutter will nicht zu den

Deutschen, sie will auch kein Deutsch lernen. Sie will so schnell wie möglich zurück nach Jugoslawien.

Sie will zurück zu ihrem Baby, zu mir.

Sie bleibt jeden Abend länger als die anderen und übernimmt Extraschichten. Und dabei magert sie so ab, dass die älteren Kolleginnen anfangen, sich ernsthaft um sie zu sorgen, und schimpfen: »Kind, du musst essen!«

Aber sie kann nichts essen, unmöglich. Sie bekommt einfach nichts herunter. Sie spürt keinen Hunger. Sie spürt nur diesen pochenden, tiefen Schmerz. Wie ein scharfes Messer steckt er in ihrer Magengrube und bohrt sich jeden Tag, den sie getrennt von ihrem Baby ist, tiefer in sie hinein.

An ihrem neunzehnten Geburtstag, sechsundvierzig Tage vor meinem ersten, bekommt sie von den anderen Tellerwäscherinnen eine Vasina Torta gebacken und einen roten Paschminaschal geschenkt. Mein Vater schenkt ihr einen goldenen Herzanhänger und sagt ihr, nicht mehr lange, dann gehen wir zurück! Meine Mutter will aber nicht länger warten, sie nimmt ihren Mut zusammen und fragt ihren Chef, ob sie zu meinem ersten Geburtstag für ein paar Tage Heimaturlaub nehmen darf. Er lehnt ab.

Er schiebt Personalmangel vor – in Wahrheit fürchtet er, seine fleißigste Mitarbeiterin zu verlieren. Denn er weiß: Lässt er sie gehen, kommt sie nicht mehr zurück.

Erst ist meine Mutter außer sich, dann verstummt sie. Sie spricht tagelang kein Wort, und mein Vater beschließt, nun seinen Chef nach Heimaturlaub zu fragen.

»Einer von uns beiden«, sagt er, »ist da, wenn die erste Kerze ausgepustet wird.«

Vier Tage könne er ihn entbehren, sagt ihm sein Chef, aber die Schicht am Wochenende müsse er trotzdem schieben. Doch mein erster Geburtstag fällt ausgerechnet auf einen Samstag und somit auf die Wochenendschicht meines Vaters.

Meine Mutter sagt: »Du musst trotzdem fliegen!«

Sie fahren mit dem Bus zum nächstgelegenen Reisebüro und kaufen von ihrem Ersparten ein Flugticket von Köln nach Split, mit einem Rückflug am 10. September 1976. Einen Tag vor meinem ersten Geburtstag.

Mein Vater versucht, meine Mutter zu beschwichtigen: »Es ist doch nicht so schlimm, sie ist noch so klein und weiß doch gar nicht, welcher Tag es ist. Donnerstag, Freitag oder Samstag, es ist doch egal. Ich puste trotzdem eine Kerze mit ihr aus!«

Meine Mutter stopft aus alten Stoffen eine Puppe, stickt ihr Augen und mit rotem Faden einen großen, lächelnden Mund und schläft jeden Abend bis zum Abflug in fester Umarmung mit ihr ein. Sie wickelt die Puppe in Geschenkpapier mit bunten Glitzerpunkten und steckt sie meinem Vater ins Handgepäck. Der Duft des Geburtstagsgeschenkes meiner neunzehnjährigen Mutter soll mich an sie erinnern. Daran, dass es sie gibt und ich sie nicht vergessen darf.

## Jovanka Broz

Ich bin ein properes, fröhliches kleines Mädchen mit wachen Augen und liebe meine Tante Iva, von der ich glaube, dass sie meine Mutter ist, über alles. Sie trägt mich fest eingewickelt in einem Tuch überall mit sich hin. Ich klebe wie eine Briefmarke an ihrem warmen Rücken und spüre ihren ruhigen Atem. Wir ernten zusammen Kartoffeln, melken die Kühe, misten den Saustall aus oder schrubben den Boden der Wohnküche des Berghofes, der im dalmatinischen Hinterland des sozialistischen Jugoslawiens liegt. Die vier Brüder mit ihren Ehefrauen und Kindern teilen sich mit den Eltern meines Vaters den Hof. Jeder der Brüder hat ein eigenes Ehezimmer mit einem großen Ehebett im Haupthaus, die kleineren Kinder schlafen bei den Eltern, die größeren in einem Kinderzimmer mit zusammengeschobenen Betten, unter denen hellblaue Nachtschüsseln aus Emaille stehen. Ich schlafe bei meiner Tante, deren Söhne schon groß genug fürs Kinderzimmer sind, im Bett. Erst spät nachts, wenn mein Onkel ins Bett kommt, legt sie mich in mein Gitterbettchen, das sie dicht ans Ehebett geschoben hat, und streckt ihre Hand durch die Stäbe. Ich greife im Schlaf nach ihrem Finger und so schlafen wir, Nacht für Nacht. Ich bin Ivas ersehntes Mädchen, das sie sich immer gewünscht, aber nicht geboren hat.

Im vorderen Teil des Hofes betreiben die Brüder eine gut laufende »Gostijona«, die Dorfkneipe, in der die Dorfbauern nach getaner Feldarbeit erschöpft am Tresen stehen und sich mit ein, zwei Kurzen die Lebensgeister zurück in den Leib holen, bevor sie weit nach Mitternacht und meist mit ein, zwei Kurzen zu viel zurück zu ihren Ehefrauen torkeln. Der selbst gebrannte Slibowitz fließt wie Milch und Honig, und die Brüder erfreuen sich auch weit über die Grenzen des Dorfes hinaus großer Beliebtheit. Zumindest bei den Männern. Die Frauen der Bauern verwünschen mehr als einmal die Pflaumenernte meiner Onkel.

Der Plan meines Vaters, mit einem dicken Batzen D-Mark zurückzukommen und die Garage zu einer Autowerkstatt umzubauen, soll neben der Kneipe eine zweite lukrative Geldquelle werden. Die Brüder-Dynastie soll wachsen, damit aus uns Kindern etwas Besseres wird. Vor allem aus uns Mädchen, denn wir sind deutlich in der Überzahl. Wir sollen Ärztinnen und Anwältinnen werden.

Mein Vater und seine Brüder sind fortschrittliche Männer, ihre Töchter sollen gebildet und unabhängig sein. Es ist ihnen egal, wie die anderen im Dorf ihre Töchter erziehen. Ehefrauen gibt es außerdem schon genug. Anwältinnen und Ärztinnen zu wenig.

Die Familie hält zusammen und mimt nach außen hin die guten Sozialisten. Hinter vorgehaltener Hand, wenn der letzte Trunkenbold nach Hause getorkelt ist, flüstern sie, wie sehr sie Tito und den Sozialismus verabscheuen. Trotzdem hängt Titos Abbild riesengroß und vergilbt im Eingangsbereich der Kneipe. Solange er noch lebt, wird sich daran auch nichts ändern. Neben seinem Konterfei klebt ein kleineres Bild, aber genauso vergilbt, herausgerissen aus einer Klatschzeitschrift. Darauf sind Sophia Loren, ihr Ehemann Carlo Ponti, Tito und Titos vierte Ehefrau Jovanka zu sehen. Jovanka ist mit ihren braunen Augen und langen Haaren schön, aber vor allem ist sie kaltblütig. Und bringt es deswegen im Zweiten Weltkrieg als erste Frau und Partisanin zum Hauptmann. Als sich Tito 1944 von seiner zweiten Frau trennt, beschließen seine engsten Mitarbeiter, dem Schürzenjäger Tito die Auswahl der nächsten Frau zu erleichtern, und der Geheimdienstchef kommandiert Jovanka in Titos Haushalt ab. Tito heiratet die siebenundzwanzig Jahre alte Jovanka an seinem sechzigsten Geburtstag. Der Plan geht auf, und Jovanka wird zum Liebling der Jugoslawinnen. Sie bringt die Stars und Sternchen allerdings nicht nur ins Land und in die Dorfkneipe meiner Familie, sie bringt sie auch reihenweise ins Bett ihres Ehemannes. Und obwohl es niemand aus meiner Familie offen ausspricht, zeugt der Zeitungsausschnitt an der Wand von heimlicher Bewunderung. Denn auch wenn Tito und Jovanka mitsamt den Affären und dem Sozialismus wie die Pest für meine katholische Familie sind, gelten sie als die Kennedys des Balkans: vorzeigbar und elegant. Und das, obwohl sie anders als das amerikanische Original nicht etwa die Sprösslinge reicher Eltern sind, sondern wie mein Vater, seine Brüder und Ehefrauen die Nachkommen von Bauern.

Jovanka schafft etwas, was keine andere außer ihr geschafft hätte: Sie repräsentiert Jugoslawien so, wie Tito will, dass Jugoslawien gesehen wird. Und nicht so, wie das Land wirklich ist. Tito zeigt sich weltmännisch, Jovanka mit hochtoupierten Haaren. An der Seite ihres Ehemannes gibt sie, stets chic und nach dem Dernier Cri gekleidet, den politischen Takt an. Und fällt nach Titos Tod in Ungnade. Sie sei eine Spionin, sagen seine Nachfolger und nehmen ihr alles weg.

Auch den Platz in der Dorfkneipe meiner Familie.

## Der Heimaturlaub II

Er lässt vor der Treppe zum Haupthaus seine Reisetasche fallen und nimmt zwei Stufen auf einmal. Ich klammere mich fest an meine Tante und fange an zu weinen. Ich trage das Rüschenkleid, die weißen Söckchen und die dunkelblauen Riemchensandalen, die meine Mutter geschickt hat. Meine weichen, kupferbraunen Haare sind mit einer Samtschleife zu einer kleinen Palme gebunden, die mitten auf meinem Kopf thront und nach meiner Tante riecht. Sie hat mich hübsch gemacht, und mein Vater streckt sehnsüchtig seine Arme nach mir aus. Sofort fange ich an zu brüllen. Ich brülle so laut und so panisch, dass mein kleines Gesicht in Sekundenschnelle mit roten Flecken bedeckt ist. Als ahnte ich die Gefahr, die in seiner Berührung lauert.

Die Gefahr heißt Deutschland. Weg von meiner Familie, weg von meiner Tante, weg von meinen Katzen, die ich über alles liebe.

Meine Angst lässt auch in ihm Tränen aufsteigen, denn er

denkt an meine Mutter und daran, dass es ihr das Herz brechen wird, wenn sie mit ausgebreiteten Armen dieselbe Reaktion bei mir hervorruft.

Mein Vater muss auf strenger Distanz zu mir bleiben, nicht ein einziges Mal darf er mich auf den Arm nehmen. Sobald er auch nur einen Schritt auf mich zugeht, mutiere ich aufs Neue zu einer schrillen Heulboje. Es ist nichts zu machen, da helfen keine hellen Gurgler oder Aufforderungen zum Spielen, keine lustigen Grimassen. Nichts. Ich kralle mich, als würde ich durch mein Loslassen in einem reißenden Fluss von Gefühlen ertrinken, in die Arme meiner Tante. Der Mann mit dem dicken Schnauzer, den schwarzen Locken und den langen Koteletten im Gesicht hat keine Chance gegen meine kindliche Abwehr. Wer auch immer er ist, ich will nichts mit ihm zu tun haben und drehe den Kopf weg, sobald ich ihn in der Ferne erspähe.

Am Abend vor seiner Rückreise gibt er auf und ruft vom Kneipentelefon aus meine Mutter an. Meine Cousinen bringen den Kuchen, den sie für mich gebacken haben, zum Telefon. Eine brennende Eins steckt im Schokoguss, obwohl es noch zwei Tage bis zu meinem Geburtstag sind. Meine Cousinen singen, und meine Tante hält mir den Hörer ans Ohr. Meine Mutter bekommt keinen Ton heraus, ihre Kehle ist wie zugeschnürt. Sie versucht so lautlos wie möglich zu weinen, aber es gelingt ihr nicht. Ich lausche aufmerksam mit einem Ohr ihrem Schluchzen und mit dem anderen dem Gesang meiner Cousinen. Mein Vater steht in der Ecke, weit genug weg, damit ich nicht wieder anfange zu weinen. Er hält eine Polaroidkamera in den Händen, zieht den Balg wie bei einem Akkordeon nach vorne, schaut durch den Sucher und löst aus. Das Polaroidfoto zischt aus dem Schlitz hinaus in die Welt und beginnt mit der Entwicklung der Szene. Auf dem Foto ist nur das Licht der Kerze zu erkennen, der Kerze

Nummer eins, Zeugnis meines Geburtstages, der gar nicht mein Geburtstag ist. Der Rest des Geschehens ist dunkel. Mein Vater verschießt auch den Rest der Kassette in der Hoffnung, meiner Mutter ein Bild ihres Kindes mitbringen zu können, einen Beweis dafür, wie hervorragend es mir geht und wie gut ich gedeihe.

Aber keines der Bilder mag sich mit Leben füllen. Sie bleiben alle schwarz und leblos.

## Auf hoffentlich Wiedersehen

Mein Vater beugt sich ein letztes Mal über mein Kinderbettchen und streichelt meine weichen Haare. Mein Brustkorb hebt und senkt sich sanft und synchron mit dem Atem meines Onkels, der im großen Ehebett liegt und genauso tief schlummert wie ich. Vater wickelt Mamas Puppe aus dem glänzenden Pünktchenpapier, hebt vorsichtig meinen kleinen Arm und legt die Puppe darunter. Dicht an mich gekuschelt. Dann beugt er sich noch tiefer und küsst vorsichtig meine Stirn.

Iva ist schon unten in der Wohnküche und brüht einen starken Kaffee für meinen Vater auf. Einer seiner Brüder fährt ihn in aller Herrgottsfrühe zur Busstation des nächstgrößeren Dorfes, und von dort geht es Richtung Split zum nächsten Bus, der ihn zum Flughafen bringt. Die Uhr auf dem Nachtkasten meiner Tante zeigt 4:28 Uhr an. In einer Stunde geht die Sonne auf und mein Vater ist weg.

Er beschließt, meiner Mutter zu erzählen, wie freudig und zugewandt ich gewesen bin und dass ich ihn selbstverständlich sofort erkannt und als Vater identifiziert habe. »Siehst du, sie vergisst uns nicht!«, wird er ihr sagen, während sie wie ein Häufchen Elend auf dem verschlissenen Sofa sitzt und ins Leere starrt. Er wird versuchen, sie zu beschwichtigen, aber sie wird sich, wie immer, nicht beschwichtigen lassen. Sie wird nach einem Foto von mir fragen, und er wird ihr sagen, dass es keines gibt. Dann wird er ihre schmalen Hände in seine nehmen, weil sie wieder weinen muss. Und dabei wird er ihre Fingernägel sehen, die bis ins Fleisch abgebissen sind.

## Fritule

Mein Vater ist wie ein Schweizer Uhrwerk und lieber überpünktlich als auch nur eine Minute zu spät. Es ist 6:28 Uhr, und er steht am Busbahnhof von Split, der im Fährhafen der Stadt liegt, dem wichtigsten Passagierhafen in ganz Jugoslawien. Die Nasen der parkenden Busse zeigen stolz auf die Katamarane und Fähren, die die Einheimischen und Touristen auf die Inseln bringen. Und wenn man will, sogar bis nach Italien.

Vor einer Stunde ist über dem Meer die Sonne im strahlend blauen, wolkenlosen Septemberhimmel aufgegangen und spiegelt sich nun im azurblauen Wasser der Adria. Nur einmal wird es einen Kratzer am Himmel geben, der wie Kanonenfeuer für ein paar Sekunden kurz und heftig das Blau durchzuckt, bevor es sich friedlich und ohne eine einzige Wolke, majestätisch und schön um fünf Minuten vor zwanzig Uhr in den Abendhimmel verwandelt.

Aus dem Lautsprecher des Busbahnhofes tönt »Skalinada« von Oliver Dragojević, mein Vater kauft sich ein Busticket zum Flughafen von Split und seufzt. Er liebt seine Heimat, das Meer, die Gerüche … seine Familie, sein Kind … so sehr.

Und er liebt seine junge Frau auch, so sehr. Er weiß, wie viel er ihr abverlangt. Aber es geht nicht anders, es ist für ihre Zukunft und auch für seine. Sie können mit einem Baby nichts anfangen in Deutschland, wer passt auf es auf, wenn sie arbeiten? Fremde? So ist es besser, beruhigt er sich nun selbst, das Baby wird mit viel Liebe im Schoß der Familie und inmitten der anderen Kinder schon gut gedeihen. Es ist ja nicht für immer.

Er kramt die alte Zeitung aus seiner Tasche, in die meine Tante ihre selbst gebackenen Fritule für ihn eingepackt hat, und setzt sich auf eine Bank. Der Geschmack der frittierten Teigbällchen löst ein tiefes Wohlgefühl in ihm aus. Er lässt beim Kauen besonnen den Blick über das Meer schweifen und spürt plötzlich ein Klopfen im Rücken. Als er sich umdreht, steht sein Cousin Jure vor ihm und grinst. Jure und er sind wie Brüder, die Umarmung ist fest und innig, sie klopfen sich gegenseitig auf die Arme und fragen: »Wie lange ist das nun her? Zwei Jahre?«

Mein Vater ist mit Jure aufgewachsen. Die beiden laufen, zusammen mit ihren Geschwistern, viele Jahre lang jeden Tag zu Fuß zur Schule. Kilometer über Kilometer über Kilometer, stundenlang hin – und viele Stunden zurück. Im Winter mit von der Kälte blau angelaufenen Händen und Füßen. Es gibt einfach nicht genug warme Kleidung für alle, deswegen geben sie alle paar Kilometer ihre Handschuhe weiter und tauschen warme gegen kalte Hände. Trotzdem frieren die Bauernkinder lieber, als nicht zur Schule zu gehen. Die Schule, das wissen alle, ist das einzige Ticket raus. Raus aus Jugoslawien.

Seit mein Vater das Dorf verlassen hat, ist der Kontakt spärlicher geworden, jeder ist seiner Wege gegangen, aber die tiefe Verbundenheit ist geblieben. Die beiden sitzen zusammen auf der Bank, teilen sich die Fritule, schauen aufs

Meer und plaudern über dies und das. Mein Vater erzählt von seinen Plänen mit der Autowerkstatt und davon, dass meine Mutter und er besser und schneller arbeiten können als der beste Deutsche. Dann blickt er auf seine Armbanduhr, schreckt hoch und sieht beim Umdrehen den Bus zum Flughafen an ihnen vorbeidonnern.

Er versucht, mit einem Sprint hinterherzurennen, um den Bus anzuhalten, doch dessen Auspuff lässt eine verqualmte Spur und meinen Vater hinter sich. Der Bus nimmt die Kurve aus der Altstadt, die gegenüber vom Hafen liegt, hinaus und verschwindet aus dem Sichtfeld meines verärgerten Vaters.

Jure bietet ihm an, ihn zum Flughafen zu fahren, schließlich hätte er wegen ihm den Bus verpasst: »Ich hole den Fićo her und fahre dich, das Benzin reicht locker bis zum Flughafen!«

Mein Vater kennt Jures Fićo nur zu gut, er hat ihn oft schon repariert. Das kleine Auto der Marke Zastava 750, das aussieht wie ein Fiat, hat schon viele Jahre auf dem Buckel und vor allem einen chronisch leeren Tank, der dem chronisch leeren Geldbeutel seines Cousins geschuldet ist. Mein Vater lehnt dankend ab und sagt: »Ich nehme den nächsten Bus, Jure, mach dir keine Sorgen, wird schon alles schiefgehen!«

Der nächste Bus, der meinen Vater fünfundvierzig Minuten später als geplant zum Flughafen bringt, ist randvoll und stickig. Verschwitzt rennt er mit seiner kleinen Handgepäcktasche durch den Flughafen und sieht dabei, dass die Maschine noch nicht abgeflogen ist. Er hat Glück, nichts ist schiefgegangen, gerade noch geschafft. Die Dame am Abfertigungsschalter lässt ihn zügig passieren, der Pass wird kontrolliert, er sprintet die Treppe hoch zum Gate und ruft den beiden Bodenstewardessen, die die Abfertigung am Gate übernommen haben, freudig zu: »Besser spät als nie! Danke, dass Sie gewartet haben!«

Sie lächeln ihm beide milde zu, die Jüngere streckt dabei abwehrend die Hand aus: »Stopp! Sie können da nicht mehr rein, die Türen sind zu!«

Er bettelt: »Aber die Maschine steht doch noch da, nicht mal die Triebwerke sind an! Ich bitte Sie!«

Sie bleiben stur. Mein Vater bleibt auch stur, unmöglich kann er ein neues Flugticket kaufen, dieses hier hat schon ein kleines Vermögen gekostet. Die Ältere der beiden sieht nicht mehr zu ihm auf, schiebt ihre Hornbrille höher auf die Nase und beginnt mit einem Kugelschreiber demonstrativ auf einen Block zu kritzeln. Mein Vater wird von dem Gekritzel noch nervöser und tritt näher ans Pult.

»Hören Sie, ich habe zwei Flaschen vom besten Slibowitz und frischen Pršut in der Tasche. Wir machen einen fairen Tausch. Sie lassen mich durch und ich lege Ihnen die Ware unters Pult. Keiner wird etwas merken. Sie machen Ihre Ehemänner damit glücklich, und ich kann nach Hause zu meiner Frau …« – zur Sicherheit schiebt er eine Lüge nach – »… und zu meiner Tochter. Sie hat morgen ihren ersten Geburtstag.«

Jetzt schaut die Ältere der beiden zu meinem Vater auf und sagt: »Ich *habe* keinen Ehemann. Und die Türen bleiben zu. Kommen Sie das nächste Mal einfach pünktlich, dann gibt es auch keine Probleme.« Die Jüngere schiebt in einem versöhnlicheren Ton nach: »Wir müssen uns an die Vorschriften halten, verstehen Sie? Aber Sie haben Glück, es geht heute Abend noch eine Maschine nach Köln.«

Es ist nichts zu machen, die Türen sind zu, die Triebwerke röhren. Der Inex-Adria-Flug JP550 startet pünktlich um 10:48 Uhr vom Flughafen Split nach Köln. An Bord sind hundertsieben Passagiere, die meisten davon deutsche Urlauber, die erholt und sonnengebräunt von der geliebten Küste meiner Eltern nach Hause zurückkehren. Am Steuer sitzt Kapitän Jože, der zu diesem Zeitpunkt satte 10 157 Flugstunden hinter sich hat, neben ihm sein Erster Offizier Dušan.

Die fünfköpfige Besatzung ist redselig und gut gelaunt, und die Chefstewardess Lidija, von allen liebevoll Vili genannt, bringt ihrem Kapitän, wie immer, einen Espresso mit drei Löffeln Zucker ins Cockpit.

Er lächelt und sagt: »Vili, sag, haben wir ein schönes Leben? Oder haben wir ein schönes Leben? Nicht ein Wölkchen!«

Während mein Vater, verärgert über sich selbst, den Ticketschalter aufsucht, um ein neues Ticket zu kaufen, erreicht das Flugzeug seine Flughöhe und gleitet geschmeidig durch den wolkenlosen Himmel.

## Der Sohn des Piloten

Im Juni 1947 kommen 333 Kilometer Luftlinie voneinander entfernt ein Bauernsohn und der Sohn eines Piloten zur Welt. Der Pilotensohn wird Dušan genannt, die Seele, der Bauernsohn Petar, der Fels.

Dušans Vater ist nicht nur Pilot, er avanciert mit seinen achtundzwanzig Jahren zu einem vielversprechenden Politiker, der sich im Kampf gegen die Deutschen einen Namen gemacht und dafür im April 1941 das Abzeichen der kommunistischen Partisanen erhalten hat. Sechs Jahre später gibt er in Ljubljana, der Geburtsstadt seines Sohnes, ein Fest zu dessen Ehren. Es ist ein rauschendes Fest, das in feinster Gesellschaft bis weit in den Morgen gefeiert wird.

Der Vater des Bauernsohnes ist arm, und seine Frau gebiert ihren vierten Sohn im alten Steinhaus der Familie. Die Frauen aus dem Dorf helfen, während der Rest der Familie dicht gedrängt draußen vor dem Haus sitzt und auf den ersten Schrei des Neugeborenen wartet. Petar soll er heißen.

Petar ist mein Vater, und er wächst in ärmlichen, aber liebevollen Verhältnissen hinter Gottes Rücken auf. Er wird Dušan nie begegnen, und dennoch werden beider Leben für immer miteinander verbunden sein.

Dušans Vater stürzt 1955 beim Kongress der International Aeronautical Union in Moisselles vom Himmel, als er ein französisches Flugzeug testet, und stirbt noch an Ort und Stelle. Dušan ist sieben Jahre alt und beschließt am offenen Grab seines geliebten Vaters, entgegen allen späteren Zweifeln seiner Mutter, auch Pilot zu werden.

Am 10. September 1976 startet in London eine nur halb besetzte Maschine der British Airways vom schnellen Typ »Trident 3« mit britischen und türkischen Staatsangehörigen zum Flug nach Istanbul. Das Flugzeug hebt um 9:21 Uhr ab und steigt bald auf die angewiesene Höhe von 33 000 Fuß. Am selben Morgen gehen auf dem jugoslawischen Adriaflughafen von Split hundertacht sonnengebräunte deutsche Touristen an Bord einer DC-9. Das Bordpersonal kontrolliert die Tickets und weist den Fluggästen freundlich die Plätze zu. Die hinteren Reihen sitzen schon und rauchen, während mein Vater gerade mit dem Bus in den Flughafen von Split einfährt.

Er verpasst zum ersten und letzten Mal in seinem Leben einen Flieger. Oder überhaupt irgendetwas.

Dušan, der Erste Offizier in der Maschine, der am selben Tag Geburtstag hat wie mein Vater, hat seinen freien Tag gegen den Notdienst eingetauscht und den Flug seines Kollegen übernommen. Die Maschine mit dem Ziel Köln-Wahn hebt um 10:48 Uhr ab. Um 10:55 Uhr wird die DC-9 vom Tower in Zagreb übernommen, der Genehmigung gibt, den Steigflug fortzusetzen.

Als an jenem Morgen der Fluglotse Mladen um 11 Uhr abgelöst werden will, ist der Kollege, der ihn ablösen soll, zu spät, obwohl er zuvor noch nie zu spät gekommen ist. Um 11 Uhr, 4 Minuten und 12 Sekunden verlässt Mladen seinen Arbeitsplatz im halbdunklen, 350 Quadratmeter großen Fluglotsensaal, um ihn zu suchen.

Mladen lässt seinen Assistenten Gradimir zurück, der mit achtundzwanzig Jahren zwar jung, aber diszipliniert ist und gewissenhaft arbeitet.

Gradimir sitzt bereits seit zwölf Stunden im Tower und muss nun trotzdem die Arbeit von drei Fluglotsen verrichten.

Er ist müde. Und überfordert.

Mein Vater ist auch müde und überfordert. Seufzend schaut er auf die große Uhr in der Halle. Es ist 11:15 Uhr, er geht hinaus auf die Flughafenterrasse, holt sich einen weiteren Espresso, der so heiß ist, dass sich der Plastikbecher zusammenzieht, und zündet sich eine Zigarette an. Er starrt in den Himmel und ärgert sich. Wie konnte ihm das passieren?

Zeitgleich meldet der Lufthansapilot einer anderen Maschine, die sich im selben Luftraum wie die British-Airways-Maschine auf dem Weg nach Istanbul und die DC-9 auf dem Weg nach Köln befindet: »Zagreb, es scheint mir, als beobachte ich eine Kollision in der Luft. Ich sehe zwei Flugzeuge abstürzen. Ein Feuerschein etwas unterhalb unserer gegenwärtigen Position.«

Der Fluglotse Gradimir, immer noch allein, antwortet heillos verwirrt: »Ja, zwei Flugzeuge sind unter Ihnen, aber ich verstehe Sie nicht, was wünschen Sie?«

Als das Personal im Tower in Zagreb endlich begreift, worum es sich handelt, fällt der Schichtführer, der mittlerweile zurück am Platz ist, in Ohnmacht. Gradimir fehlen die Worte, die anderen brechen in Tränen aus. Die Hawker Siddeley Trident der British Airways und die Douglas DC-9 der jugoslawischen Inex Adria Airways kollidieren, weil ein Lotse zu spät gekommen ist. Mein Vater überlebt als einziger der gelisteten Passagiere den Absturz, weil auch er zu spät gekommen ist.

Von seinem Glück in diesem schrecklichen Unglück ahnt mein Vater nichts. Zwar wundert er sich darüber, warum im Flughafengebäude plötzlich die Musik aus den Lautsprechern verstummt, zwei Flughafenangestellte aufgeregt durch die Halle laufen und einer davon hemmungslos weint, aber er kann sich keinen Reim darauf machen, was geschehen sein mag. In Köln erwarten zwei Arbeitskollegen die Ankunft meines Vaters, aber er kommt nicht. Die Passagiere anderer Maschinen werden freudig in Empfang genommen, aber keiner der Passagiere kommt aus Split. Weit und breit auch keine Spur von meinem Vater. Für seine Maschine wird immer noch »delayed« angezeigt, und auf Nachfragen der Wartenden heißt es, es sei alles in Ordnung, sie hätte einfach nur Verspätung, man bitte noch um Geduld. Stunden vergehen, die Kollegen meines Vaters verlieren, wie viele andere am Gate, langsam die Geduld, aber als sie sich erneut auf den Weg zum Infoschalter machen, um sich zu beschweren, sehen sie, wie Zettel verteilt werden.

Fünfeinviertel Stunden nach der geplanten Ankunft wird ihnen offiziell mitgeteilt, dass niemand mehr kommen wird. Niemand. Jemals wieder. Sie erfahren, dass das Flugzeug in der Nähe von Zagreb mit einer anderen Maschine kollidiert ist und niemand überlebt hat.

## Voice. And over.

Der Voice-Recorder zeichnet die letzten Worte des Co-Piloten Dušan auf. Er sagt mit tonloser Stimme: »Wir sind erledigt – goodbye … goodbye«, bevor Besatzung und Passagiere wie Schnee vom Himmel rieseln.

Die Arbeitskollegen meines Vaters beschließen – geschockt, aber immer noch geistesgegenwärtig genug –, die anderen beiden Kollegen über das schreckliche Unglück zu informieren, damit diese meine Mutter davon abhalten, den Fernseher einzuschalten, solange sie noch nicht bei ihr sind.

Den Anruf tätigen sie von einem Schalter, und ihre Arbeitskameraden laufen zu meiner neunzehnjährigen, nichts ahnenden Mutter, der sie sagen, dass der Flieger wegen eines gewaltigen Unwetters in Split feststeckt und unklar ist, ob mein Vater heute überhaupt noch abfliegen wird.

Meine Mutter wundert sich, zählt aber nicht zusammen, was geschehen sein mag. Sie hofft, dass er ins Dorf zurückgekehrt ist. Denn dann ist er doch da, wenn ihr Baby ersten Geburtstag feiert. Während seine Kollegen den Anruf beenden und mit ansehen, wie ein Angehöriger nach dem anderen zusammenbricht, steigt mein Vater an einem anderen Gate in Köln aus dem Flugzeug, das ihn viel später als geplant von Split nach Deutschland geflogen hat. Er nimmt die S-Bahn zum Kölner Hauptbahnhof und fährt dann weiter nach Frankfurt. Dort nimmt er die Bimmelbahn nach Hause.

Zu Fuß macht er sich auf den Weg, und gerade als er losläuft, kommen seine beiden Arbeitskollegen vom Kölner Flughafen bei meiner Mutter an. Sie parken mit zitternden Händen das Auto im Hof und wissen nicht, wie sie ihr mitteilen sollen, dass sie mit neunzehn Jahren, einen Tag vor dem ersten Geburtstag ihres Kindes, zur Witwe geworden ist. Beide sitzen minutenlang stumm nebeneinander im Auto. Die anderen beiden sitzen mittlerweile auch verstummt auf dem zerschlissenen Sofa in der kleinen Wohnung meiner Eltern, weil sie nicht wissen, was sie noch sagen können. Meine Mutter ahnt langsam, dass nicht das Unwetter schuld am Wegbleiben meines Vaters ist, sondern dass irgendetwas gewaltig nicht in Ordnung ist.

Die Kollegen steigen aus dem Auto und bewegen sich wie in Zeitlupe auf die Wohnung zu. Die Tür steht offen, trotzdem klopfen sie an, als würde ihnen das Klopfen den einen entscheidenden Moment erleichtern. Als meine Mutter die beiden erblickt, sackt sie in sich zusammen, weil sie in dieser Sekunde die Gewissheit wie ein Stromschlag mitten ins Herz trifft.

»Ist er tot?«, stammelt sie.

Die Männer nicken. Nun können endlich alle loslassen und hemmungslos weinen, sie versammeln sich um meine Mutter und bemerken nicht, dass der junge Mann, der heute früh seine Maschine verpasst hat, in der Tür steht.

Mein Vater klatscht reflexartig in die Hände, weil er die Szenerie nicht deuten kann. Alle vier drehen sich um und hören ihn sagen: »Was ist denn hier los? Ist wer gestorben?«

Meine Mutter verliert das Bewusstsein. Die anderen vier können nicht glauben, was sie sehen. 633 Kilometer Luftlinie entfernt verliert auch die Mutter des Ersten Offiziers, der am selben Tag Geburtstag hat wie mein Vater, das Bewusstsein, so wie einundzwanzig Jahre zuvor schon einmal. Ihre Schwiegertochter und ihre beiden kleinen Enkelsöhne sitzen im Nebenzimmer, abgeschottet vom Rest der Welt, und verlieren Ehemann und Vater.

Ich behalte meinen Vater.

Eine junge Passagierin aus einer der Unglücksmaschinen gebiert im freien Fall einen kleinen Jungen. Er liegt an der Nabelschnur auf ihrem reglosen Bauch und lebt noch. Er versucht zu schreien, aber es kommt kein Mucks aus ihm heraus. Die Polizisten, die als Erste am Unfallort eintreffen, finden das Neugeborene und seine Mutter in der Nähe des britischen Flugzeuges. Sie versuchen alles, um den Jungen zu retten, aber er will ohne seine Mutter nicht leben. Sie taufen das tote Baby mit Wasser aus einer Plastikflasche und geben ihm, ohne zu wissen, dass der Pilot der anderen Maschine so hieß, den Namen Dušan.

Die Seele.

## Die Kassette

Mein Vater wird sein ganzes Leben lang nie mehr fliegen und läuft nach dem Absturz wochenlang kopfschüttelnd zur Arbeit und zurück. Er bleibt stumm und ratlos und fragt sich immer und immer wieder, warum ausgerechnet er verschont geblieben ist. Meine Mutter fällt noch tiefer in das Loch, in dem sie ohnehin schon steckt, und taucht nun gar nicht mehr daraus auf. Meine Tante Iva hat Mitleid mit ihr und schickt ihr eine Kassette, auf der ich das erste Mal »Mama« sage. Doch meine Mutter weiß nur zu gut, dass nicht sie gemeint ist.

Iva ist meine Mama.

Meine Mutter stellt meinen Vater vor die Wahl: Entweder sie holen mich nach Deutschland oder sie geht. Und kommt nicht mehr wieder.

Mein Vater versteht die klare Sprache seiner Frau und lässt sie reisen. Mit dem Bus darf sie fahren, fliegen lässt er sie nicht.

Tante Iva aber hat sich schon zu sehr an das fremde Ei in ihrem Nest gewöhnt und freut sich überhaupt nicht über den unerwarteten Gast. Sie will mich nicht ziehen lassen, redet mit Engelszungen auf meine Mutter ein und verspricht, mich in ihrem Sinne großzuziehen. Sie verspricht die schönsten Sommer, wenn meine Mutter mich besuchen kommt, und hebt all die Vorteile hervor, die sie in Deutschland ohne mich habe.

Meine Mutter sieht aber keine Vorteile, sie lässt keines der Worte gelten. Sie pirscht sich jeden Tag ein Stückchen näher an mich heran und als irgendwann meine kindliche Neugier größer ist als mein Misstrauen und sie mich endlich in ihren Armen halten darf, möchte ich nicht mehr von ihr weg. Meine überglückliche Mutter lässt mich in Windeseile fotografieren und geht mit mir zum Amt. Ich bekomme meinen ersten Kinderpass und trage auf dem Foto ein weißes Kleid mit Rüschen und Punkten.

Meine Tante Iva hat ein ganzes Jahr lang mein Babybettchen neben ihrem Bett stehen, weil sie hofft, dass ich wiederkomme. Ich kehre aber nicht zurück, sondern bleibe bei meiner Mutter in Deutschland. Und nach den ersten Tagen der Sehnsucht gewöhne ich mich schnell an das Leben mit meiner jungen Mutter, die mich in einem Puppenwagen, den sie im Sperrmüll gefunden hat, durch unser hessisches Dorf fährt.

Bei unseren Ausflügen trägt meine Mutter Rollschuhe, die sie ebenfalls auf dem Sperrmüll gefunden hat.

Es sind unbekümmerte Fahrten, so unbekümmert wie unser ganzes Leben zu dieser Zeit. Wir werden schnell ein gutes Team, ich klebe ihr am Rockzipfel und lasse sie nicht aus den Augen. Sie nimmt mich mit zum Arbeiten, mit in das jugoslawische Restaurant.

Und ich darf bleiben, bis mein Vater mich nach seinem Feierabend abholt. Ihre Kolleginnen haben Freude an mir und stellen mich auf einen hohen Stuhl, damit ich beim Abwasch helfen kann. Zwischen Seifenlauge und singenden Jugoslawinnen, die fröhlich die Teller waschen, gedeihe ich zu einem selbstsicheren kleinen Mädchen, verliebt in meine schöne junge Mutter. Meine Oma mütterlicherseits schickt uns Stoffreste aus der Stofffabrik, in der sie arbeitet, und so trage ich die ausgefallensten Kleidchen, die meine Mutter in der wenigen Zeit, die ihr bleibt, für mich näht.

Jugoslawien ist in weiter Ferne.

Wir sind eine glückliche kleine Familie: Vater, Mutter, Kind.

Meine Mutter ist glücklich, weil ich endlich bei ihr bin. Und mein Vater ist glücklich, weil sie nicht mehr unglücklich ist.

Wir sind eine Einheit, eine uneinnehmbare Festung. Wir drei sind fröhliche Gesellen, und mein Kinderleben mit meinen Eltern ist ein großes und lustiges Spiel.

Der Himmel über unserem hessischen Dorf ist blau und wolkenlos.

Das dunkle Gewitter, das Jahre später über uns zieht, überrascht uns vollkommen. Meine Eltern haben keinen Schirm, mit dem sie mich und sich vor dem Sturm beschützen können.

Wir werden nass bis auf die Knochen.

Manchmal frage ich mich, ob die Kinder, die am selben Tag und zur selben Uhrzeit geboren wurden wie ich, ihr Leben unbeschadet überstanden haben. Und was aus den Kindern geworden ist, deren Eltern wie Schnee vom Himmel gerieselt sind.

# Vater, Mutter, Kind I

Wir ziehen im Januar von der kleinen Bude mit dem zerschlissenen Sofa in ein kleines Haus ein paar Straßen weiter. Es liegt in einer ruhigen Gasse, in gutbürgerlicher deutscher Nachbarschaft, wo die Familien Müller und Mayer heißen. Wir haben sogar einen kleinen Garten, in dem meine Mutter und mein Vater Gemüse anpflanzen können und der sogar noch Platz für eine Schiffschaukel hat.

Das Haus ist klein, aber es hat zwei Stockwerke, und ich bekomme mein eigenes Zimmer, von dem ein Gäste-WC abgeht.

Das WC ist rosa gekachelt, alles dort ist rosa, selbst die Toilette. Auf dem rosa Spülkasten steht eine umhäkelte Toilettenpapierrolle, aus der eine hellblonde, nackige Puppe ragt, der die Haare abgeschnitten wurden. Der Puppe fehlt ein Arm, aber ich bin trotzdem außer mir vor Glück. Meine Mutter ist auch außer sich vor Glück. Endlich haben wir genug Platz und eine Haustür, die nur uns gehört. Sonst niemandem. Sie sagt, solche Türen mit nur einem Klingelschild und nur einem Namen darauf haben sonst nur reiche Leute. Noch reicher fühlen wir uns, als mein Vater vier dicke Rollen feinste Stofftapete mitbringt. Mit Mustern darauf, die so aussehen wie Prilblumen. Er hat sie von der Frau seines Chefs geschenkt bekommen, weil die beiden auch in ein neues Zuhause gezogen und die Stofftapeten übrig geblieben sind. Mein Vater hat seinem Chef beim Umzug geholfen, und dafür gibt es nicht nur die Tapeten, sondern auch einen Batzen blaue Scheine, direkt auf die Hand. Und die können wir gerade gut gebrauchen. Das Zuhause vom Chef liegt auf einem Hügel mit Blick auf Frankfurt und hat sieben Bäder.

Meine Mutter wundert sich und fragt: »Um Gottes willen, wozu brauchen die denn SIEBEN Bäder?«

Mein Vater lacht und sagt: »Na, vielleicht wollen die jeden Tag in einem anderen Bad ihr Geschäft verrichten, damit's beim Kacken nicht langweilig wird?«

Sie haut ihm auf den Arm und ermahnt ihn: »Also, sag mal! Doch nicht vor dem Kind!«

Mein Vater und ich grinsen uns verschwörerisch an, und er flüstert mir ins Ohr: »Wofür die Deutschen sieben Bäder brauchen, schaffen wir mit nur einem einzigen Loch!«

Das Loch, das er meint, ist das Plumpsklo in unserem Dorf. Und weil wir uns im Dorf den Po mit Zeitungspapier abputzen, sagt er, sind selbst unsere dalmatinischen Ärsche klüger als die meisten Köpfe, die er kennt.

Auch wenn ich natürlich genauso klug wie er und die anderen im Dorf werden will, mag ich meine kalten Kinderpopobacken trotzdem lieber auf eine warme, deutsche, rosa Toilettenschüssel drücken und mit weichem deutschem Toilettenpapier abwischen statt mit dem kalten Zeitungspapier meiner Heimat.

Meine Mutter versteht mich, sie mag das auch viel lieber. Außerdem will sie keine schlechten Nachrichten am Po kleben haben, sie hätte in ihrem Leben schon genug davon gehabt. Ich weiß, dass sie in Deutschland bleiben will. Jetzt, da ich bei ihr bin, will sie nicht mehr zurück ins Dorf. Ich weiß das, weil ich gehört habe, wie sie es meiner Oma am Telefon erzählt hat: »Mama, wir haben dieses kleine Haus mit der anständigen Miete doch nicht einfach so gefunden! Warum sollen wir uns im Dorf zu dritt in ein Zimmer quetschen und mit den anderen ein Plumpsklo teilen, wenn wir hier sogar zwei Toiletten haben?«

Sie will ihre Freiheit in Deutschland nicht aufgeben. Hier kann sie sein, wer sie ist, unbeobachtet von der Familie ihres Ehemannes. Für sie ist klar, dass sich ihre Schwiegermutter Mara nie damit abfinden wird, dass mein Vater ausgerechnet sie geheiratet hat. Bei so viel Auswahl an jungen Frauen aus den besten Familien sucht er sich die einzige aus dem Dorf aus, die aus keinem standesgemäßen Haus stammt, elternlos und arm aufwächst und kein bisschen Mitgift mitbringt.

Meine Oma mütterlicherseits muss ihre fünf Kinder verlassen, weil es keinen Mann mehr in ihrem Leben gibt und sie sie nun allein durchbringen muss. Sie findet eine gute Stelle in einer Stofffabrik in Wangen am Bodensee, putzt nachts noch eine Bäckerei und spart jeden Pfennig. Meine Mutter ist sieben Jahre alt, als sie ohne ihre Eltern im Dorf zurückbleibt.

Für jedes ihrer Kinder legt sie Geld in einer Kiste zurück, damit sie später nicht ohne eine anständige Aussteuer in ihre Ehen gehen müssen.

Meine Mutter kommt nicht mit leeren Händen in das Haus meines Vaters. Im Gegenteil. Sie kommt mit einer satten Mitgift und mit einem noch viel größeren Mitbringsel. Denn mein Vater hat getan, was in unserem katholischen Dorf hinter Gottes Rücken jeder tut. Und was sich trotzdem nicht schickt. Er hat meine siebzehnjährige Mutter geschwängert. Als meine Mutter meinen Vater heiratet, liegt die im Laufe von zehn Jahren für sie angesparte Summe in Deutschen Mark in einem Umschlag bereit. Aber selbst wenn meine Mutter tatsächlich keinen Pfennig und keinen einzigen Löffel hätte mitbringen können, mein Vater hätte sie trotzdem heiraten müssen.

So kommt es, dass am Tag der Hochzeit anstelle des Vaters der geschwängerten Braut ihre Mutter eine stattliche deutsche Aussteuer an Jozo, den Vater meines Vaters, aushändigt. Diese ist so üppig, dass auch die Schwestern meiner Mutter plötzlich begehrter werden als Sophia Loren zu ihren besten Zeiten. Meine Oma übergibt stolz und mit erhobenem Kopf einen Koffer mit vergoldetem Besteck, feinste Leinenbettwäsche, edles Porzellan, ein Kaffeeservice mit dünnen Griffen, Küchentücher mit den Initialen der Frischvermählten, Handtücher mit Seidenapplikationen, Töpfe und Kochlöffel, Samtgardinen, Bettüberwürfe, Nachtwäsche für Braut und Bräutigam – sie übergibt nicht nur alles, was man von einer angemessenen Mitgift erwartet, in völligem Übermaß, sondern obendrein einen dicken Umschlag mit deutschem Geld.

Und einen Sicomatic-S, den ersten Schnellkochtopf der Welt mit Kochregler.

Die Familie meines Vaters steht am Morgen nach der Hochzeit versammelt vor dem Schnellkochtopf und starrt ihn an. Als sei der Topf ein Außerirdischer, der mitten in der Wohnküche gelandet ist und bei dem man nun wirklich nicht weiß, wohin mit ihm.

Niemand wagt je, den Topf auch nur anzurühren, und so bleibt er unbenutzt, bis er viele Jahre später schließlich entsorgt wird.

Meiner Mutter jedoch ist die üppige Aussteuer, die sie im Dorf zurückgelassen hat, völlig egal. Sie will in Deutschland bleiben.

Mein Vater will das auf keinen Fall. In zwei Jahren, sobald genug Geld da ist, will er zurück. Der Sommer 1982 soll es werden. Das ist der Plan. Und daran gibt es auch nichts zu rütteln.

»Wir gehen nach Hause, bevor du in die Schule kommst, meine Kleine! Nach Hause, zu Oma und Opa, deinen Tanten und Onkeln, zu deinen Cousinen und Cousins. Und zu Tante Iva!«

Meine Tante habe ich aber längst vergessen, und meine Mutter erträgt den Namen meiner Tante Iva nicht und verzieht, als hätte sie in eine Zitrone gebissen, sofort das Gesicht, wenn sie ihn hört.

Sie will weder zu Iva noch zu überhaupt irgendwem. Sie will in Deutschland bleiben. Sie will nur mich und sich und meinen Vater. Uns drei allein. Wir drei sind uns doch genug, sagt sie.

Und als wir mit dem Einzug fertig sind und meine Mutter die letzten Kisten in meinem neuen Kinderzimmer auspackt, holt sie einen Hammer und ein paar Nägel und wickelt ein kleines Kreuz mit einem nackten Mann in Windeln und ein hellblaues Bild von einer sehr schönen Frau, die ein brennendes Herz in der Brust hat, aus altem dalmatinischem Zeitungspapier. Ich staune, weil es genau das Zeitungspapier ist, mit dem wir im Dorf unsere Hinterteile klüger machen.

»Das ist Jesus«, sagt sie und zeigt auf den Nackten, »und das hier, das ist seine Mutter. Die Heilige Jungfrau Maria.«

Und während sie die Nägel in die Kinderzimmerwand hämmert und das Kreuz über das blaue Bild hängt, sagt sie: »Jesus ist der Sohn von Gott, hörst du. Und seine Mutter ist gebenedeit. Sie ist gesegnet. Von Gott! Denn er hat sie zu der wundervollsten und reinsten Frau des Himmels und der Erde gemacht, weil er sie zur Mutter seines Sohnes gemacht hat. Er hat sie unter allen Frauen auserwählt.«

Ich verstehe kein Wort von dem, was meine Mutter erzählt, und frage: »Bist du dann auch von Gott gesegnet, Mama? Du bist doch auch eine junge Frau.«

Meine Mutter lächelt und sagt: »Ja, mein Kind, das bin ich. Ich bin gesegnet, weil ich *dich* geboren habe!«

Sie nimmt meine Hände in ihre Hände und erklärt: »Mein Kind, du musst dich jetzt jeden Abend vor die Muttergottes und vor Jesus knien.« Sie faltet meine Hände und zeigt auf die beiden Neulinge in meinem Zimmer. »Bitte sie darum, dass ein Wunder geschieht und wir nicht zurück ins Dorf müssen. Ich weiß, dass du das schaffst. Ich weiß es einfach!«

Ich knie. Und bete. Und bete. Und bete. Aus Tagen werden

Wochen und aus Wochen werden Monate. Ich bete, was das Zeug hält.

Ich will auch hierbleiben und mit meinen Eltern allein sein.

Während ich bete, wird unser Garten immer üppiger, die Tomatensträucher wachsen und riechen herrlich. Unser Zuhause wird gemütlicher, Mama ist fröhlich, mein Vater auch.

Im Sommer 1981, als Frau Müller, unsere Nachbarin, mir meine erste Barbie schenkt und mir zum baldigen Geschwisterchen gratuliert und sich freut, dass wir nun doch nicht so schnell zurück in die Heimat gehen, dämmert mir, dass meine Gebete erhört wurden. Nur nicht so, wie es geplant war. Für ein Baby habe ich nicht gebetet. Ich will auf keinen Fall ein Baby! Jesus und Maria sollen es wieder wegschicken, am besten zu Tante Iva. Aber das Baby geht nicht weg, Mamas Bauch wird immer dicker. Ihre Wangen werden auch voller und so rosa wie die Fliesen in meinem WC.

Und sie lächelt seltsam vor sich hin und hört gar nicht mehr auf damit. Das gefällt mir überhaupt nicht. Sie redet jetzt nicht mehr nur von uns dreien.

»Bald sind wir zu viert«, sagt sie, »dann ist unser Leben perfekt!«

Ich bin am Ende. Es ist schrecklich. Das Baby muss weg.

Also bitte ich Jesus und seine Mutter inständig: »Bitte, bitte, macht das Baby weg, ich gebe euch mein ganzes Spielzeug, alles, was im Kinderzimmer ist, auch die Barbie.« Und weil ich das mit meinen Eltern im Fernsehen gesehen habe und es so klingt, als könnte es mir aus dieser ausweglosen Lage helfen, sage ich: »Ich gebe euch mein Leben!«

# Zwillinge

Jesus und seine Mutter wollen mein Kinderleben nicht.

Stattdessen wird es immer furchtbarer und die Katastrophe rückt immer näher: Meine Mutter sieht aus, als hätte sie ein riesiges Ei verschluckt, und meine Eltern eröffnen mir ein paar Monate später, dass es ein Junge wird. Ich bekomme einen Bruder. Mein Vater fängt an zu weinen, als er das sagt, und in mir keimt Hoffnung auf. Er will das Baby also auch nicht, sonst würde er ja nicht traurig, sondern glücklich sein. So wie Mama. Vielleicht macht *er* es ja weg! Und jetzt ist es nicht nur ein gewöhnliches Baby, es ist noch viel schlimmer, es ist ein *Bruder.* Was soll ich mit einem Bruder anfangen, denke ich. Ich will kein Baby und schon gar keinen Bruder, ich will meine Mutter für mich allein. Aber sie näht und strickt und lächelt, was das Zeug hält. Das Wohnzimmer ist übersät mit blauen Lätzchen und Stramplern und Deckchen.

Früher hat sie für mich genäht, jetzt näht sie für den Bruder.

Langsam verliere ich den Glauben daran, dass Jesus und seine Mutter überhaupt verhindern können, dass das Baby kommt, und spreche mit den beiden ein letztes ernstes Wort.

»Ich habe darum aber *nicht* gebeten«, flüstere ich, »es ist so gemein, dass ihr das gemacht habt. Ich war so brav! Und jetzt das!«

Ich frage die beiden, *warum* sie das gemacht haben, aber sie bleiben stumm.

Die Antwort auf meine Frage erhalte ich von meiner Mutter. Während wir zusammen mit ihrem schrecklichen Eierbauch, der mich immerzu an den Bruder erinnert, zum Tante-Emma-Laden schlendern und ich missmutig auf den Boden starre, nimmt sie meine Hand und sagt fröhlich: »Siehst du, mein Kind, Jesus und Maria lassen immer ein

Wunder geschehen, wenn man nur fest darum bittet und fest daran glaubt. Ich habe jede Nacht um ein Baby gebeten und dass wir hier in Deutschland bleiben können. Das Baby hat uns der liebe Gott schon geschenkt, jetzt muss nur noch dein Vater davon überzeugt werden, dass wir nicht ins Dorf zurückgehen, wenn es auf der Welt ist.«

Ich erstarre und bleibe vor ihr stehen. »DU hast uns das Baby gewünscht?«

Ich bin fassungslos. Meine eigene Mutter war es. Sie hat die ganze Zeit mit Jesus und Maria unter einer Decke gesteckt. Ich ziehe meine Hand weg. Sie beugt sich zu mir, streicht eine Strähne aus meinem Gesicht und sagt: »Du bleibst doch meine Nummer eins, du warst zuerst da! Und jetzt bekommst du ein Geschwisterchen und kannst immer mit ihm spielen. Du wirst nie mehr allein sein!«

Ich will aber allein sein, denke ich. Ich will nicht, dass sich etwas verändert. Wir drei, wir reichen doch aus. Wozu brauchen wir ein Baby, einen schreienden Bruder, mit dem ich dann am Ende noch mein Zimmer teilen muss? Warum hat sie mich überhaupt hergeholt, wenn ich ihr nicht genug bin als Kind?

Kurz vor Weihnachten habe ich vollends die Hoffnung aufgegeben. Ich hocke tagelang am Fenster und schaue dem Schnee zu, wie er unsere Straße immer höher bedeckt. Mein Vater geht raus und schippt den Gehsteig vor unserem Haus frei, aber eine Stunde später liegt der Schnee davon unbeirrt wieder zentimeterdick auf dem Trottoir. Er sagt, dass es ein eisiger Winter wird und wir uns zu Hause einmummeln müssen, damit wir nicht zu Eiszapfen werden. Wir kuscheln uns in Decken vor den Fernseher, trinken heißen Kakao und schauen Weihnachtsfilme. Mein letzter Winter und mein letztes Weihnachten ohne den Bruder. Der Gedanke daran ist so schrecklich, dass er mich gar nicht mehr einschlafen lässt. Am Morgen des 24. Dezembers holt meine Mutter die roten Kugeln aus der Garage und stellt sie vor den Weihnachtsbaum. Sie sieht seit Tagen schon so bedrückt und abwesend aus, aber heute ist es besonders auffällig. Sie lächelt nicht wie sonst, und später höre ich meine Eltern in der Küche aufgeregt tuscheln und presse mein Ohr an die Tür, um zu hören, was sie sagen. Ich mache mich ganz dünn und versuche so leise wie möglich zu atmen, damit sie mich nicht entdecken.

Meine Mutter fängt plötzlich an, bitterlich zu weinen, mein Vater versucht sie zu beruhigen: »Es wird alles gut. Es ist doch gar nicht zu hundert Prozent klar, ob es auch wirklich so ist. Du hast doch deinen Arzt gehört, es ist nur eine Vermutung!«

Mein Herz schlägt plötzlich so laut und heftig, dass ich Angst habe, es könnte mir aus der Brust springen. Reden sie über das Baby?

Meine Mutter schluchzt und sagt: »Du weißt, was das bedeutet, wenn Ärzte sagen, dass es eine *Vermutung* ist. Sie sagen das nur, wenn es wahrscheinlich keine Vermutung ist!«

Meine Mutter beginnt, Geschirr zu räumen, und klappert so laut, dass ich fast nichts mehr verstehe. Ich presse mich noch fester an die Tür, kann aber nur Satzfetzen verstehen: »Behindertes Kind … was haben wir getan, um das zu verdienen … für was werden wir bestraft?«

Mein Vater haut jetzt auf den Tisch und sagt laut und auch für mich verständlich: »Ich habe deine ewige Schwarzmalerei so satt. Lass das Kind doch erst mal in Ruhe zur Welt kommen. Und dann wissen wir, was los ist. Bis dahin wird nicht mehr über dieses Thema gesprochen!« Und bevor meine Mutter darauf antworten kann, haut er noch mal auf den Tisch und schreit: »Dosta te je! Genug jetzt!«

Die nächsten Wochen vergehen, ohne dass meine Mutter auch nur einmal lächelt, jedenfalls sehe ich sie nicht lächeln. Ihr Gesicht ist faltig und sie sieht aus wie ein alter Hund mit Eierbauch. Und sie streitet jeden Tag mit meinem Vater. Auch er lächelt nicht mehr. Ich glaube, dass sie große Sorgen haben wegen des Babys, aber ich weiß nicht so genau, warum.

Deswegen frage ich meine Kindergärtnerin Ruth, was ein behindertes Kind ist. Ruth fragt zurück, warum ich das frage, und ich lüge: »Ich hab's gestern im Fernsehen gesehen, das hat eine Mama gesagt, weißt du. Dass sie ein behindertes Kind bekommt. Und ich weiß ja gar nicht, was das ist, deshalb frage ich.«

Ruth erklärt mir, dass es viele Arten von Behinderung gibt. Und dass manche Kinder so doll behindert sind, dass sie nie ohne Hilfe leben können. Auch wenn sie längst groß sind. Und manche müssen sogar sterben, bevor sie überhaupt erwachsen sind. Aber es gäbe auch leichte Behinderungen. »Das kann ich nicht so allgemein sagen, es kommt immer darauf an.«

Ich weiß nicht, wohin mit mir. Ich weiß nur, dass ich so oft wie möglich zu Jesus und Maria beten muss. Sie dürfen das auf keinen Fall zulassen! Aber es ist zu spät. Im März 1982 bekommt meine Mutter den Eierbauch aufgeschnitten.

Und die Behinderung ist ganz anders, als ich sie mir vorgestellt habe. Der Bruder ist zu einer Schwester geworden.

Ich klebe mit meinem Vater am Fenster der Neugeborenenstation in der Uniklinik in Frankfurt, schaue auf das Baby, das gerade geboren wurde, und verstehe nun wirklich gar nichts mehr. Es ist an viele Schläuche angeschlossen, aber von außen sieht man kein bisschen Behinderung.

Mein Vater sagt: »Das ist aber jetzt ein Ding, was? Jetzt ist aus unserem kleinen Jungen ein kleines Mädchen geworden!« Er dreht sich zur Seite, damit ich es nicht sehen kann, und wischt sich Tränen aus den Augen.

Ich sehe es aber trotzdem und frage: »Ist das Mädchen behindert, Papa?«

Mein Vater ist erstaunt über meine Frage und sagt: »Aber nein, meine Kleine, es ist nicht behindert, wie kommst du denn auf so was?«

Und weil ich nicht sagen mag, dass ich alles gehört habe, und das Baby auch nicht aussieht, als wäre irgendwas seltsam an ihm, frage ich: »Können wir jetzt zu Mama?«

Mein Vater sagt, sie müsse sich noch erholen. Und dann fängt er wieder an zu weinen, und dieses Mal versucht er es nicht vor mir zu verstecken. Er kniet sich zu mir herunter und sagt, dass wir uns jetzt vom Baby verabschieden müssen. Verabschieden? Was meint er mit verabschieden? Fahren wir jetzt wieder nach Hause? Warum ist das denn so schlimm für ihn?

Ich weiß nicht so genau, was ich sagen soll, und spüre gleichzeitig, dass mir Tränen in die Augen schießen. Es ist alles so schrecklich verzwickt, und ich möchte einfach nur, dass alles so ist wie früher.

Mein Vater wischt meine Tränen weg und sagt dann: »Das Baby ist sehr krank, meine Kleine. In seinem Körper drin, da stimmt was nicht, und deswegen muss es heute noch operiert werden.« Ich verstehe nicht, was er meint, und er fährt fort: »Deine Schwester sollte ein Zwilling werden, weißt du? Es sollten zwei Babys werden, ein Bruder und eine Schwester. Aber der Bruder wollte nicht kommen und hat deiner Schwester als Erinnerung etwas von sich dagelassen. Als sie beide noch winzig waren, so winzig, dass man sie noch gar nicht als Babys erkennen konnte. Aber das, was dein Bruder deiner Schwester dagelassen hat, das gehört nicht in sie rein und es macht sie sehr krank, deswegen müssen die Ärzte es so schnell wie möglich wieder aus ihr rausholen.«

Nun bin ich völlig überwältigt und stottere: »Tut das dem Baby weh?«

Während ich das sage, wird mir eiskalt und ich will auf keinen Fall, dass das Baby Schmerzen hat. Es sieht so winzig klein aus und ist an so viele Schläuche angeschlossen, das *muss* dem Baby jetzt schon wehtun!

Dann sagt mein Vater etwas noch Schrecklicheres. Er sagt es ganz leise, aber ich verstehe genau, was er damit meint. Er sagt, dass wir das Baby später vielleicht nicht mehr wiedersehen. Es ist noch so klein, und niemand weiß, ob sein kleiner Körper eine solche Operation überhaupt übersteht.

Mein Herz schlägt so laut und heftig wie nie zuvor, meine Lunge zieht sich zusammen und ich kriege keine Luft mehr. Wenn das Baby stirbt, dann stirbt es wegen mir. Ich bin schuld. Weil ich keinen Tag aufgehört habe, heimlich Jesus und Maria darum zu bitten, dass es weggeht. Ich bin schuld, dass mein Vater jetzt weint. Ich bin schuld, dass wir meine Mutter nicht sehen dürfen. Ich bin an allem schuld.

Jetzt fange ich an zu weinen und frage: »Papa, hast du Angst um Mama und das Baby?«

Er schüttelt den Kopf und sagt: »Wir sind Dalmatiner, vergiss das nicht. Und Dalmatiner kennen keine Angst. Wir sind stärker als der Rest der Welt!«

## Der klügste kleine Mensch der Welt

Die Operation am ersten Tag ihres Lebens ist nicht die letzte.

Meine Schwester bleibt noch viele, viele Monate in der Uniklinik.

Ihr kleiner Körper will nicht gesund werden und keiner weiß so recht, warum. Mein Vater sagt, es ist das hohe Fieber, und es will einfach nicht runtergehen. Meine Mutter bleibt mit besorgtem Gesicht Tag und Nacht bei meiner Schwester im Krankenhaus, und obwohl sie sagt, dass sie sich freut, wenn ich mit meinem Vater zu Besuch komme, sehe ich keine Freude. Ich glaube, sie weiß, wer die Misere um das Baby verursacht hat: ich.

Irgendwann ist klar, wir müssen in Deutschland bleiben, niemand denkt mehr an Jugoslawien.

»Da will wirklich kein Mensch krank sein, schon gar nicht, wenn man noch so ein kleiner Mensch ist. Außerdem sind die Krankenhäuser in Jugoslawien nicht nur schlecht, sondern auch richtig schmutzig«, sagt meine Mutter.

Mein Vater ist anders als sie. Er sagt, dass es keinen Sinn ergibt, alles immer nur schwarzzusehen, davon würde es nicht besser werden. Wenn wir nach seiner Arbeit mit der Bimmelbahn zum Hauptbahnhof nach Frankfurt fahren und dann weiter mit der Straßenbahn über die Friedensbrücke und den Main, um die beiden im Krankenhaus zu besuchen, dann fragt er mich ab, was er mir beigebracht hat. Er fragt mich, wie viele Kilometer der Main lang ist, an wie vielen großen und kleinen Städten er liegt, durch wie viele Bundesländer er fließt und wie viele Fischarten im Main leben. Wie aus der Kanone kommen die Antworten aus mir herausgeschossen, und er sagt dann, eines sei so sicher wie das Amen in der Kirche: Ich sei wohl der klügste kleine Mensch der Welt. Dabei denke ich, dass *er* der klügste Mensch der Welt ist und ich unbedingt so werden will wie mein Vater. Er weiß immer auf alles eine Antwort, und wenn ich erwachsen bin, werde ich auch so viel wissen wie er, so sicher wie das Amen in der Kirche.

Die Wochen und Monate vergehen, meine Schwester wird von den besten Ärzten und Professoren untersucht, es reisen sogar welche von weit her an, aus anderen Unikliniken, aber es hilft rein gar nichts. Es herrscht große Ratlosigkeit unter den Männern und Frauen in den weißen Kitteln und in den geschäftigen Gesichtern. Sie drehen und wenden meine Schwester hin und her, drücken, tasten, klopfen, zapfen ihr Blut ab, leuchten in ihre Augen, in die Ohren, durchleuchten sogar den ganzen kleinen Körper und finden doch keine Erklärung für das Fieber, das hoch- und runtergeht wie eine Achterbahn.

Das Einzige, was jetzt noch bleibe, sagen sie, seien starke Tabletten, die das Fieber unterdrücken. Wie lange der kleine Körper meiner Schwester damit noch leben kann, mag keiner so genau einschätzen. Vielleicht noch ein paar Monate? Vielleicht auch noch ein Jahr oder zwei? Sie legen meinen Eltern ans Herz, meine Schwester so schnell wie möglich taufen zu lassen. Damit sie in Gottes Segen gehen kann, wenn es so weit ist. Mein Vater erzählt mir das mit der Taufe im Park der Uniklinik, und dass wir meine Schwester in ein paar Tagen mit nach Hause nehmen dürfen. Ich frage ihn, was genau eine Taufe ist, und er erklärt mir, dass wir das tun müssen, damit sie zu Jesus und Maria gehen kann, wenn sie diese Welt verlässt.

Ich will nicht, dass sie zu Jesus und Maria geht, ich will nicht, dass sie getauft wird. Sie soll bei uns bleiben.

Mein Atem stockt, jetzt *muss* ich meinem Vater sagen, dass ich schuld an allem bin. Ich muss es tun, mein Herz springt sonst aus meinem Körper. Wenn meine Schwester zu Jesus und seiner Mutter gehen muss, dann nur, weil ich so sehr darum gebeten habe. Aber ich traue mich einfach nicht, es ihm zu sagen. Ich habe Angst, dass er es meiner Mutter erzählt und dass sie dann nie mehr ein Wort mit mir spricht.

Mein Vater und ich sitzen noch eine Weile schweigend zusammen auf einer hellgrünen Parkbank, ich kralle meine Fingernägel so tief in meine Haut, dass die Stellen blutrot unterlaufen. Ich erlebe die schlimmste Panik meines Kinderlebens auf der Parkbank der Uniklinik in Frankfurt, umringt von Perlmuttsträuchern, die derart stark und süß riechen, dass mir davon – und von meinem Leben, von meinen Eltern, dem Baby, von Jesus und Maria, von allem – so schwindelig wird, dass ich das Bewusstsein verliere und mit dem Gesicht vornüber ins Gras kippe.

## Big City Lights

Nachdem meine Schwester im kleinen Kreis getauft worden ist, findet die Tauffeier in unserem Wohnzimmer statt. Meine Schwester darf sogar ein paar Tage zu Hause bleiben und muss nicht gleich ins Krankenhaus zurück. Meine Eltern haben die Wohnzimmermöbel die Treppen hinunter in die Garage geschleift, Tische und Stühle von den Nachbarn geliehen, meine Mutter hat den Tisch fein gedeckt und Unmengen von Essen gekocht. Unsere jugoslawischen Freunde bringen Torten mit, und die Verwandtschaft, die aus Jugoslawien angereist ist, Pršut und Schnaps. Die Stimmung ist gedrückt, als wäre meine Schwester bereits gestorben. Die Gäste wissen nicht so recht, ob sie überhaupt lachen dürfen. Niemand will meinen Eltern mit einem falschen Wort oder guter Laune zu nahe treten. Es wird also still gesessen und so leise wie möglich mit dem Besteck geklappert. Meine Schwester wird in ihrem Taufkleidchen wie eine zerbrechliche Kostbarkeit von einem Arm zum anderen gereicht, und weint eine der Frauen, bekommt sie vom Ehemann einen derart strengen Blick zugeworfen, dass sich selbst die eifrigste Träne auf allerschnellstem Wege zurück in den Tränenkanal verzieht.

Nicht, dass meine Mutter das sieht, denn dann, das weiß jeder, ist es vorbei mit ihrer Fassung. Mein Vater hat wirklich allen ausdrücklich gesagt: Nicht weinen! Auf keinen Fall weinen! Das Baby lebt schließlich noch, und solange es lebt, gibt es auch keinen Grund für Tränen. Und außerdem sei meine Mutter alles andere als stabil. Sie nimmt Tabletten zur Beruhigung, und deswegen soll sie bitte schön auch keiner unnötig beunruhigen.

Ich helfe meiner Mutter, wo ich kann. Ich gieße Getränke in die Gläser nach, räume die Teller ab, gehe den Tanten in der Küche beim Abwasch zur Hand und trage das abgetrocknete Geschirr wie eine Ameise von der Küche zum Geschirrschrank im Flur.

Ich versuche so fleißig und so lieb zu sein wie irgend möglich.

Aber ich bleibe trotzdem unsichtbar. Keine der Frauen scheint mich zu sehen. Und meine Mutter sieht mich schon lange nicht mehr. Sie sieht nur noch das Baby. Doch ich beschwere mich nicht darüber, weil ich ja weiß, warum das alles so ist. Und auch, weil niemand weiß, wie lange das Baby noch bei uns bleiben darf.

Ich wünschte, meine Schwester wäre wieder gesund und das alles hier wäre vorbei. Aber weil ich Jesus und Maria nicht mehr über den Weg traue, frage ich die beiden lieber nach gar nichts mehr. Ich schaue sie nicht mal mehr an, wenn ich an ihnen vorbeigehe. Sie sollen ruhig wissen, dass ich richtig böse mit ihnen bin!

Am Abend der Taufe schlummert meine Schwester friedlich in ihrem Kinderbett, während im Wohnzimmer der Schnaps fließt und am Ende doch alle heulen. Alle außer meiner Mutter. Sie trinkt keinen Schnaps und ist sauer auf meinen Vater, der mit den anderen Gästen zu viel davon trinkt. Ihre Fassung verliert sie trotzdem nicht, sie sieht ziemlich stabil aus. Ich schleiche zu meiner Schwester und beobachte, wie sich ihr kleiner Brustkorb hebt und senkt. Rein gar nichts ist zu sehen von ihrer schlimmen Krankheit, sie wirkt so zufrieden und so friedlich. Ich hocke mich vor die Gitterstäbe, strecke meine Hand zu ihr durch. Sie greift meinen Finger und lässt ihn nicht los.

Jetzt, wo sie da ist, möchte ich nicht mehr, dass sie wieder geht. Schon gar nicht möchte ich, dass sie stirbt, und ich frage mich, wie ich die Katastrophe rückgängig machen kann. Ich würde wirklich alles dafür tun, sogar sterben würde ich. Und da kommt mir die Idee! Ich gehe zum Kreuz, an dem Jesus immer noch in Windeln und nackig herumhängt, und zum Bild seiner Mutter und flüstere eindringlich und bitterernst: »Wenn ihr unbedingt ein Kind wollt, dann nehmt *nicht* das Baby! Was wollt ihr denn mit dem Baby, es ist noch winzig und kann nicht mal im Haushalt helfen. Nehmt bitte, bitte mich. Ich werde alles, ALLES tun, was ihr von mir verlangt.« Und dann trete ich ganz nah ans Kreuz und sage: »Egal, wie schlimm es ist!«

Und als würden die beiden mir ein Zeichen geben, geht wie von Geisterhand die Tür ein Stückchen weiter auf und aus dem Wohnzimmer weht das Lied zu mir und meiner Schwester herüber, das die mittlerweile völlig betrunkene Taufgesellschaft singt. Es ist ein kroatisches Volkslied und heißt wie meine Schwester. Sie singen es und jaulen dabei wie eine Horde Katzen: »O Marijana, slatka mala Marijana, tebe ću čekat ja, dok svane dan« … »O Marijana, süße kleine Marijana, ich werde bis zum Sonnenaufgang auf dich warten.«

In den Tagen nach der Taufe ist es, als wäre ein Wunder geschehen. Meine Schwester ist putzmunter, giggelt und lacht und sogar meine Mutter lacht wieder. Das Fieber ist gesunken, nicht mal ein klitzekleines bisschen Fieber hat sie noch, und der Professor aus der Uniklinik sagt meinem Vater am Telefon, dass wir sie deswegen ruhig zu Hause behalten dürfen. Meine Mutter ist fest davon überzeugt, dass es Gottes Segen war, der sie gesund gemacht hat. Am liebsten würde ich ihr erzählen, was ich Jesus und Maria anstatt des Babys angeboten habe, aber ich tue es nicht. Sonst müsste ich ja auch den Rest erzählen, und unter keinen Umständen will ich die schöne Stimmung verderben.

Wir gehen zu viert spazieren. Ich darf meine Schwester schieben und mein Vater erzählt uns Witze, die wir schon hundertmal gehört haben. Meine Mutter und ich verdrehen die Augen, und sie schaut mich fast so an wie früher.

»Papa fährt morgen für ein paar Tage nach Jugoslawien«, sagt Mama am Abend nach einem Spaziergang. »Er kauft dort am Meer ein Stück Land, damit wir in den Ferien Urlaub in der Heimat machen können.«

Die Autowerkstatt würde ja jetzt wirklich keinen Sinn mehr ergeben.

Ein Verwandter nimmt ihn im Auto mit. Mein Vater drückt mich zum Abschied richtig fest und sagt: »Pass schön auf Mama und das Baby auf, meine Kleine!« Und dann hebt er mich noch einmal hoch und sagt: »Also nein, klein bist du jetzt wirklich nicht mehr! Du bist ab sofort meine Große.«

Zwei Tage später ist das Wunder vorbei. Das Fieber meiner Schwester kommt zurück und wird so schlimm, wie es noch nie war. Ihr kleiner Körper ist rot und angeschwollen und sieht aus wie ein Luftballon, der kurz davor ist, zu zerplatzen. Sie schreit hell und laut und ohne Unterlass, sodass meine Mutter irgendwann einfach mitweint.

Meine Schwester hat solche Schmerzen, dass sich ihr niemand nähern darf. Bei der kleinsten Berührung bäumt sich ihr Körper auf, als würden wir heißes Wasser über sie schütten. Irgendwann, draußen ist es schon zappenduster, sagt meine Mutter verzweifelt, dass ich zuerst die erste Nummer anrufen soll, die neben dem Telefon liegt. »Das ist der Notarzt, sag ihnen unsere Adresse und was mit dem Baby ist, sie sollen einen Krankenwagen schicken. Und wenn du das gemacht hast, ruf die Nummer an, die darunter steht, und frag nach Papa. Er soll sofort zurückkommen.«

Ich mache alles, was sie gesagt hat. Oder ich versuche es zumindest, bekomme aber wieder keine Luft und kaum ein Wort heraus. Mein Vater versucht, mich am Telefon zu beruhigen, er sagt, ich müsse jetzt ganz stark sein, auch für Mama und das Baby, er würde sich sofort auf den Weg nach Hause machen, und obwohl ich gar nicht mehr weiß, was ich gesagt und ob ich alles richtig gemacht habe, höre ich wenig später die Sirene des Krankenwagens und renne barfuß raus, um das Hoftor zu öffnen.

Die Sanitäter und der Notarzt legen meine Schwester in eine Box. Sie schreit jetzt noch lauter, und während wir der Box hinterherlaufen, versucht meine Mutter zu erklären, was meine Schwester hat und wohin uns der Krankenwagen bringen muss, und dabei hält sie meine Sandalen und eine Strickjacke in der Hand, aber sie zittert so sehr, dass ich nicht danach frage.

Ich laufe barfuß mit, klettere in den Wagen, einer der Sanitäter klappt einen Sitz an der Seite runter und sagt, dass ich mich hinsetzen und anschnallen soll. Und dann fahren wir los.

Ich schaue aus dem Fenster, in meinem Kopf rauscht es. Ganz laut. Wir fahren über die Autobahn nach Frankfurt hinein, und die Lichter der Stadt flackern über mein Gesicht. Die Ärzte in der Notaufnahme warten schon auf uns, nehmen die Box mit meiner Schwester entgegen und rollen eilig mit ihr weg. Und jetzt fange *ich* an zu schreien. So laut, wie ich noch nie geschrien habe. Ich renne der Box nach, meine

Mutter versucht mich festzuhalten, ich reiße mich los und schlage und trete mit aller Kraft auf die Ärzte ein. Ich schreie sie an, sie dürfen meine Schwester nicht wegbringen, ich schreie meine Mutter an, ich flehe sie an, bitte, Mama, lass das nicht zu, sie wird sterben, Mama. Eine Traube Krankenschwestern kommt angelaufen, um mich festzuhalten, ich schlage auch auf sie ein. Ich darf das nicht zulassen, ich darf nicht zulassen, dass sie das Baby mitnehmen. Ich beiße einer der Schwestern in die Hand, sie lässt mich sofort los und ich renne zu meiner Mutter. Mama, bitte, ich schreie jetzt so laut, wie es meine Lunge hergibt, und dann spüre ich, wie mich ein Mann von der Seite her wegreißt und mir eine Nadel in den Arm jagt. Als ich aufwache, ist es draußen hell. Ich weiß nicht, wo ich bin, und kann mich nicht bewegen. Ich liege in einem Bett mit hohen Gittern. Eine Schwester betritt das Zimmer und streichelt mir über das Gesicht.

Sie sagt: »Na, kleines Fräulein, gut geschlafen? Wenn du mir versprichst, dass du ruhig bleibst, dann lasse ich dich raus, ja?«

Ich nicke.

Die Schwester ist sehr lieb, sie lässt das Gitter herunter und geht mit mir zur Toilette. Während ich Pipi mache, kniet sie sich zu mir, trommelt sanft auf meinen nackigen Knien und sagt: »Deiner Schwester geht es gut, du brauchst dir keine Sorgen mehr zu machen. Deine Mama ist bei ihr. Und wenn du willst, dann bekommst du jetzt erst mal was zum Frühstück und danach bringe ich dich zu deiner Mama und deiner Schwester auf die Station, in Ordnung?«

Ich nicke, senke meinen Blick und sehe dicke Tränentropfen auf meine Knie fallen. Obwohl ich überhaupt nichts fühlen kann und gar nichts in Ordnung ist, flüstere ich: »In Ordnung.«

## Wenn die Seele weint

Meine Schwester bleibt im Krankenhaus, und meine Mutter ist Tag und Nacht bei ihr. Ich wäre auch gerne Tag und Nacht bei meiner Mutter und meiner Schwester, aber ich muss zur Schule. Ich bin jetzt in der ersten Klasse.

Mein Vater muss arbeiten, und weil sonst niemand da ist, der auf mich aufpassen kann, kümmern sich Onkel Konny und Tante Hedi um mich. Tante Hedi ist eigentlich gar nicht meine Tante, aber ich soll sie so nennen. Und zu Konny soll ich Onkel sagen. Wenn man das vom Herzen her ist, sagt Hedi, dann ist es egal, woher das Blut ist.

Die beiden haben zwar viele Katzen, dafür aber keine Kinder, und passen deswegen gerne auf die Kinder in der Nachbarschaft auf. Die Kinder lieben die Katzen. Und Hedi und Konny.

Tante Hedi holt mich immer mit ihrer Ente von der Schule ab und singt laut Lieder. Sie sagt zu meinem Vater, dass ich eine unbeschwerte Kindheit brauchte und es wichtig sei, dass sich jemand wirklich nur um mich kümmert.

Meine Eltern sind sehr dankbar dafür, und deswegen verbringe ich viel Zeit bei meiner Tante und meinem Onkel vom Herzen her. Nach der Arbeit holt mein Vater mich ab und wir fahren mit der Bimmelbahn zum Frankfurter Hauptbahnhof.

Meine Schwester ist jetzt achtzehn Monate alt und immer noch richtig klitzeklein, wie eine Maus mit riesigen Augen sieht sie aus.

Meine Schwester liebt mich. Sehr. Sie will nur zu mir. Jedes Mal, wenn sie mich sieht, streckt sie ihre kleinen Arme nach mir aus und weint bitterlich, wenn ich wieder gehe. Ich bin auch oft traurig, wenn mein Vater und ich wieder gehen müssen, denn ich will nicht weg von meiner Mutter und kann auch nicht aufhören, daran zu denken, dass ich schuld an allem bin.

Tante Hedi und ich backen nach der Schule Kuchen fürs Krankenhaus und sie bringt mir bei, wie man Sauerteig macht. Und irgendwann fragt sie mich, warum ich immer so traurig aus der Wäsche schaue.

»Gefällt's dir nicht bei uns?«, fragt sie, und ich sage: »Doch, sehr!«, weil ich nicht will, dass sie etwas Falsches denkt. Meine Mutter will, dass ich mich benehme und lieb bin, und mein Vater will das auch. Aber Tante Hedi bohrt noch mal nach, und plötzlich sprudelt alles aus mir heraus.

Ich erzähle ihr von Jesus und seiner jungen Frau Mutter und davon, worum ich sie gebeten habe vor dem Kreuz. Ich erzähle ihr alles und fange an zu weinen. Sie nimmt mich fest in den Arm und sagt mir, dass das alles purer Zufall sei und keiner so genau sagen kann, warum manche Menschen krank werden und andere nicht. Und dass meine Schwester krank sei, hätte nichts mit meinen Gebeten zu tun.

»Du kannst gar nichts dafür! Es ist passiert, weil es so passieren sollte.«

Aber auch Tante Hedis Worte beruhigen mich nicht, ich bin immer noch traurig. Das Einzige, was mich wirklich fröhlich stimmt, sind die Katzen bei Hedi und Konny. Immer wieder kommen neue Babykatzen dazu. Ich darf sie halten und mit ihnen spielen. Ich darf sogar Namen für sie aussuchen.

Die Monate ziehen ins Land, meiner Schwester will es einfach nicht besser gehen, meine Mutter verbringt viel Zeit im Krankenhaus und ich bin bei Hedi und Konny. Und irgendwann passiert etwas, das für viele Jahre auch so bleiben wird.

Ich mache ins Bett. Erst manchmal, dann jede Nacht. Und wenn ich bei Hedi und Konny übernachte und es dort passiert, steckt Hedi mich einfach in die Wanne und sagt: »Schwamm drüber, das ist überhaupt nicht schlimm.«

Erst als ich meine Tage bekomme, höre ich auf, ins Bett zu machen.

## Die Zeit heilt alle Wunden

Meine Schwester wächst zu einer ganz normalen kleinen Schwester heran, denn sie wird geheilt – durch einen Arzt, der nicht in der Uniklinik, sondern in Lüneburg arbeitet. Er ist eine Wunderheiler-Koryphäe, und als meine Mutter von ihm erfährt, stellt sie meinen Vater erneut vor eine Wahl.

»Entweder wir fahren dorthin, oder ich fahre allein. Und komme nicht mehr wieder.«

Mein Vater versteht auch dieses Mal die klare Sprache meiner Mutter, und wir reisen. Mit dem Zug nach Norden, mit einem zum Sterben verdammten Kleinkind im Gepäck.

Der Wunderheiler vollbringt sein Wunder und findet etwas im Körper meiner Schwester, das da zwar nicht hingehört, aber keiner Wunderheilung bedurft hätte: Keime. Und gegen die hat sich der Körper meiner Schwester über Jahre so heftig gewehrt, dass das Fieber einfach nicht sinken wollte. Der Arzt attestiert meinen Eltern, das eigentliche Wunder sei, dass meine Schwester überhaupt noch lebe. Als er das sagt und über ihren kleinen Körper gebeugt die verkeimte Stelle antippt, verpasst meine Schwester ihm einen gewaltigen Kinnhaken.

Meine Eltern erstarren, und mein Vater bekommt nicht nur den schlimmsten Lachkrampf seines Lebens, er steckt auch mich damit an. Ich muss so lachen, dass ich zum ersten

Mal in meinem Leben vom Lachen und nicht vom Weinen nach Luft japse. Meine Mutter ist stinksauer auf uns drei, weil sie befürchtet, der Arzt würde meine Schwester jetzt nicht mehr behandeln. Aber er lacht mit uns und operiert sie trotzdem. Er säubert die Narbe, die von den Keimen befallen ist, und macht sie wieder gesund.

Die Jahre vergehen und meine Schwester bekommt nicht eine einzige Pocke und auch keine andere Kinderkrankheit. So gesund ist sie jetzt. Sie entwickelt sich zu einer kleinen Nervensäge, die mir wie ein Schatten auf Schritt und Tritt folgt.

Und obwohl ich erleichtert bin, dass sie nicht gestorben ist, weil Tante Hedi wahrscheinlich recht hatte, möchte ich einfach meine Ruhe.

Nicht nur vor ihr. Eigentlich will ich Ruhe vor der ganzen Welt.

Ich bin mit den kleinsten Dingen schnell heillos überfordert, und dass ich zu einer jungen Frau heranreife, der Brüste und die ersten feinen Härchen unter den Achseln wachsen, macht es nicht leichter. Besser schon mal gar nicht.

Ich fühle mich, als stünde ich ständig unter Strom, weiß aber nicht, wie ich den Stecker ziehen kann. Bis ich eines Tages *meinem* Wunderheiler begegne, der mir zeigt, *wie* ich den Stecker ziehen kann. Und zwar wann und wo immer ich will.

Mein Wunderheiler heißt Alkohol.

# Ghost Kingdom

Meine Mutter bereitet die letzten Snacks für die Silvesterfeier vor, die jugoslawischen Freunde meiner Eltern sind eingeladen und unsere Nachbarn, Heinz und Helga. Sie sitzen mit meinem Vater im Wohnzimmer, während meine Mutter herumwuselt und es ihr eigentlich nicht recht ist, dass sie schon da sind. Kirsten, die Tochter von Heinz und Helga, ist auch mitgekommen. Eigentlich findet sie mich langweilig, weil ich mit vierzehn noch keinen Jungen geküsst habe und mit Barbies spiele anstatt mit Jungs. Sie ist ein Jahr jünger als ich, aber Heinz sagt, Helga sei auch frühreif gewesen, und die Tochter würde ganz nach der Mutter kommen. Dann lacht Heinz. Helga lacht nicht.

Die Tagesschau läuft, aber niemand hört zu. Trotzdem ist der Fernseher auf maximale Lautstärke gedreht. Helga trinkt Eierlikör, Heinz und mein Vater sind schon beim zweiten Bier und erzählen sich gegenseitig schlechte Witze.

Mein Vater schickt mich und Kirsten in die Küche. Wir sollen Nachschub aus dem Kühlschrank holen.

Kirsten reißt die Kühlschranktür auf und flüstert: »Los, nimm dir auch eins, wir betrinken uns heute!«

Ich schüttele den Kopf, weil ich noch nie Alkohol getrunken habe. Und ich will es auch nicht. Aber Kirsten stellt zwei Bier für uns auf die Seite und die restlichen Flaschen auf ein Tablett. Sie öffnet die Flaschen und drückt sie mir in die Hand.

»Wir treffen uns in deinem Zimmer!«

Wie erstarrt stehe ich vor ihr.

Sie zischt: »Los, hau ab nach oben, bevor deine Mutter zurück in die Küche kommt.«

Mein Herz klopft bis zum Hals und meine Hände fangen

an zu schwitzen. Wenn meine Schwester mich mit dem Bier erwischt, bin ich dran. Sie wird mich sofort bei meiner Mutter verpetzen. Meine Mutter hasst Bier. Sie hasst es auch, wenn mein Vater trinkt. Sie hasst es, weil ihr eigener Vater getrunken und durch seine Trinkerei alles kaputt gemacht hat, was sie je geliebt hat. Auch sie selbst.

Ich renne die Treppen hoch, beide Biere fest umklammert, und warte auf Kirsten.

Sie reißt die Tür auf und sagt: »Nich' lang schnacken, Kopf in'n Nacken.« Dann nimmt sie mir eine Flasche ab, prostet mir zu, trinkt einen tiefen Schluck und grinst.

Ihr Blick ist fest auf mich gerichtet, und ich weiß, dass sie mich nicht rauslassen wird. Sie will es sehen, und ich will es plötzlich vielleicht auch. Mein Mund öffnet sich, ich hebe die Flasche und lasse den ersten kalten Schluck langsam meinen Rachen hinunterfließen. Der bittere Geschmack verwandelt sich, sobald er meine Speiseröhre verlassen hat, in ein wohliges Gefühl. Ich grinse jetzt auch.

»Los, noch einen«, sagt Kirsten.

Ich setze zum zweiten Schluck an, und Jan Hofers Stimme dröhnt dumpf aus dem Wohnzimmer: »… in Berlin und entlang der innerdeutschen Grenze werden Millionen Deutsche erstmals seit achtundzwanzig Jahren Silvester wieder gemeinsam feiern …« Meine Mutter stellt den Fernseher aus und ruft meinen Namen. Sie ruft ihn so, als wüsste sie, was ich gerade getan habe. Sie ruft ihn, als wüsste sie, dass ich zum Tanz aufgefordert wurde und tanze: auf dem Debütantinnenball des Teufels. Sie ruft von unten, wir sollen helfen, Kirsten und ich. Durch das schnelle Runterkippen steigt mir das Bier sofort zu Kopf, und die Mischung aus Schwindel und Leichtigkeit fühlt sich großartig an. Ich tänzele die Treppen hinunter und bin benommen von diesem neuen Glücksrausch. Alles in mir will mehr davon. Jetzt, sofort. Mehr …

mehr, mehr! Kirsten und ich helfen meiner Mutter, den Tisch mit Snacks, Salaten und Würstchen zu bestücken, und schauen uns dabei verschwörerisch an. Dann zieht mich Kirsten auf dem Rückweg zur Küche ins Schlafzimmer meiner Eltern und flüstert: »Wenn die alle da sind, gehen wir runter in den Keller und saufen, da habe ich heute richtig Bock drauf!« Und obwohl ich Angst davor habe, erwischt zu werden, fängt mein ganzer Körper an zu schwingen. Ich will das auch, ich will es so sehr, wie ich noch nie etwas gewollt habe.

Als die anderen Gäste eingetroffen sind und die Party in vollem Gange ist, schleichen Kirsten und ich in den Keller und trinken. Kirsten ist nach zwei Flaschen Bier schon betrunken, aber ich öffne die dritte Flasche, die vierte … und die fünfte … und bin erst dann am Ziel, als für einen kurzen Augenblick meine Realität ausradiert wird und der Alkohol mich dorthin bringt, wo ich ab jetzt immer hinwill: in den Vollrausch. Und den will ich mit niemandem teilen. Denn ich bin schon lange allein und schon lange wohne ich nicht mehr bei meinen Eltern, sondern in Ghost Kingdom. In meiner eigenen Welt, einer Welt, die sich zwar in meinem Kinderzimmer befindet, die aber niemand außer mir sehen kann. In der ich die Heldin bin. Stark und schillernd. Dort gibt es keinen Vater, keine Mutter und auch keine Schwester. Da gibt es nur mich und meinen Thron. Und dort sitze ich, unbesiegbar und abseits von der realen Welt, die mich mit gewetztem Messer bedroht. Und je älter ich werde, desto mehr wird die Realität zu meiner größten Feindin.

Sie darf mir nicht zu nahe kommen. Ich behalte sie ständig im Auge und bin immer auf der Hut, und davon bin ich so angespannt, dass meine Muskeln aussehen wie die einer Turnerin. Und weil das alles so ist, bin ich die perfekte Patientin für einen Wunderheiler, der aber nie halten wird, was er verspricht.

## Drahtseile und Zerreißproben

Im Handumdrehen werde ich das, was ich für fast drei Jahrzehnte bleibe: eine Trinkerin. Ich stehle Bier aus dem Keller meiner Eltern, aber immer nur so, dass es mein Vater nicht merkt, ich fülle Wasser in die Weinflaschen, wenn ich einen Schluck daraus genommen habe, und werde immer besser und immer geschickter und immer präziser dabei.

Wenn ich trinke, verändert sich die Welt um mich herum. Sie ist angenehm, befreiend, schön. Ich bin schön und mache Bekanntschaft mit einer anderen, unbeschwerten Version meiner selbst. Alkohol ist meine rosarote Brille, die ich aufsetze und durch die ich entfliehen kann.

In meinem Kinderzimmer feiere ich Feste mit mir selbst, höre Musik, tanze, schreibe Lieder, male Bilder und sitze rauchend und trinkend auf dem Dach. Ghost Kingdom wächst und weitet sich aus. Die Tapeten sind ein bunter Rausch, den Boden bedeckt ein weicher Teppich aus Leichtigkeit.

Alles, was außerhalb meiner vier Wände geschieht, erscheint mir wie ein Paralleluniversum. Jeder Schmerz, jeder Angriff, jeder Schritt in meinem Teenagerleben wird sogleich mit der Universalarznei Alkohol behandelt. Und Alkohol hilft, immer und ohne Rückfragen. Gegen quälende Wachstumsschmerzen, gegen düstere Kindheitsahnungen, gegen die gefährlichen Raubtiere, die hinter der Zimmertür lauern und meine Eltern sind. Und immer alles wissen wollen.

Mein Leben bekommt einen neuen Sinn.

Der Sinn heißt Rausch. Ich gewöhne mich sehr schnell an den Wechsel zwischen Kontrolle und Kontrollverlust und lebe nur wenige Monate nach meinem allerersten Schluck Seite an Seite mit einem skrupellosen Gefährten, der sich kompromisslos vor alles und jeden stellt, der mir wehtun will.

Ich trinke von Anfang an die meiste Zeit allein. Aber wenn ich doch außerhalb von Ghost Kingdom trinke, mit meinen Freunden, die Teenager sind wie ich und ihre ersten heimlichen Trinkgelage feiern, sind sie belustigt, wie schnell ich trinken kann, wie schnell ich betrunken werde und wie viel ich dann trotzdem noch trinken kann. Und will. Dass ich zu Hause in meinem Kinderzimmer allein vor mich hin saufe und bereits vor dem Vollenden meines fünfzehnten Lebensjahres eine geübte Trinkerin bin, ahnt niemand. Wie auch. Ich habe einen exzellenten Pressesprecher in meinem Königreich, der nach dem Motto agiert: *What happened in Ghost Kingdom stays in Ghost Kingdom!* Und so werde ich immer besser – im Trinken und im Lügen.

Meine Mutter nimmt sehr wohl wahr, dass hinter der verschlossenen Tür meines Kinderzimmers etwas geschieht, was sich ihrer Kontrolle entzieht.

Doch mit jeder Nachfrage wird die Front größer zwischen mir und ihr. Ich fühle mich immer mehr wie ein dunkler Fremdkörper in meiner Familie. Ich habe keine Verbündeten und ich will auch keine. Ich will in Ruhe gelassen werden. Meine Tür bleibt verschlossen, keiner darf unerlaubt passieren. Vor allem meine kleine Schwester nicht, die mich anschaut, als sei ich eine Erscheinung. Ich weiß, dass sie mich braucht und dass sie unglücklich ist, weil ich nicht zu erreichen bin, obwohl ich nur ein Zimmer weiter lebe. Aber ich will nicht gebraucht werden. Und wo ich *wirklich* lebe, das kann ich sowieso niemandem erzählen. Schon gar nicht ihr. Sie ist noch viel zu klein und würde es sowieso nicht verstehen.

Ich trinke nur am Wochenende, außer in den Ferien. Da trinke ich auch unter der Woche. Obwohl ich spüre, dass das nicht gut ist, kann ich nicht mehr anders. Ich habe es nicht mehr im Griff – es hat *mich* im Griff –, und dieses Es ist eine

Sache, die wie eine riesige Leuchtreklame über mir hängt: Maßlosigkeit.

Sie wird sich wie ein weinroter Faden durch mein Leben ziehen und sich immer fester um meine Kehle spinnen.

Ich trinke, und trinke. Und trinke. Nach dem ersten Schluck gibt es für mich auch nichts Wichtigeres mehr, als weiterzutrinken.

## Identität

Elf Jahre nach dem Tod Titos zerbricht Jugoslawien. Erst fällt die Mauer, dann die Sowjetunion und mit ihr auch Jugoslawien. Mein Vater verbietet mir, weiterhin in den muttersprachlichen Unterricht zu gehen, er sagt, wir sind im Krieg. Und dass ich keine Jugoslawin mehr bin. Ich bekomme einen blauen Pass.

Unsere Garage ist eines Morgens randvoll mit Militärausrüstung. Schlafsäcke, Helme, Schutzwesten. Mein Vater erklärt uns, dass wir in der Heimat im Krieg sind. Meine kleine Schwester versteht das Wort Krieg nicht und weint, meine Mutter weint auch. Ich verstehe Krieg sehr wohl. Ich weiß aus der Schule, was das ist, und ich weiß auch, dass viele aus unserem Dorf im Gefängnis gesessen haben. Weil sie gegen das sozialistische Regime waren. Und sie waren es, obwohl Titos Konterfei an ihren Wänden hing.

Wenn ich von Deutschen *Jugo* genannt werde, sagt mein Vater, dass ich keine *Jugo* bin, was ich aber bin, das sagt er nicht.

Ich weiß so schon nicht, was oder wer ich bin. Und jetzt habe ich nicht mal mehr eine Identität.

Ich bin weder Deutsche noch bin ich eine *Jugo*, ich bin gar nichts. Mit dem blauen Pass bekomme ich zwar eine Identität, aber ich bekomme auch einen Krieg. Mitten in mein Leben. Als wäre da nicht schon genug Krieg.

Mein Vater hilft mit anderen Kroaten, die in der Diaspora leben, die Armee aufzubauen, weil wir keine haben. Sie legen ihre Ersparnisse zusammen, kaufen aussortierte Armeebestände und schmuggeln sie in endlosen Nächten über die Grenzen. Sie verteidigen sich. Und das tun sie lange, blutige Jahre. Die viel stärkere Jugoslawische Volksarmee unterschätzt die Resilienz der Kroaten. Ich weiß nicht, was ich über den Krieg denken soll, ich habe Angst um meinen Vater, ich habe Angst, dass er nicht zurückkehrt. Aber ich habe auch Ghost Kingdom, und dorthin verschwinde ich in dieser Zeit immer öfter und betrinke mich.

Auch dieser Krieg bringt viele Tote, und zum ersten Mal frage ich mich, ob es für mich nicht auch besser wäre, tot zu sein, und stehle Schmerztabletten aus dem Schrank meiner Mutter. Vor den Augen meiner neunjährigen Schwester mixe ich einen Tablettencocktail in einer Seltersflasche. Wir sind allein zu Hause, und meine Schwester bekommt *ihre* erste richtige Panikattacke. Sie rastet vollkommen aus und kann sich erst beruhigen, als ich die Flasche in die Badewanne ausleere und sie danach wegschmeiße. Ich verspreche ihr, dass ich das nie mehr tun werde. Aber nur, wenn sie es niemandem erzählt.

Ein paar Wochen nach diesem Vorfall fängt meine Schwester an, sich Haare auszureißen und sie zu kleinen Kügelchen zu rollen. Noch Jahre später finde ich kleine Kügelchen ihrer ausgerissenen Haare im Haus verteilt wie alten Staub.

## Passive Not Aggressive

Immer mehr werde ich zu einem passiven Teil unserer Familie. Ich mache zwar alles mit, aber nur, weil ich muss. In der Schule ist es genauso. Ich mache auch hier alles mit, weil ich muss. Ich schließe Freundschaften und bin beliebt, aber nur, weil ich die anderen nachahme. Ich werde richtig gut darin. Bis ich auffliege und eine meiner Schulfreundinnen mich auf die Abschussliste setzt, weil sie allen erzählt, dass ich eine Lügnerin und nicht echt sei. Man würde vom Mond aus sehen, dass etwas mit mir nicht stimmt. Ich weiß selbst, dass etwas nicht stimmt mit mir, und sogar, *was,* und trotzdem reagiere ich über alle Maßen verletzt und ziehe mich zurück. Ich fühle mich verkannt, obwohl das Gegenteil passiert ist: Ich wurde erkannt. Und dann bricht alles zusammen. Ich fühle mich entlarvt und nackt und nirgendwo mehr sicher, ich brauche immer mehr Stoff, um jetzt auch diesen brandneuen Schmerz zu betäuben.

Die Spirale dreht sich schneller und schneller, und je älter ich werde, desto weiter entferne ich mich von allem und jedem. Am weitesten weg sind meine Eltern, schon lange gibt es kein »Vater, Mutter, Kind« mehr. Ich verweigere mich ihnen. Und mir selbst.

Der einzige Mensch, mit dem ich überhaupt noch Zeit verbringen will, ist meine Oma Mara. Zu ihr fühle ich eine tiefe Verbindung. Und obwohl wir nie darüber sprechen, wissen wir beide, dass wir uns auf denselben Wunderheiler eingelassen haben und dass es niemanden gibt, dem wir das erzählen können. Und deswegen verbringe ich die meiste Zeit meiner Ferien im Dorf mit ihr.

## Von Trauben und Pflaumen

Meine Oma Mara verbringt siebzig Jahre mit meinem Opa Jozo – ohne einen einzigen Tag von ihm getrennt zu sein. Ein Enkelkind nach dem anderen erblickt das Licht der Welt und erweitert unsere Familie. Die meisten ihrer Nachkommen sind Mädchen, allesamt stur und eigen so wie sie. Den letzten Sommer ihres Lebens verbringe auch ich im Dorf.

Vieles hat sich verändert, aber das Plumpsklo existiert immer noch. Und obwohl es jetzt auch richtige Toiletten gibt – die Brüder haben alle ihre eigenen kleinen Häuser um den Hof der Eltern gebaut –, benutzen im Sommer die meisten von uns weiterhin das gute Loch und putzen sich ihre blitzgescheiten dalmatinischen Ärsche mit den Nachrichten ab. Mit den Nachrichten *und* mit den Tränen von Opa Jozo.

Mein Opa Jozo ist so sanftmütig, dass er jeden Morgen über der Tageszeitung sitzt und weint. Weil er den Schmerz der Welt in jeder seiner Fasern spürt und ihn die Trauer darüber immerzu aufs Neue überfällt. Dicke Tränen benetzen seine ebenso dicken Brillengläser, und wenn alles in ihm überläuft, tropft eine nach der anderen auf das Weltgeschehen, das dann wiederum von Opa beweint auf dem Plumpsklo landet und mit dem wir uns dann die Ärsche abwischen.

Mara spürt auch einen Schmerz, aber ihrer ist alt, fast so alt wie sie. Immer noch glaubt sie fest daran, dass ihr Vater wegen ihr sterben musste. Weil sie ihr Leben vor seines gesetzt hat. Immer noch ist sie davon überzeugt, dass es in Wahrheit nicht die Straßenbahn von Chicago war, sondern *sie,* die ihren Vater auf dem Gewissen hat. Und weil sie daran glaubt, hat Mara ihren Vater auch *in* ihrem Gewissen.

Und dort sitzt er, mein Urgroßvater Ivan, jahrein, jahraus. Und plagt seine Tochter, meine Oma, obwohl er sicher viel lieber in Frieden ruhen würde, als in ihrem Gewissen zu hocken.

Mara ist ihr ganzes Leben lang verschwindend schmal. Ihr Körper zeigt im Außen das, wonach sie sich innerlich sehnt: zu verschwinden. Schon früh entdeckt sie, so wie ich auch, dass es einen Weg gibt, ein Schlupfloch, einen Aus-Knopf für ihre Gefühle, und freundet sich mit den Trauben und den Pflaumen an. Denn Mara kann nicht weinen. Sie kann einfach nicht. Sosehr sie es auch versucht – sobald sich eine kleine Träne ankündigt, schluckt Mara sie sofort hinunter. Und weil das so ist, auch die Trauben, die Pflaumen, alles, was sie finden kann.

Wir alle lieben das Dorf, und wir alle lieben Oma Mara und Opa Jozo. Über alles. Sie lieben uns auch, jeden gleich viel, das wissen wir genau. Sie machen keine Unterschiede. Ich spüre trotzdem, dass sie meine Hand länger hält als die meiner Cousinen und Cousins. Vielleicht tut sie das, weil wir nicht im Dorf, sondern in Deutschland leben. Vielleicht tut sie es aber auch, weil sie weiß, wie ähnlich wir uns sind. Und dass wir in denselben Kreisen verkehren. Kreise, in denen wir schuldig gesprochen wurden. Kreise, die Kreise ziehen.

Und jeden Tag kommt ein neuer dazu.

Opa Jozo hat ein leichtes Herz, er ist ein fröhlicher Mann und sagt immer: »So viele Menschen, die lieben und geliebt werden, ich bin sicher, unser Hof ist Gottes Lieblingsort!« Und dann schiebt sich sein Mund leicht schräg nach oben und er fragt in die Enkelrunde: »Aber, Kinder, erratet ihr *dieses* Mal, in *wen* ich verliebt bin?«

Und alle rufen: »In Oma, in Oma, in Oma!«

Und das ist er wirklich, er ist verliebt in sie. So, wie ein Mann nur verliebt sein kann in seine Frau, die erste und einzige, so, wie es von Gott gewollt ist, so, wie es sein soll. Mara liebt Jozo auch, aber ihre Liebe ist an ein bleischweres Herz gebunden. Das hatte sie ganz früher nicht. Es ist der Preis, den sie für ein Leben mit ihm bezahlen musste.

Mara und ich sitzen im letzten Sommer ihres Lebens stundenlang am alten Tisch in der alten Wohnküche schräg gegenüber vom alten Dreisitzer. Auf den haben sich früher die Enkelkinder gequetscht, die schnell genug waren, einen Platz zu ergattern, um Maras lange graue Zöpfe zu entflechten und die Wellen zu kämmen. Es waren sanfte Wellen auf dem Kopf einer eigensinnigen Frau.

Auch ich durfte sie kämmen, wenn ich im Sommer in meiner Heimat, die nicht mein Zuhause war, schnell genug auf dem Dreisitzer saß. Und wenn nicht, auch. Weil ich der Liebling von Tante Iva war und die es befohlen hatte.

»Lasst unsere Kleine Oma Mara die Haare kämmen.«

Und obwohl ich keine Extrawurst wollte, Maras Haare kämmen wollte ich. Unbedingt.

Auch ich habe ein bleischweres Herz, das nur leichter wird, wenn ich das Licht ausmache. So wie meine Oma Mara. Wir sitzen in der alten Wohnküche, in der es keine Spuren von Jugoslawien mehr gibt, und sie erzählt mir von ihrem Leben im Dorf, einem Leben, das fast ein ganzes Jahrhundert lang überdauert hat. Sie erzählt von drei Kriegen, die sie erlebt und überlebt hat, als Kind, als junge und als alte Frau. Sie erzählt vom Ofen, in dem sie ihre Kinder versteckt hat und heute noch unser Brot backt. Nichts davon hat sie vergessen, sie weiß noch alles. Und das ist Segen wie Fluch zugleich, denn sie vergisst nicht, gar nicht. Nie. Ihre Erinnerung ist wie ein riesendickes Buch voller Geschichten, und obwohl auch sie, wie die meisten alten Frauen im Dorf, weder lesen noch schreiben kann, erinnert sie die Jahre genau. Jedes einzelne. Und auch alles, was darin geschehen ist. Sie macht es an den Jahreszeiten fest, daran, wie kalt und eisig die Winter oder wie ergiebig die Ernten waren. So merkt sie sich, welches Jahr wann war und welches Kind wann geboren wurde. Nicht nur ihre eigenen, sie erinnert das Geburtstagswetter und auch den Nachthimmel aller Kinder, die in unsere Sippe geboren wurden. So, als wäre es gestern gewesen. Und obwohl nur Opa Jozo lesen und schreiben kann, ist meine Oma mindestens genauso klug wie er. Jozo weiß alles über die Welt, das Zeitgeschehen und die Politik, aber Mara weiß alles über uns. Opa Jozo sagt über seine Frau, sie hätte Ohren so groß wie Amerika und ein Herz so groß wie die ganze Welt. Wir Kinder lachen darüber, Mara lacht nicht.

Sie will nichts hören von Amerika. Nichts hören von diesem schrecklichen Kontinent, davon, dass ihr Herz so blutig gekratzt wurde, dass es nie mehr richtig heil geworden ist. In Maras letztem Sommer frage ich sie, was ich mich zuvor nie zu fragen getraut habe. Als würde ich ahnen, dass es keine weiteren Sommer geben wird. Und als würde ich ahnen, dass ich durch sie mich selbst verstehen kann. Ich traue mich und bekomme eine Antwort. Ich frage sie, am alten Tisch meiner Sommer in Kroatien, warum sie so oft so bedrückt ist.

Als diese Frage aus meinem Mund in ihrem Gehörgang landet, fegt sie mit der flachen Hand trotzig wie ein Kind Brotkrumen vom Tisch, hält dann kurz inne, schaut zu Boden und dann mich an.

»Mein Kind, ich bin nicht bedrückt. Ich bin nur müde. Sehr, sehr müde.«

Wir schweigen eine Weile und schauen beide aus dem Fenster mit Blick auf das Plumpsklo. Ich hole tief Luft und frage weiter. »Und *was* hat dich so müde gemacht, Oma?«

Und jetzt holt auch Mara tief Luft, neigt ihren Kopf zur Seite und spricht es aus. Laut und deutlich, vielleicht zum ersten Mal in ihrem Leben, ganz sicher zum letzten. »Die Trauer hat mich müde gemacht. Die Trauer und die Schuld.«

Und dann sprudelt es aus ihr heraus. Sie erzählt alles, alles, woran sie sich erinnert, und alles, was sie je über ihren Vater Ivan, seinen Bruder Mijo, über Amerika und über den jüngsten Onkel, Mate, gehört hat. Sie erzählt es so detailliert, wie es nur jemand erzählen kann, der kein einziges Quäntchen Erinnerung je aus den Gedanken entlassen hat. Über all die Jahre hat meine Oma Mara jeden einzelnen Tag an diese drei Menschen aus ihrer Vergangenheit gedacht, an das Leben mit ihnen und an das Leben ohne sie. Damit sie nicht vergessen werden. Und dabei hat Mara auch ihre eigene Schuld nicht vergessen können.

Meine Oma erzählt mir von ihren täglichen Gebeten zu Jesus und zu Maria vor dem Kruzifix im Schlafzimmer ihrer Eltern, in dem nur ihre Mutter schlief, weil ihr Vater weit weg in Chicago war. Sie erzählt vom Inhalt dieser Gebete und der Schuld, die sie auf sich geladen hat, weil Gott erfüllt hat, worum sie ihn gebeten hat. Sie redet wie ein Wasserfall, und als sie fertig ist und leer von Worten, nehme ich ihre Hand ganz fest in meine und sage: »Du warst ein Kind, Oma. Du trägst keine Schuld, kein Kind dieser Welt ist an irgendetwas schuld. Du musst das loslassen, du *darfst* das loslassen. Dein Herz hat lange genug gelitten, hörst du?«

Meine Oma Mara schaut mich erstaunt an, so als wäre es das erste Mal, dass sie ihr überhaupt in den Sinn kommt – die Möglichkeit, dass sie unschuldig ist. Weil sie ein Kind war und weil Kinder überhaupt an nichts schuld sein *können*. Nicht für sich und auch für niemanden sonst. Sie senkt wieder den Blick, hinterfragt alles noch mal ganz genau, und dann kommen sie, Maras Tränen.

So wie die Worte, die ihnen vorher den Weg geebnet haben, kommen sie wasserfallartig. Mara weint. Ich weine mit ihr. Um sie, für sie. Und auch ein bisschen für mich selbst. Ich lasse ihre Hand erst los, als meine Oma sich zu Ende beweint hat.

Auch wenn ich an jenem letzten Tag mit meiner Oma Mara schon wusste, dass dieser eine Teil von mir ebenfalls unschuldig ist, weil auch ich ein Kind war, kann ich meine eigenen Schuldgefühle erst viele, viele Jahre später loslassen.

Mara stirbt ein paar Tage nach meinem dreiundzwanzigsten Geburtstag. Mein Opa Jozo sucht ein ganzes Jahr lang nach ihr. Als er begreift, dass er sie nicht mehr findet, geht er ihr nach. Friedlich. Und mit leichtem Herzen.

Es vergeht wirklich kein einziger Tag, an dem ich nicht an Mara denke. Und weil es Mara nicht ohne Jozo gibt, denke ich so an beide.

# SCHAM

## Acting Strange

Die Jahre nach meinem Abitur vergehen wie im Flug. Und obwohl mein innerer Druck nicht weniger wird und ich genauso wenig weiß, was ich aus meinem Leben machen soll, falle ich nicht auf. Wer in seinen Roaring Twenties ist, trinkt. Denn Alkohol gehört zum guten Ton bei jungen Erwachsenen, diese Zeit kommt schließlich nie wieder, und deswegen darf sie auch krachend und so oft wie möglich gefeiert werden.

Ich feiere die Feste hier und da mit, aber am liebsten begieße ich in gewohnter Manier mit mir allein meinen eigenen Zustand, nämlich, dass es nichts zu feiern gibt.

Obwohl ich mich fühle wie ein morsches Stück Holz, das ziellos, und ohne seinen Heimathafen zu kennen, auf dem Ozean der Möglichkeiten treibt, sehen die ersten Jahre meiner Zwanziger von außen betrachtet glänzend aus.

Sie tun das vor allem, weil ich von der Pike auf gelernt habe, wie ich mich, um nicht aufzufallen, zu *der* perfekten Fassade mache.

Ich unternehme aufregende Reisen, von denen ich die dollsten Geschichten mitbringe, ich trage enge Jeans mit Schlag und knote Männerhemden über dem Bauchnabel, male mir Lidstriche und rote Lippen und rote Nägel, beginne ein Literaturstudium und diskutiere im Frankfurter Club

Voltaire mit Gleichgesinnten bis in die Morgenstunden über Simone de Beauvoir, Alan Watts, Karl Marx, Salomon Maimon oder Ayn Rand. Ich ergattere die Hauptrolle in einem Theaterstück am Schauspielhaus, es folgen weitere Hauptrollen, ich werde fürs Kino entdeckt und spiele in meinem ersten großen Kinofilm an der Seite von Götz George, ich mache Musik, schneide mir die Haare kurz, weil ich aussehen will wie Mia Farrow in *Rosemaries Baby*, und ziehe mit meinem ersten richtigen Freund in meine erste eigene Wohnung. Ich werde zum Inbegriff der Boheme und lebe mein ungebundenes und freies Künstlerdasein vermeintlich voll aus.

Wenn ich Schulfreunde von früher treffe, spüre ich, dass sie mich wie eine betrachten, die den großen Sprung geschafft hat. Ich spüre das alles.

Nur spüre ich *mich* darin nicht.

Alles, was ich tue, bleibt eine Behauptung, nichts davon löst Zufriedenheit in mir aus, geschweige denn Glück. Ich beginne ein Studium, das ich nie beende, übe stattdessen einen Beruf aus, der mich noch hohler und leerer macht, als ich es eh schon bin, und dem ich erst nach fünfundzwanzig Berufsjahren den Rücken kehren werde.

Das Einzige, wofür ich mich auch in meinen Zwanzigern wirklich interessiere, ist Alkohol. Wann immer ich die Gelegenheit dazu bekomme, betrinke ich mich. Und wenn es keine gibt, dann schaffe ich mir eine. Ich begreife schnell, dass die Schauspielerei, der ungeliebte Beruf, doch für eine Sache gut ist. Eine Sache, die mir wichtiger ist als alles andere: unbeobachtet trinken zu können. Den Drehschluss verbringe ich deswegen selten im Beisein meiner Kollegen, nach der letzten Klappe gehe ich auf direktem Wege dorthin, wo ich mich volllaufen lassen kann: in die Hotelzimmer, die ich während meiner Filmdrehs bewohne. Sie werden nicht nur sehr schnell zu meinen Verbündeten, sondern vor allem zum Abbild meiner Sucht.

Und so übe ich Jahre über Jahre einen Beruf, der mich weder interessiert noch zu was Besserem macht, nur deshalb aus, weil er zu einem meiner wichtigsten Dealer wird.

Er wird zum Dealer, der mir Hotelzimmer besorgt, in denen ich mich wegschießen kann – und so mache ich die nächsten Jahre alles, was notwendig ist, um im Gespräch zu bleiben.

Damit meine Quellen ja nicht versiegen.

Nur selten landet jemand mit mir in meiner geheimen Höhle, noch seltener in meinem Bett. Und wenn, dann verblassen die Erinnerungen daran genauso schnell wie der Dreh selbst. Ich merke mir weder die Gesichter noch Namen der Menschen, mit denen ich arbeite. Sie verschwinden so schnell aus meiner Memory Lane wie die Spuren meiner Trinkerei aus den Zimmern, die ich bewohne.

Wenn ich nach getaner Arbeit aus einem Hotelzimmer auschecke, hinterlasse ich einen fein säuberlichen Eindruck und ein gutes Trinkgeld für das Zimmerpersonal. Damit es die Flaschen möglichst diskret entsorgt – die einzige Spur zu meiner wahren Identität, der Identität einer Trinkerin, die ihr Geld so maßlos dafür ausgibt, als hätte sie persönlich das Trinkgeld erfunden.

Die ersten Jahre meiner Zwanziger vergehen wie im Flug, und während ich die Karriereleiter immer weiter nach oben klettere, führt die Spirale immer weiter nach unten.

Von außen betrachtet lebe ich in einer Welt voller Glitzer und Glamour. Das goldene Eintrittsticket eines kroatischen Gastarbeiterkindes aus einer hessischen Kleinstadt in die Welt der Stars und Sternchen tröstet meine Familie darüber hinweg, dass ich nicht die erhoffte Anwältin oder Ärztin geworden bin.

Aber mich interessieren weder das goldene Ticket noch die roten Teppiche und die anderen Stars und Sternchen am allerwenigsten.

Ich mache Karriere, um weiterhin ungestört trinken zu können. Und weil ich unter den anderen Trinkern und Trinkerinnen nicht sonderlich auffalle.

Zumindest die ersten Jahre nicht. Später falle ich auf und werde trotzdem kein einziges Mal darauf angesprochen, was ich nach Drehschluss und allein im Hotelzimmer da eigentlich treibe.

## Komplizierte Umstände

Wenn mir alles zu viel wird, verschwinde ich und tauche irgendwann wieder auf. Die Orte sind reine Zufallsprodukte, ich fahre zum Flughafen, gehe zum Schalter irgendeiner Fluggesellschaft, frage nach dem nächsten, günstigsten Flug, egal wohin, und buche ihn. Jede Reise wird zu einer neuen Stecknadel auf der Landkarte meines ziellosen Eskapismus. Manchmal sind es nur ein paar Tage, manchmal verschwinde ich für Wochen.

Wieder aufgetaucht aus einer Versenkung, lerne ich auf einem Straßenfest den Vater meines Kindes kennen. Umringt von Freunden und Zaungästen, lehne ich lässig an einem Stehtisch und erzähle von meinen neuesten, meinen allerverrücktesten Reiseerlebnissen. Dabei bin ich bis zum Anschlag aufgedreht und beschalle die Runde wie die überdimensionale Musikanlage einer Großraumdiskothek. Ich bin laut und gut gelaunt.

Von außen betrachtet ist alles wie immer.

Der zukünftige Vater meines Kindes ist einer dieser Zaungäste, beobachtet die Vorstellung erst aus der Distanz, mustert mich eine Weile, wartet den richtigen Moment ab und spricht mich dann an.

»Hat dir schon mal jemand gesagt, dass du aussiehst wie Winona Ryder in *Durchgeknallt?*«

Ich lache und antworte: »Na ja, also zumindest inhaltlich bin ich der Figur, die sie spielt, nicht unähnlich.«

Wir bleiben den ganzen Abend nebeneinander stehen, er trinkt in dieser ganzen Zeit nur eine Weinschorle. Eine einzige unschuldige Weinschorle, die mich genauso rührt wie der Mann, der sie trinkt.

Denn ich trinke, wie ich trinke. Viel.

Als er mich an jenem Abend nach Hause fährt – weil ich so voll bin, dass ich nicht mehr ohne Hilfe laufen kann –, ahnt er noch nicht, wie durchgeknallt ich wirklich bin. Und weder er noch ich ahnen, dass uns nicht nur ein gemeinsames Kind, sondern auch jahrelange, zermürbende und tränenreiche Sorgerechtsprozesse um dieses Kind erwarten. Wir besiegeln eine Zukunft, die uns erst zu Liebenden, dann zu Feinden und erst zwanzig Jahre später zu Freunden machen wird.

Aber bevor die Dinge ihren Lauf nehmen und sich unsere Spirale in einem Affentempo nach unten dreht, ziehe ich, in der Hoffnung auf ein geordnetes Leben hinter Vorstadthecken und mit nur *einer* Weinschorle am Abend, sehr schnell bei ihm ein.

Der vielversprechende Beginn unserer Beziehung, mit Aussicht auf eine stabile und gute gemeinsame Zukunft, ist, wie alles andere in meinem Leben, nur ein leeres Versprechen. Denn ich bleibe auch in dieser Beziehung eine junge Frau, die ihre Seele schon vor langer Zeit dem Teufel verkauft hat. Ich bleibe, was ich bin, eine Trinkerin, die trinken muss. Und da ich bei ihm nicht mehr offen, wann und wie oft ich will, trinken kann, werde ich erfinderisch.

Ich warte ab, bis er eingeschlafen ist, schleiche mich in die Küche, hole die Weinflasche, die ich schon geöffnet habe, damit das Ploppen des Korkens mich nicht entlarvt, aus ihrem Versteck und gieße leise und vorsichtig meine Linderung ein. Eine Stunde und eine Flasche Wein später lege ich mich vorsichtig zurück ins gemeinsame Bett, stelle den Wecker so, dass ich am nächsten Morgen vor ihm ins Bad komme und mich wieder so herrichte, dass er nichts von meinen nächtlichen Ausflügen bemerkt. Irgendwann bin ich so konditioniert und geübt darin, dass ich fast ein bisschen stolz auf mich bin. So gut, wie ich auf dem schmalen Grat der Tage und Nächte wandle, ohne auch nur einmal zu stolpern, das soll mir erst mal eine nachmachen.

Dass ich dabei immer dünner und hohlwangiger werde, schiebe ich auf einen Bandwurm. Es sei eine familiäre Angelegenheit, sage ich. Und auch ich hätte immer mal wieder einen. Dass der Parasit, der nicht nur mich, sondern seit Generationen immer wieder Mitglieder meiner Familie befällt, kein Bandwurm, sondern ein ganz anderes Ungeziefer ist – das wird der Vater meines Kindes erst sehr viel später erfahren.

Wenn ich gerade nicht drehe und die Komplizenschaft der Hotelzimmer mein Rausch ist, schleiche ich wie eine Diebin, die ihren nächsten Einbruch immer präziser vorbereitet, in die Küche und trinke. Ein ganzes Jahr lang mache ich das so und merke dabei nicht, dass ich längst eine ganz andere Beute in mir trage: ein Kind.

Während der Vater meines Kindes fast umkippt vor Freude und die frohe Botschaft voller Stolz unseren Familien und Freunden verkündet, stehe ich wie in Watte gepackt neben ihm und spüre weder Stolz noch irgendein anderes freudiges oder erhabenes Gefühl. Alles, was ich spüre, ist Panik.

Blanke, grelle Panik. Panik vor einer Gewissheit, um die ich nicht gebeten habe und die bedeutet, dass ich die nächsten Monate nicht nur in anderen Umständen bin, sondern vor allem einem ganz anderen Umstand begegnen werde. Einem, dem ich seit zwölf Jahren aus dem Weg gehe, weil ich mich davor fürchte wie der Teufel vor dem Weihwasser. Der Nüchternheit. Denn auch wenn ich eine Trinkerin bin, weiß ich mit dem ersten Blick auf das klopfende Herz unseres Kindes auf dem Ultraschallmonitor, dass ich diesen kleinen Menschen fernhalten muss vom Alkohol. Ich darf das Baby nicht in Gefahr bringen, ich muss es beschützen. Vor allem vor mir, seiner eigenen Mutter.

Und so stelle ich mich wie eine gute Soldatin in der Armee der werdenden Mütter im Antlitz der Nüchternheit vor den Teufel, der aber dennoch täglich an meine Tür klopft und weiterhin haben will, was ich ihm versprochen habe: meine Seele.

Ich verwehre ihm den Eintritt, denn in meiner Seele entsteht die Seele eines neuen, unbeschriebenen Lebens, für das ich ab jetzt Sorge tragen werde. Niemals werde ich ihm mein Baby geben, niemals!

»Du bekommst sie nur über meine Leiche«, flüstere ich ihm jede Nacht zu, in der er mich wieder hinausschicken will, um zu tun, was getan werden muss. Ich erfahre erst bei der Geburt unserer Tochter, wie sehr der Teufel mich beim Wort nimmt.

In den Monaten bis zur Niederkunft trinke ich keinen Tropfen, dafür schütte ich so viele Vitamine in mich hinein, wie ich nur kann. Ich tue alles dafür, dass mein Kind zu einem starken Menschlein wird. Mein Körper hat keinen blassen Schimmer, was er damit anfangen soll, er kennt weder Vitamine noch eine regelmäßige Nahrungsaufnahme und dehnt sich, ob der neuen Umstände völlig überfordert, in alle Richtungen aus. Innerhalb weniger Wochen wird aus der dünnen, hohlwangigen sechsundzwanzigjährigen Trinkerin ein rundes Michelin-Männchen, das eine riesige Kugel vor sich herträgt – aber alles andere als eine ruhige Kugel schiebt.

Ich bin nervös und dünnhäutig und alles andere als ruhig.

Die Menschen um mich herum führen meine Nervosität auf die Hormone zurück, es sei alles im grünen Bereich, völlig normal für eine Schwangere.

Aber nichts ist normal, weil *ich* nicht normal bin.

Wenn es sehr schlimm ist, schließe ich mich im Bad ein und lasse meinen Tränen freien Lauf. Dann wasche ich mein Gesicht mit kaltem Wasser und versuche, als unnormale Schwangere möglichst unauffällig unter den Normalen zu bestehen.

Und wenn ich allein zu Hause bin, sitze ich stundenlang in dem alten, verschlissenen Ohrensessel, den ich aus meiner Kindheit mitgebracht habe, lege Kopfhörer, aus denen kroatische Musik schallt, auf meinen Bauch und lasse dabei hemmungslos die Tränen laufen. Und laufen ... und laufen ... stundenlang.

Weil ich nicht weiß, wie es mit mir, mit dem Baby, mit meinem, unserem Leben weitergehen soll. Weil ich nicht weiß, ob ich so, wie ich bin, überhaupt eine Mutter sein kann, geschweige denn eine gute. Ich fresse die Sorge um unsere Zukunft in mich hinein, weil es weit und breit niemanden gibt, dem ich meine bittere Wahrheit zumuten kann.

Aber am allermeisten weine ich deswegen, weil ich wieder trinken werde. Die Trauer darüber, dass ich bin, was ich bin, und wahrscheinlich niemals eine richtige Mutter sein werde, wird immer größer, je näher der Tag rückt, an dem ich mein Baby zum ersten Mal in meinen Armen halten werde.

Kurz vor der Niederkunft findet der Teufel doch seinen

Weg – er kann meine Abstinenz einfach nicht auf sich sitzen lassen, ohne mir die Konsequenzen vorzuführen.

Er macht meine Bemühungen, mein ungeborenes Kind von giftigen Flüssigkeiten fernzuhalten, über Nacht einfach zunichte, denn er kippt Gift in mein Fruchtwasser.

Dass meine Schwangerschaft entgegen den Annahmen der anderen nie im grünen Bereich war, wird nun auch in dem Wasser, das mein Baby als Schutzhülle umgab, auf eine seltsame Art sichtbar.

Es färbt sich grün.

Und dann geht es schnell. Ich werde drei Wochen vor dem Geburtstermin ins Krankenhaus eingeliefert, und die Geburt wird noch am selben Tag durch einen eifrigen jungen Arzt eingeleitet.

Und weil das Schicksal einen besonderen Sinn für Ironie hat, irrt sich der Arzt in der Menge, wie man mir später mitteilt. Er dosiert das Wehenmittel über, es ist viel zu viel Flüssigkeit, die doppelte Dosis legt sich um meinen Muttermund und forciert die Wehen. Und sie kommen heftig und orkanartig, aber der Muttermund bleibt zu.

Und öffnet sich auch die nächsten Stunden nicht.

Keinen einzigen Millimeter.

So als wolle er mit seinem stoischen Verschluss das unmissverständliche Zeichen setzen, dass eine Mutterschaft in meinem Falle ein sinnloses Unterfangen ist.

Aber das Kind muss dringend aus mir heraus, und die Stimmung im Kreißsaal macht es so wie das Fruchtwasser: Sie kippt.

Die Ärzte und Hebammen werden nervös.

Auch mein Baby wird nervös. Die Herztöne am Monitor schnellen in die Höhe, und meine auch. Ich muss dringend in den OP, sonst ist es aus für uns beide. Aber es ist kein Anästhesist auffindbar. Es ist das Wochenende der meisten Unfälle und Herzinfarkte, die es in diesen Jahren geben wird. Die Hebamme klingelt einen Anästhesisten aus dem Bett, der im Ruhestand so viel Ruhe hatte, dass er vergessen hat, wie es geht. Auch er irrt sich in der Menge und im Kanal, wie ich später hörte. Er jagt nicht nur zu viel Stoff in mich hinein, sondern auch in die falsche Stelle.

Schicksal und Teufel geben sich ein Stelldichein im Kreißsaal. Warum denn jetzt auch am guten Stoff sparen, wenn ich doch am liebsten immer zu viel von allem habe?

Außerdem entlässt der Teufel niemanden, der sich ihm verkauft hat, einfach mir nichts, dir nichts aus dem Vertrag, schon gar nicht wegen einer läppischen Schwangerschaft.

Und bevor er mich aus meinem Körper jagt, spielt er den einen nächtlichen Satz, den ich wie ein Mantra immer und immer wieder gesagt habe, vor mir ab: »Du bekommst sie nur über meine Leiche.«

Aber er macht es mir nicht schwer, zu gehen, weil er mich leicht macht. So leicht wie eine Feder. Ich erhebe mich aus meinem schweren Körper und schwebe über mir. Es fühlt sich wunderschön an. Das ist also Unendlichkeit, denke ich und beobachte beschwingt die Situation.

Ja, es ist Panik ausgebrochen. Aber alles ergibt Sinn.

Und obwohl mich das Ende traurig stimmt, bin ich ungemein erleichtert, dass es nicht der Alkohol ist, der mich zum Gehen zwingt. Worte formen sich zu rosa Herzwolken, in die sich meine Seele hineinlegt wie in Zuckerwatte. Sie sagen: »Du hast eine bessere Mutter verdient als mich.«

So ist es viel schöner. Ich gehe, um mein Baby zu retten. Dass ich es vor seiner eigenen Mama gerettet habe, das wird niemand erfahren.

Und dann sehe ich das, wovon ich schon so oft gehört habe: das Daumenkino meines bisherigen Lebens. Und gleichzeitig erhalte ich einen Ausblick auf die Zukunft und die erwachsene junge Frau mit den Rehaugen, die gleich als kleiner Mensch aus dem Körper, den ich endlich ablegen kann, geboren wird.

Ich bin so froh darüber – ich muss nicht mehr ich sein. Gleichzeitig höre ich, schwerelos an der Decke klebend wie eine Briefmarke auf einem Brief, der gleich auf Reisen geht, eine erhabene und glasklare Stimme, die mich fragt: »Soll es das für dich gewesen sein? Entscheide dich … jetzt!«

Ich entscheide mich.

Und dann wird alles dunkel.

Ein Vorhang fällt.

Als ich wieder zu mir komme, spüre ich, wie mir Haare aus der klebrigen Stirn gestreichelt werden. Wieder höre ich eine Stimme, genauso glasklar. »Na, wer ist denn da wieder unter den Lebenden? Sie haben uns einen ziemlichen Schrecken eingejagt.«

Ich öffne mühsam die Augen, versuche meinen verschwommenen Blick zu schärfen und schaue auf einen blauen Kittel, einen Arm. In dem ein kleines Bündel Mensch liegt.

Die Stimme gehört der Krankenschwester. Ich erkenne sie jetzt. Und ich erkenne mein Kind.

»Ich glaube, hier möchte jemand endlich seine tapfere Mama kennenlernen.«

Mein Mund ist so trocken, dass ich ihn nicht öffnen kann. Ich versuche zu nicken. Sie legt meine Tochter in meine Arme.

Unsere Blicke treffen sich. Auch wenn man sagt, dass Babys noch nichts sehen können, erkennen wir uns.

Wir sind, so, wie wir sind, ohne Zeit und Raum, überflutet von Liebe, eine ganze Weile allein.

Ich flüstere aus meinem Herzen in das Herz meines Kindes: »Ich verspreche dir, ich werde dich beschützen. Und irgendwann werde ich wieder gesund. Ich verspreche es.«

## Schmerz im Mutterherz

Ich suche für unser Baby den Namen *Ava* aus.

Ava, die Kraft des Wassers.

Ihr Name: ein Palindrom. Gleich, von welcher Seite gelesen – immer wird sie bleiben, was sie ist. Kraftvoll und klar wie Wasser.

A V A.

Avas Seele gehört nur ihr selbst. Und sie wird sie niemandem verkaufen müssen, weil ich das für sie und für alle Generationen nach ihr schon getan habe. Aber bevor ich es schaffe, den genetischen Kettenbrief, den Pakt mit dem Teufel, endgültig zu zerreißen, stehen uns harte Jahre ins Haus.

In den ersten Wochen meiner Mutterschaft habe ich große Mühe, mich in meinem Körper zurechtzufinden. Ich stehe immer noch neben mir und erzähle trotzdem wieder nichts von dem, was mich innerlich umtreibt. Ich rede nicht über meine außerkörperliche Erfahrung an der Decke des Kreißsaales und auch nicht über den Saufdruck, der sich pünktlich zur Niederkunft zu mir gesellt hat wie ein alter Kumpan, der am Büdchen auf mich gewartet hat.

Ich versuche, ihn wegzudrängen, und spüre dennoch überdeutlich seine Präsenz. Meine Brustwarzen entzünden sich und fangen an zu bluten. Zu wenig Milch kommt aus mir heraus. Ava wird nicht satt, sie weigert sich, an der Brust zu bleiben, will meine Nähe, aber nicht trinken, sie bekommt Bauchweh und hört wochenlang einfach nicht auf zu schreien.

Irgendwann eröffnet uns der Kinderarzt, es handele sich um eine Allergie. Ava sei allergisch, und zwar gegen die Muttermilch.

Avas Vater schaut betreten zu Boden, und ich bin auch wie gelähmt. Sie ist allergisch gegen ihre Mutter?

Der Arzt erklärt uns, dass das natürlich nicht so sei, es sei das Immunsystem unseres Babys, das ein bestimmtes Eiweiß nicht vertrage. Dieses würde durch die Kuhmilch, die ich trinke, in die Muttermilch und über diese wiederum in Avas Verdauungstrakt gelangen – und der reagiere eben mit einer Abwehrreaktion darauf. Ich höre den Arzt, ich verstehe ihn. Und fühle mich trotzdem wie eine Versagerin.

Das gekippte Fruchtwasser, der geschlossene Muttermund, das Kleben an der Decke … und jetzt eine Muttermilchallergie?

Das Immunsystem meines Kindes verweigert die Flüssigkeit, die mein Körper produziert. Ava will sie einfach nicht. Sie will nichts damit zu tun haben.

Nach sieben Wochen stille ich ab.

Ava bekommt andere Milch, sie trinkt in großen Schlucken und ist zufrieden. Und sie hat kein Bauchweh mehr.

Ich schleiche noch am selben Tag, an dem ich abstille, zur Tankstelle, hole mir drei große Dosen Bier und trinke in genauso großen Schlucken. Aber anders als mein Baby habe ich Bauchweh. Weil ich weiß, wie falsch es ist, was ich tue.

Auch wenn ich es nicht will, ich kann nicht anders. Ich will alles andere als die schäbige, heimlich trinkende Mutter sein, die ich bin. So sehr wünsche ich mir, auch so zu sein wie all die anderen Mütter, deren Babys keine Allergien gegen Muttermilch haben und wochenlang an ihren Brüsten wachsen und gedeihen dürfen. Ich wünsche es mir, aber ich kann einfach nicht anders. Ich muss trinken. Und selbst, wenn ich es für drei, vier Wochen schaffe, kreisen meine Gedanken auch in der Zeit des Nichttrinkens nur um eines: Alkohol.

Ich liebe mein Baby über alles und versuche mit aller Kraft, eine gute Mutter zu sein. Aber die Abwertung meiner selbst wird mit jedem neuen Schluck, der mich zu alten Gewohnheiten zurückbringt, größer und größer und zieht mich noch tiefer hinunter in das dunkle Gefängnis meiner Seele, von dem ich noch nie jemandem erzählen konnte.

Und der einzige Grund, warum ich der Beziehung mit dem Vater meiner Tochter nicht schon längst entflohen bin, ist meine Trinkerei.

Denn wenn ich gehe, muss ich meine Trinkgewohnheiten verändern.

## Rock Bottom

Jahre folgen, in denen Avas Vater und ich uns um das Sorgerecht streiten. Nächtelang sitze ich am Küchentisch und verfasse Stellungnahmen, lese Gutachten und versuche händeringend zu widerlegen, was er zu beweisen versucht: dass ich eine schlechte Mutter bin.

Er weiß nicht mal, dass ich trinke, niemand weiß das, jedenfalls nicht in aller Wucht und Dimension. Aber er will, dass Ava bei ihm lebt, und ich will das nicht. Ich möchte, dass wir sie beide haben. Aber unterbewusst gibt es etwas in ihm, das sich mit Händen und Füßen dagegen wehrt. Und je mehr er sich wehrt, desto schlimmer wird mein innerer Zustand. Ich trinke, wenn sie bei ihm ist, um jetzt auch diesen neuen Fakt zu verdrängen, dass ich Mutter bin und immer noch trinke.

Und so werden meine Ups immer seltener und die Downs immer tiefer. Mit jedem Jahr als Trinkerin katapultiere ich mich tiefer in die Sucht. Aber je näher ich dem Abgrund komme und damit meinem Rock Bottom, desto ordentlicher und aufgeräumter ist meine Umgebung. Bloß nicht auffallen. Das Haus und der Garten sehen aus wie aus einem Einrichtungskatalog. Stets stehen Blumen auf dem Tisch und frisch gebackener Kuchen duftet durch das Haus, das der Lieblingstreff der Spielgefährten meiner Tochter ist. Wenn die Mütter ihre Kinder zum Spielen abgeben, trage ich ein besonders schönes Kleid, mache meine Haare zurecht, parfümiere mich mit den feinsten Düften, und Mund und Fingernägel strahlen in einnehmendstem Rot.

Ich bin eine perfekte Bree-Van-de-Kamp-Ausgabe. Meine Wisteria Lane heißt allerdings Danziger Weg. Dafür teilen wir die ausgeprägte und maßlose Liebe zum Wein.

Wie sie bin ich eine *Desperate Housewife*. Mit dem Unterschied, dass ich schon wieder in einer neuen komplizierten Beziehung lebe. Aber dieses Mal bin ich sicher: Es ist die große Liebe, die alles verändert. Doch es verändert sich nichts. Er arbeitet viel und ist häufig abwesend. Ich trinke viel und heimlich. Auf den ersten Blick ist es immer noch nicht sichtbar. Aber wer genauer hinsieht, erkennt, dass die Fahlheit meiner Haut überschminkt und die Lederhaut meiner Augen alles andere als weiß ist.

Nicht zu überschminken ist meine Fahne. Zwar trinke ich nicht morgens und auch nicht täglich, aber nach einem Trinkgelage dünstet meine Haut spätestens tags darauf den süßlichen Geruch des Alkohols aus. Meine Zunge ist dick belegt mit einer übel riechenden Schmiere, und ganz gleich, wie manisch ich sie mit der Zahnbürste bearbeite – der Belag wächst innerhalb kürzester Zeit nach wie ein Pilz auf fruchtbarem Boden. Wenn Besuch kommt und mich umarmen will, schütze ich meist eine aufkommende Erkältung vor, um der Berührung zu entgehen. Bloß! Nicht! Auffallen!

Das Kartenhaus, das mein Leben ist, darf durch unangenehme Rückfragen nicht in sich zusammenfallen. Meine Existenz wird mehr und mehr zu einer Farce. Ich bin eine junge Frau am Alkoholabgrund, die äußerlich die Balance hält. Flaschencontainer suche ich zu Uhrzeiten auf, zu denen sie wenig frequentiert sind, und ich wechsele die Ortschaften. Nachschub hole ich in unterschiedlichen Supermärkten und Tankstellen, Fusel oder teuer – Hauptsache unauffällig. Manchmal fahre ich auch drei Orte weiter oder schwatze irgendeinem Kellner in irgendeinem entlegenen Restaurant ein paar Flaschen Wein ab: Wir hätten überraschend Besuch bekommen … Alles nur, um nicht den leisesten Verdacht zu wecken, ich könnte ein Trinkproblem haben.

Dass mein perfektes Äußeres mit dem kaputten Inneren nicht mehr auf einen gemeinsamen Nenner zu bringen ist, will ich nicht wahrhaben. Stets hebe ich die lustigsten Geschichten meines Lebens hervor, erzähle hier und da einen unterhaltsamen Schwank. Mein Außen-Ich verkriecht sich hinter dem, was ich nicht erzähle und vor dem Licht der Öffentlichkeit verberge. So gerate ich in einen sich immer schneller drehenden Strudel von Lügen und Alkohol.

Mein Begleiter in dieser Zeit ist ein neuer Mann, den ich meine große Liebe nenne und mit dem ich jahrelang Tisch und Bett und auch meinen Alkoholkonsum teile. Ein Mann, der – wenn er von seinen langen Arbeitsreisen nach Hause kommt – gerne hier und da einen guten Tropfen mit mir zusammen trinkt, wobei daraus stets mehr wird als nur der eine Tropfen. Wir geraten immer öfter aneinander, und ich habe immer weniger Kraft, dagegenzuhalten. Ich rede mir ein, dass wir einfach zu ungleich sind und dass das die große Liebe zwischen uns torpediert.

Heute weiß ich, dass das so natürlich nicht stimmt. Weil ich aber eine Verdrängerin und eine Augenwischerin bin, bricht unser Ende über mich herein wie ein Tsunami, der unerwartet und verheerend alles unter seinen gewaltigen Wellen begräbt.

An einem Mittwochmorgen im März eröffnet er mir, dass er am darauffolgenden Wochenende auszieht. Es ist alles schon in die Wege geleitet und es gibt nichts mehr, was seine Entscheidung, mich und unser Leben zu verlassen, verändern könnte. Ich bin erschüttert und will es nicht akzeptieren. Ich rede auf ihn ein, verspreche, mich zu ändern, alles in meiner Macht Stehende zu tun für ein Leben, in dem er wieder glücklich wird. Mit mir. Aber seine Würfel sind gefallen. Es gibt kein Zurück mehr für uns. Und auch kein nach vorne.

## Operation am offenen Herzen

Er hat die Schweinegrippe. Deswegen kann er mich zum Abschied nicht küssen.

Ich sage ihm, dass es mir egal ist. Ich bettele: »Bitte küss mich noch mal, bitte! Bitte geh nicht, wir können alles schaffen, bitte!«

Er sieht mich nicht an. Ich weiß, dass er sich davor fürchtet, unter meinem Blick einzuknicken. Er sagt, er kann keine Verantwortung mehr für unser Leben tragen, er sei so unendlich müde und er vermisse seine Stadt. Ich antworte ihm, dass ich alles ändern werde, alles, was er will. Er löst sich aus meinem Griff und legt den Haustürschlüssel in die Schale. Ich stehe stumm in der Tür, er schaut mich immer noch nicht an. Er schiebt mich weg, er schiebt Jahre unseres Lebens einfach weg und zieht die Tür hinter sich zu.

Der Umzugswagen wird kleiner in der Straße, und er nimmt nicht nur den Fernseher, sondern das letzte bisschen Kraft mit, das ich noch habe. Ich spüre, wie ich zerbreche. Er ist weg. Ich weiß, er kommt nicht mehr wieder, und wie eine Chirurgin kurz vor einem Eingriff auch, was ich jetzt zu tun habe.

Ich gehe in die Küche, jede Bewegung sitzt, jeder Schritt ist präzise. Meine OP-Instrumente liegen bereit: der Öffner, das Glas, die Eiswürfel, die Flüssigkeit. Ich bereite alles vor. Dann beginne ich mit der Operation. Der erste Schluck beruhigt mich, der zweite und der dritte lindern meine Schmerzen, und der Rest der Flasche lullt mich ein. Die anderen beiden Flaschen betäuben mich.

Ich trinke in jener Nacht so lange, bis mich die Dunkelheit ausschaltet und mich mitnimmt in eine tiefe schwarze Stille. So lange, bis nichts mehr übrig ist von mir und ich nichts mehr weiß über mich und mein Leben.

Das Zwitschern der Vögel am nächsten Morgen hört sich an, als säßen sie mitten in meinem Kopf. Ich versuche mühsam, mich aus meinem Bett zu bewegen. Jeder Knochen tut mir weh. Ich wanke in Richtung Ankleidezimmer. Mit jedem Schritt kommt das Bewusstsein zurück: Er ist weg. Er ist wirklich weg. Und er kommt auch nicht wieder. Das Ankleidezimmer ist zur Hälfte leer, sein Leben abgebaut. Die dunklen Schatten, die die Abwesenheit seiner Schränke bezeugen, und die Schraubenlöcher sind alles, was mir geblieben ist. Ein leerer, durchlöcherter Raum, der vom Scheitern erzählt. *Ich* bin gescheitert. Weil ich nicht mehr kann als scheitern.

Meine Hände beginnen zu zittern, mein Körper fühlt sich an wie eine Güllegrube. Viel Zeit bleibt mir nicht, um mich wieder herzurichten, bis meine Tochter von ihren Großeltern zurückkommt und eine unauffällige Mutter verlangt: eine Mutter und kein Wrack. Ich torkele ins Bad und öffne den Badschrank, will mir die Zähne putzen. Und da kommt eine Faust, eine riesige, brutale Faust aus dem Schrank und schmettert mich mit einem Schlag k. o.

Die Faust heißt *Terre d'Hermès*.

Ich nehme sein Eau de Toilette aus dem Schrank, rieche daran. Und sinke zu Boden. Ich weiß nicht, ob ich jemals wieder aufstehen kann. Ich bin es nicht wert, geliebt zu werden. Weil ich Dreck bin. Ein Klärwerk, ein Nichts. Zuerst erreicht ein leises Beben meinen Körper, dann endlich fließen die Tränen, die ich seit Monaten nicht mehr geweint habe. Ich nehme mir ein Handtuch, drücke es mir auf den Mund und schreie. Ich schreie und schreie. Und schreie.

Eine Stunde später öffne ich mit frisch geföhnten Haaren, perfektem Lidstrich und in einem schönen Kleid meinen Eltern die Tür. Das einzige Zeugnis der Nacht ist der abgerissene rote Fingernagel an meinem kleinen Finger, angerissen beim Versuch, mich zu halten. Bevor ich gefallen bin.

Meine Tochter ist aufgedreht und in Plauderlaune, meine Eltern auch. Auf dem Tisch stehen Blumen, meine Mutter fragt, ob ich wieder Strohwitwe bin, ich sage, dass er an einem großen Projekt in Afrika arbeitet und sicher ein paar Monate weg sein wird. Meine Mutter wirft mir mit zusammengekniffenen Augen einen prüfenden Blick zu, belässt es aber dabei.

Sie findet, ich bin viel zu oft allein. Ich schiebe mein Pfefferminzbonbon im Mund hin und her und lächele. Ich tue das, was ich am allerbesten kann: eine Realität vorgaukeln, die es nicht gibt. Ich lüge.

Erst ein ganzes Jahr später erfahren meine Eltern, dass er weg ist und nicht mehr wiederkommt. Ich erzähle es ihnen an dem Tag, an dem die Flasche seines Eau de Toilette keinen Sprühstoß mehr hergibt, weil sie leer ist. Genauso leer wie ich.

## Johann oder Niels

Weil Partys immer gleich für mich enden, meide ich sie, so gut es geht. Manchmal führt mich der Weg aber nicht an ihnen vorbei, sondern mitten ins Getümmel, und dort verliere ich nicht nur sehr schnell die Kontrolle, sondern meistens auch alles, was ich mitgebracht habe: Handtasche, Hausschlüssel, Handy, Geldbörse, Autoschlüssel, Mantel, Schuhe ... am Ende jeder Party auch mein Höschen. Ich bin die Betrunkene, die gesucht werden muss. Entweder bin ich verschollen und irre irgendwo auf der Straße herum, oder – wenn es ganz schlimm ist – ich haue ab. Ich laufe nach Hause, selbst wenn mein Zuhause kilometerweit entfernt ist und ich längst die Peilung verloren habe, an welchem Ort ich überhaupt bin. Mein Eskapismus ist stets dann am schlimmsten, wenn es Zeugen für meinen Absturz gibt. Dann renne ich. Weil ich in meinem Zustand aber nicht mehr rennen kann, stolpere ich, falle, schlage mit dem Kopf irgendwo auf, blute, werde von einer Freundin aufgegabelt, die mich gesucht und gefunden hat, und kehre desolat und zerrupft mit ihr zur Party zurück. Nicht jedes Mal endet es so, manchmal ist es nur der Verlust meiner Habseligkeiten, meine Würde verliere ich allerdings immer.

Meine Höschen werden zum Running Gag. Je betrunkener ich bin, desto öfter muss ich zur Toilette. Meine Blase hat noch weniger Disziplin als ihre Besitzerin und will unter keinen Umständen so voll sein wie sie. Sie will sich und mich entleeren – und zwar alle zwanzig Minuten. Die Herausforderungen, die die Schlangen vor den Toiletten auf einer Party darstellen, löse ich schnell und unbürokratisch, indem ich einfach die Männertoilette benutze. Und trotzdem schaffe ich es irgendwann nicht mehr, das Höschen schnell genug herunterzuziehen, und pinkele mich voll. Dann ziehe ich es aus, stopfe es in einen Mülleimer, wenn es einen gibt, wenn nicht, deponiere ich es hinter der Toilette. In der Hoffnung, dass es nicht gleich gefunden wird.

Manchmal bin ich schon so betrunken, dass ich es einfach liegen lasse. Wie ein Beweisstück an einem Tatort liegt es dann da und wartet nur darauf, endlich entdeckt zu werden.

Und wenn genau das auf einer Männertoilette passiert und mir der Vorgang am nächsten Tag irgendwann dämmert, weiß ich, welches Gerücht sich wie ein Lauffeuer in meinem Freundeskreis ausbreiten wird: nämlich, dass ich wieder Sex auf der Männertoilette hatte. Aber weil ein bis zum Anschlag vollgepinkeltes Höschen noch trostloser klingt als wahlloser Sex auf einer Männertoilette, lasse ich alle Gerüchte so stehen, wie sie sind.

In Wahrheit hatte ich nicht ein einziges Mal Sex auf einer Toilette. Weder bei den Männern noch bei den Frauen. Ich habe einfach immer nur meine Unterhose vollgepinkelt.

An einem dieser Abende muss ich das tun, was ich immer unter allen Umständen zu vermeiden versuche: nach der Party zum Übernachten bleiben.

Wir feiern auf einem Anwesen mit einer langen Auffahrt und einem großen schmiedeeisernen Tor. Die Kulisse sieht aus wie das Set des Denver Clans, die Protagonisten der Party auch. Die Familie der Gastgeberin ist sehr wohlhabend, die Party elegant, alle sind *slightly drunk,* nur ich bin zerrupft wie ein altes Huhn und voll wie ein Russenbus. Kein Taxi will mich so mitnehmen, ich bin komplett hinüber und muss bleiben. Ich bin nicht die Einzige, die eines der vornehmen Gästezimmer beziehen darf.

Aber die Einzige, die bei strahlendem Sonnenschein neben einem Spuckeimer aufwacht. Das Zimmer ist in eleganten Beigetönen gehalten. Ich trage immer noch mein Kleid vom Vorabend. Es ist nass, es riecht nach Bier und klebt unangenehm an meinem Körper. Wahrscheinlich hat jemand versucht, mir beim Entkleiden zu helfen, wahrscheinlich habe ich mich gewehrt und wahrscheinlich liege ich jetzt deswegen begossen wie ein Maibaum und nach Bier stinkend in einem beigefarbenen Bett und fühle mich elend. Ich ziehe mein Kleid hoch, schaue an mir herunter und sehe, dass ich sie ausgezogen habe. Ich habe keine Unterhose mehr an. Ich habe es schon wieder getan, und schon wieder weiß ich nicht, wie ich mich aus dieser Situation winden soll, ohne dass ich mit jemandem sprechen, ohne dass ich jemandem begegnen muss. Aber selbst wenn ich das schaffen würde, wüsste ich ja immer noch nicht, wo meine Habseligkeiten sind. Und ohne Handy, ohne Geld und ohne Hausschlüssel komme ich nicht weit, also muss ich versuchen, mit möglichst erhobenem Kopf aus dieser Nummer herauszukommen. Doch mein Kopf fühlt sich an, als säße ein Presslufthammer in ihm. Der Rest meines Körpers ist auch völlig vergiftet und ich kann mich nur mit allergrößter Mühe aufrichten. Meine Beine sind taub. Ich hebe sie, ein Bein nach dem anderen, als seien sie gelähmt, aus dem Bett. Meine Füße berühren den sonnenwarmen und weichen Hochflorteppich, und die Schönheit der kleinen Dinge versetzt mich sofort in Panik. Weil nichts schön ist, weil ich eigentlich in ein Krankenhaus müsste, so vergiftet, wie ich bin. Weil ich auch diesen Tag nicht normal beginnen kann, mit Füßen im Hochflorteppich, geschweige denn an irgendeinem Frühstückstisch, auf dem Anwesen meiner Freundin. Ich muss mich, sobald ich aufrecht stehen kann, sofort übergeben und bin so unendlich dankbar für den Spuckeimer.

Vor Dankbarkeit fange ich an zu weinen. Noch schlimmer als all das hier wäre ein vollgekotzter Hochflorteppich, der wahrscheinlich den Preis eines Kleinwagens hat. Ich übergebe mich in den Eimer, weine, übergebe mich wieder und setze mich dann zurück aufs Bett. Ich rieche nach Bier, das Kleid ist so nass, dass ich noch nicht lange im Bett gelegen haben kann. Ich überlege, was ich jetzt als Nächstes tun soll, ob es eine Lösung für mich gibt. Ich bewege mich langsam zum Fenster, um zu überprüfen, ob ich herausklettern und verschwinden kann. Unmöglich, denke ich, schaue hinunter und sehe die Feiergesellschaft schon im Hof am Frühstückstisch sitzen. Alle sind fein säuberlich zurechtgemacht, da riecht sicher keiner nach dem Bier der vergangenen Nacht. Die Gastgeberin schaut hoch und entdeckt mich am Fenster. Sie winkt. Ich trete so hastig zurück, dass ich stolpere. Mein Körper fällt flach in den Teppich und sinkt ein. Weich und warm. Ich bleibe liegen und starre den Kronleuchter an. Ich weiß nicht, wohin mit mir. Wohin? Wohin.

Ich muss da jetzt runter, denke ich, an allen vorbei. Ich muss. Ich möchte in eine Notaufnahme fahren, weil ich den Tag sonst nicht überstehe. Ich muss an eine Infusion, ich muss. Muss. Muss. Ich muss an ihnen vorbei. Ohne Schuhe, begossen, stinkend, desolat, mit verschmierter Schminke, ohne Höschen, ohne alles, ehrlos und verloren. Ich muss es tun, so gut ich es kann. Ich stehe auf, gehe Richtung Tür und entdecke ein kleines Bad mit einer Dusche. Auf dem Waschbeckenrand eine Gesichtscreme, eine Zahnbürste und eine kleine Tube Zahnpasta. In der Dusche teuer aussehendes Shampoo, wohlriechendes Duschgel und gleich daneben ein paar flauschige, dicke Handtücher wie in einem Fünfsternehotel-Badezimmer. Genauso flauschig und weich wie alles andere hier. Ich sende ein Dankesgebet zum Himmel. Das ist meine Rettung, ich muss so besudelt, wie ich bin, nicht nach unten gehen.

Ich lasse das Wasser brühend heiß über meinen Kopf laufen, schamponiere meine Haare mehrmals und schrubbe meinen Körper mit dem vollgesogenen Schwamm ab, bis meine Haut so gut durchblutet ist, dass sie fast aussieht, als wäre nie etwas geschehen.

Abgetrocknet muss ich wieder zurück in das Bierkleid und finde keinen Föhn. Aber ich werde so schnell an allen vorbeihuschen, dass das niemand sehen oder riechen wird. Ich werde sagen, dass ich meine Tochter abholen muss und schon spät dran bin, und noch einen kleinen Scherz dalassen, leicht und hell wird er sein, wie immer. Niemand wird ahnen, wie es mir geht, und alles wird so sein, wie es eben manchmal nach einer gelungenen Party ist. Keiner wird auf meine Füße schauen. Und wenn ich an allen vorbeigekommen bin, dann überlege ich weiter, was ich mache.

Ich laufe die Treppen hinunter zum Hof, setze mein schönstes Lächeln auf, flöte der Frühstücksgesellschaft ein »Guten Morgen« entgegen, will zum vorbereiteten Text übergehen und dann … hält die Schwester der Gastgeberin mit spitzen Fingern mein Höschen wie eine Trophäe in die Höhe und sagt: »Also, Mimi, wir haben jetzt ziemlich lange spekuliert und gewettet, die einen sagen, es war mit Johann, die anderen sagen, es war mit Niels. Und jetzt musst DU uns sagen, mit wem du heute Nacht Sex im Badezimmer unserer Eltern hattest.«

Die Gesellschaft lacht. Die Eltern lachen auch.

Der Vater klatscht in die Hände und sagt: »Wenigstens hat *einer* von uns beiden noch Sex im Badezimmer!«

Die Gesellschaft lacht wieder, und die Gastgeberin jauchzt: »Bitte sag nicht, es war Niels! Ich habe einen Hunni auf Johann gewettet.«

Ich stehe barfuß vor ihnen, mein Kleid stinkt, jeder am Tisch weiß, dass ich kein Höschen anhabe, sie haben über mich gesprochen und Wetten abgeschlossen.

Mein Kopf dröhnt, aber mein Herz dröhnt lauter, heftiger. Ich fühle Tränen aufsteigen, aber ich darf jetzt nicht weinen, nicht weinen! Ich muss meine Fassung bewahren, nur das, meine Fassung. Ich atme tief ein, hebe den Kopf, lächle verschwörerisch und sage in die Runde: »Eine Lady genießt und schweigt.«

Die Gesellschaft johlt.

Ich lache mit, werfe ihnen eine Kusshand zu und rufe: »Und byeeee!«

Bevor jemand auch nur ein einziges Wort sagen kann, bin ich bereits verschwunden. Und sobald ich aus ihrem Sichtfeld bin, laufe ich los. Und renne. Und renne. Renne. So lange, bis meine Füße blutig vom Asphalt sind und sich meine Lunge so heftig zusammenzieht, dass ich nicht mehr rennen kann.

## Winterwonderland

Ava hätte lieber nur ein Zuhause. Ihre Eltern als Paar will sie aber trotzdem nicht, sie kennt uns ja auch nicht zusammen. Was sie aber unbedingt will, ist, dass wir aufhören zu streiten. Mittlerweile wollen wir das sogar auch, aber scheitern mit jedem neuen Waffenstillstand an Banalitäten und Kleinigkeiten, und alles geht wieder von vorne los.

Ich versuche, einen kühlen Kopf zu bewahren und nicht an ihr zu zerren. Sie ist ein Kind und soll ein Kinderleben führen dürfen, das unbelastet und sorgenfrei ist. Aber je länger die Sorgerechtsprozesse andauern, desto unruhiger und nervöser werde ich. Meine Fassade beginnt immer tiefere Risse zu bekommen, und mit jedem neuen Riss und mit jedem neuen unangenehmen Gefühl wächst der Wunsch, mich noch heftiger zu betrinken. In der Zeit, in der Ava zu Hause ist, schaffe ich mit Ach und Krach, es nicht zu tun, sobald sie aber ihren kleinen Rucksack aufsattelt und an der Hand ihres Vaters das Haus verlässt, tue ich es dafür umso schlimmer.

Irgendwann finde ich im Briefkasten wieder einen Umschlag vom für uns zuständigen Amtsgericht, der sofortiges Unbehagen in mir auslöst. Ich stehe im Nachthemd in der Tür, es ist ein verschneiter Samstagmorgen, klirrend kalt. Und wunderschön. Wenn nicht alles so hässlich wäre.

Ich reiße noch draußen den Umschlag auf, und mir wird jetzt auch von innen eiskalt. Das Amtsgericht ordnet ein Gutachten an. Über mich, über Ava und über ihren Vater. Außerdem wird angeordnet, dass Avas Zuhause bei mir begutachtet wird. Sie schicken jemanden zu uns nach Hause, um zu überprüfen, in welchen Umständen und Verhältnissen ein Kind lebt, dessen Eltern sich nicht einigen können. Ich lese jedes Wort noch mal und noch mal. Der Schnee fällt leise und jungfräulich vom Himmel. Er fällt auf ein Dasein, das alles andere als unbefleckt ist. Ich stehe am Briefkasten vor dem Haus, von dem ich jetzt schon weiß, dass ich es bald verlieren werde, und zittere. Ich habe das Gefühl, dass der Boden unter mir gleich aufreißt und ich hineinfalle, tiefer, als ich je gefallen bin. Und wieder werden Fremde über mein Leben entscheiden. Und über das meines Kindes. Weil ich eine Unmündige bin, die sich selbst immerzu in Situationen bringt, die von Ohnmacht und Abhängigkeit geprägt sind.

Ava fragt mich nichts ahnend am Frühstückstisch, ob wir mit ihrer Nachbarsfreundin Plätzchen in unserer Küche backen können, und ich antworte, dass wir einfach eine ganze Weihnachtsbäckerei eröffnen und sie *alle* Kinder der Nachbarschaft einladen darf. Und als sie aufspringt, mich ganz fest umarmt, mit ihren kleinen Kinderhänden mein Gesicht festhält und dann so sanft und süß, wie nur sie es kann, sagt: »Mama, du bist die allerbeste Mutter der ganzen Welt. Und niemand hat so eine beste Mutter wie ICH«, fühle ich mich für einen kurzen, innigen Moment so, als sei ich vollkommen unbeschädigt.

Wir verbringen einen wunderschönen Nachmittag in unserer Weihnachtsbäckerei. Ich verdränge den Brief, ich verdränge das Gericht, das Gutachten, ich verdränge meine Gedanken daran, dass ich eine schlechte Mutter bin, eine Trinkerin, und dass ich, obwohl es niemand wirklich weiß, in permanenter Angst lebe, dass sie mir mein Kind wegnehmen, wenn es herauskommt. Ich verdränge die Realität und die Angst und bin für ein paar Stunden einfach nur eine junge Mutter, die mit ihrer Tochter und einer Horde Nachbarskinder Weihnachtslieder hört, Plätzchen backt und spannende Geschichten erzählt. Zum Abschluss mache ich für alle Abendbrot, schneide lustige Gesichter aus Gemüse und übergebe die Kinder am Abend aufgekratzt und fröhlich ihren Eltern. Neben mir steht mein eigenes glückliches Kind, das später nach der heißen Wanne ins kuschelige Bett geht und angeschmiegt an seine Puppe noch ein »Du bist die Beste …« murmelt, bevor es einschläft.

Der Teufel weiß aber ganz genau, dass ich nicht die Beste bin. Er weiß, dass ich eine lügende Mutter bin, eine Heimlichtuerin, eine, die es nicht mal schafft, ihrem Kind ein stabiles Zuhause zu bieten, sondern dazu beiträgt, dass es seine Kinderzeit mit Gutachtern, Psychologen und Richtern verbringt, anstatt einfach nur ein kleines Mädchen zu sein, das Schreiben und Lesen lernt und anfängt, seine Umwelt jeden Tag ein bisschen erwachsener wahrzunehmen. Er redet mir sowieso schon tagtäglich ein, dass meine Tochter bei mir nicht sicher ist.

Meine Gedanken verdüstern sich, sobald Ava eingeschlafen ist, und werden nach einer halben Stunde so zappenduster, dass ich zum allerersten Mal das tue, wovor ich mich mehr gefürchtet habe als vor allem anderen, seit es meine Tochter gibt. Ich fange an zu trinken, obwohl sie in meiner Nähe ist. Was ich sonst nur in ihrer Abwesenheit oder allein in Hotelzimmern tue, spielt sich nun als Premiere ab und endet mit einem Filmriss, der zum eindrücklichsten Trauma meiner Tochter wird. Zu ihrem ganz eigenen Abbild meiner Sucht. Einem Bild, das sie auch Jahre später noch in allen Nuancen und Einzelheiten beschreiben kann.

Ich habe keinen Alkohol gekauft, weil ich nie Alkohol im Haus habe. Vor allem nicht, wenn Ava da ist. Aber der Teufel zeigt mir zügig seine Vorratskammer und schickt mich in den Keller. Vier Flaschen sauteurer Rotwein lagern in einer Präsentkiste, die ich von einer Produktionsfirma als großzügiges Weihnachtsgeschenk geschickt bekommen habe.

Zügig ist die erste Flasche leer. Ich tue es einfach. Ich trinke. Und breche das einzige Versprechen, das ich je halten konnte. Kein Alkohol, wenn meine Tochter zu Hause ist.

Rotwein vertrage ich schlechter als alles andere – dafür werde ich davon noch schneller betrunken und, weil das nicht ausreicht, noch düsterer im Kopf. All der Schmerz, den ich je gefühlt habe, scheint sich in der Flasche zu konzentrieren.

Ich versuche, den Absprung zu finden. Ich finde ihn nicht.

Die Küche duftet plötzlich derart intensiv nach frisch gebackenen Plätzchen, als wolle sie mich verzweifelt daran erinnern, dass Ava ahnungslos oben im Bett liegt. Und daran, dass ich JETZT besser in mein eigenes gehen sollte. Aber ich gehe nicht hoch, stattdessen hole ich den Brief vom Gericht aus der Schublade und lese ihn erneut. Und dann, ferngesteuert wie ein Roboter, stolpere ich, schon angetrunken, zurück in den Keller und öffne die zweite Flasche Rotwein. Und trinke sie genauso zügig wie die erste.

Ich weiß, dass ich auch die dritte Flasche geöffnet habe,

weil ich sie zwei Tage später in der Trommel der Waschmaschine finde. Irgendwann reißt der Film, ich lege mich ohnmächtig, völlig weggeballert in den tiefrot erbrochenen Wein und sehe aus, als wäre ich gefallen und würde mit dem Gesicht in meinem eigenen Blut liegen.

So findet meine Tochter mich am nächsten Morgen.

Sie denkt, dass passiert ist, wonach es aussieht.

Sie beginnt mich panisch zu schütteln und ruft immer und immer wieder: »Mama, bitte, Mama, steh auf!«

Ich höre ihre Stimme brechen, von weit weg, als wäre ich bei lebendigem Leib in einem tiefen Loch begraben. Sie fängt an zu weinen, schüttelt mich, versucht mich aufzurichten, schiebt ihre kleinen Hände wieder und wieder unter mein Gesicht, um meinen Kopf zu heben, aber ich bin zu schwer und sie fängt an zu schreien. Ihre Worte klingen angstverzerrt und schrill.

Sie schreit: »Mama, bitte, Mama, steh auf, Mama, bitte, bist du tot, Mama?«

Ich höre sie, aber ich kann die Augen nicht öffnen, ich kann mich nicht bewegen, nicht sprechen, nichts sagen, sie nicht beruhigen.

Der gestern noch sanft fallende Schnee hat sich dem Szenario angepasst und weht explosiv und aggressiv in alle Richtungen.

Ava läuft hinaus, barfuß und im Nachthemd, sie rennt zu unseren Nachbarn und klingelt an den Türen. Aber so früh an einem Sonntagmorgen schlafen alle noch, niemand hört sie, niemand öffnet ihr, niemand hilft ihr.

Zwei Straßen weiter steht einer unserer Freunde mit einer Tasse Tee in der Hand am Fenster, betrachtet den Schneesturm und sieht den Umriss eines kleinen Körpers mit nackten Füßen die Straße entlangrennen. Er erkennt Ava sofort, verlässt eilig die Küche, reißt seinen Mantel vom Kleiderhaken, springt in seine Schneestiefel, nimmt hastig den Schlüsselbund vom Tisch und läuft ihr entgegen.

Ava kann kaum sprechen, so durchgefroren ist sie. Ihre Lippen sind blau und sie wimmert nur: »Meine M-Mama ist tot … m-meine M-Mama ist tot.«

Die Tür zu unserem Haus ist zugefallen, durch das Küchenfenster im Erdgeschoss sieht er mich auf dem Boden liegen, unverändert, so, wie Ava mich zuletzt gesehen hat. Er schlägt mit einem Stein die Fensterscheibe ein, öffnet das Fenster, hebt Ava vorsichtig hindurch und sagt ihr, dass sie die Eingangstür öffnen soll.

Er fühlt zuerst meinen Puls und setzt sich dann, immer noch voller Adrenalin, aber erleichtert neben mich. Er sagt: »Kleine Maus, deine Mama ist nicht tot, sie ist sicher ohnmächtig geworden und umgekippt. Aber es ist alles nicht so schlimm!«

Seine Hände zittern, während er die Nummer seiner Frau im Handy sucht. Als sie sich verschlafen meldet, sagt er ihr, dass sie sofort kommen und sich um Ava kümmern muss.

Wenig später steht sie genauso erschrocken in der Küche wie er. Sie fragt nichts. Beide schauen sich nur an. Sie können sehen, warum ich wirklich auf dem Boden liege.

Ava wird in eine heiße Wanne gesetzt, bekommt danach einen genauso heißen Kakao und warme Milchbrötchen.

Mich schleppen sie ins Schlafzimmer, sie zieht mir die Kleidung aus und legt mich in mein Bett. Dann säubert sie den Küchenboden, leert den Aschenbecher und wischt die Spuren des erbrochenen Rotweins weg.

Ava nehmen sie mit zu sich und wickeln sie in warme Decken. Sie darf sich, eingekuschelt auf dem Sofa, einen Disneyfilm ansehen.

Sie schaut *Tinker Bell,* und ich komme erst zu mir, als es draußen schon wieder dunkel ist.

Zehn Tage später schaut sich die Gutachterin an, in welchen Umständen und Verhältnissen Ava bei ihrer Mutter lebt. Wir schlendern durch unser gemütliches Haus, Winterblumen stehen auf dem Tisch, frische Plätzchen, das Wohnzimmer ist festlich dekoriert, die Kerzen brennen und verströmen einen feinen, zimtigen Duft, alles ist ordentlich und einladend. Ava erklärt alles und zeigt stolz den Weihnachtsbaumschmuck, den wir selbst gebastelt haben.

In Avas Zimmer steht die Gutachterin lange vor der Wand mit dem selbst gemalten großen Baum, dessen Krone sich über die Decke erstreckt. Ava und ich haben im letzten Sommer stundenlang Hunderte bunte Stoffblätter ausgeschnitten und auf die Äste geklebt, und währenddessen haben wir uns eigene Märchen ausgedacht und uns gegenseitig erzählt.

Die Beiständin dreht sich zu uns um und sagt: »Also, als Kind hätte ich auch gerne so ein schönes Zimmer gehabt. Und du bist doch gerne bei deiner Mama, oder, Ava?«

Ava nimmt meine Hand und antwortet: »Ja natürlich! Meine Mama ist ganz einfach meine beste Mama.«

Mit keinem Wort erwähnt sie, dass sie barfuß im Schneesturm die Straße entlanggerannt ist, in blanker Angst, hilflos und panisch, weil sie dachte, ihre Mama sei tot. Sie erzählt nichts von der roten Flüssigkeit, die aussah wie Blut, und nichts davon, dass wir das Küchenfenster reparieren mussten.

Ein paar Wochen später liegt erneut Post vom Amtsgericht im Briefkasten, ich bekomme weiche Knie und reiße den Brief wieder gleich draußen auf. Die Gutachterin schreibt eine sehr positive und liebevolle Einschätzung, es bestehe kein Grund zur Sorge. Ich falte den Brief zusammen und stecke ihn zurück in den Umschlag. Meine Beine tragen mich nicht mehr, so, wie ich mich selbst nicht mehr ertrage. Ich sacke in den Schnee. Er ist mittlerweile genauso grau und dreckig, wie ich mich fühle.

## Volle Breitseite

Mein Leben geht weiter, meine Tochter und ich gehen weiter. Und doch herrscht Stillstand, denn alles bleibt beim Alten. Ich versuche nüchtern zu werden, immer und immer wieder, schaffe es aber nicht. Ich versuche zu arbeiten und schaffe auch das immer weniger. Und nicht mal der Abgeschiedenheit der Hotelzimmer gewinne ich noch etwas ab.

Ich bin in Hamburg, drehe tagsüber, trinke am Abend, sitze am nächsten Morgen verkatert in der Maske. Der vom Alkohol süßliche Körpergeruch bahnt sich seinen Weg nach draußen, da nützt auch die Doppelladung des teuren Parfums nichts, die ich nach dem Duschen aufgelegt habe. Ich kann mich riechen. Und kann mich nicht riechen. Ich würde mich so gerne einfach irgendwo abgeben und nicht mehr abholen. Mein Dasein ist jämmerlich.

Meine Maskenbildnerin kenne ich schon eine Weile, sie ist eine groß gewachsene, bildhübsche Blondine mit langen Locken, die sich vegan ernährt und jeden Tag Yoga praktiziert. Sie verbringt ihre Winter auf Bali und war noch nie in ihrem Leben betrunken. Alkohol schmeckt ihr nicht.

Mir schmeckt er auch nicht, wie viel und wie oft ich trotzdem trinke, erzähle ich nicht und ignoriere den Fakt, dass sie es vielleicht dennoch weiß. Weil auch sie mich riechen kann.

Nichtsdestotrotz hat sie ein Date für mich klargemacht, sie sagt, dass ich langsam mal bereit sei für den freien Markt.

Ich möchte alles andere als daten – aber sie besteht darauf, der Mann sei ein Jackpot und auch auf der Suche, so wie ich.

Meinen Einwand, dass ich gar nicht auf der Suche *bin*, überhört sie. Das Date ist arrangiert, nach Drehschluss, heute, und sie kenne ja meinen Drehplan, der nächste Tag sei frei. »Mimi, er ist wirklich ein toller Mann und hat mit diesem ganzen Scheiß hier nichts zu tun. Er hat einen Tisch im *Vier Jahreszeiten* reserviert. Im Haerlin.«

»Im Haerlin?«, hake ich nach. »Ist das nicht so ein Nobelschuppen?«

»Nobel ja, Schuppen nein. Zieh dir einfach was Schönes an und mach dir einen netten Abend. Das ist ja wohl drin, oder?«

Ich habe wirklich keine Lust auf ein Date, schon gar nicht in einem Sternerestaurant. Aber dann kommt mir der absurde Gedanke, dass ich mich in so einer Atmosphäre zumindest nicht liederlich betrinken kann.

Also sage ich zu und leihe mir ein kleines Schwarzes aus dem Fundus unserer Kostümbildnerin, inklusive Mantel, High Heels und Pochette. Ich lasse nach Drehschluss das schöne Make-up einfach drauf, schminke nur die Lippen nach und gebe mir beim Blick in den Spiegel eine bessere Note als erwartet. Ich sehe ganz passabel aus und bin bereit für den Griff nach Hamburgs Sternen.

Im Taxi überfällt mich eine seltsame Euphorie, als stünde ich kurz davor, mich heute und hier neu zu verlieben. Ich lehne mich zurück, atme tief ein und denke, dass vielleicht doch alles gut wird. Vielleicht ist heute dieser Tag. Vielleicht ist es der letzte Tag meines Dauerunglücks, vielleicht blättere ich heute endlich die Seite um und es kommt wirklich etwas Neues, Schönes. Klares. Ein neues Kapitel.

Ich wäre so gerne nüchtern, so gerne wäre ich die Frau, die es geschafft hat, sich von ihren Fesseln zu lösen. Dieses Versteckspiel ist so unerträglich anstrengend geworden. Noch unerträglicher ist es, *ich* zu sein.

Das Taxi fährt vor, ich bezahle, steige aus, setze einen Fuß nach dem anderen auf den Boden auf, so wie es sich gehört, wenn man auf dem Weg zu einem noblen Date in einem noblen Restaurant ist.

Er ist schon da und sieht aus, wie meine Maskenbildnerin ihn beschrieben hat. Ich scanne ihn ab, während ich zum Tisch gehe, er steht auf und kommt mir ein paar Schritte entgegen. Blonde Locken, halblang, graue Augen. Dunkelblauer Anzug, dunkelblauer Rollkragenpullover, weiße Sneaker, auffällig schöne Hände. Mein Date ist ein gut gekleideter und bildschöner Mann. Ich beiße mir auf die Lippe.

Er gefällt mir.

Er stellt sich vor, ich mich auch. Er sagt, er schaue wenig Fernsehen, deswegen kenne er kaum jemanden aus der Branche seiner Schwester, aber sie hätte auf dieses Date bestanden. Er lächelt, nimmt meine Hand und sagt, ich sei genauso, wie sie mich beschrieben habe. Seine Schwester? Dieses kleine Detail hat sie natürlich verschwiegen. Aber jetzt, da ich es weiß, sehe ich die Ähnlichkeit. Eine sehr große Ähnlichkeit sogar.

»Seid ihr etwa Zwillinge?«, frage ich erstaunt.

Und er antwortet: »Sie ist zehn Minuten vor mir auf die Welt gekommen und benimmt sich eindeutig immer noch wie die große Schwester …«

Wir kommen sofort ins Gespräch, es fließt leicht, wir haben keine Startschwierigkeiten. Ich erzähle ihm von *meiner* Schwester und dass sie eigentlich auch einen Zwillingsbruder gehabt hätte und dass das sowieso eine ziemlich verrückte Geschichte sei. Er hört mir gebannt zu und lacht viel. Er findet mich lustig und ich ihn auch. Wir kommen in Fahrt und vom Hölzchen aufs Stöckchen. Ich frage ihn aus, will alles wissen, en détail. Und auch das findet er offensichtlich großartig. Er macht auf und erzählt. Und betont dabei immer wieder, dass er beim ersten Date eigentlich nicht so schnell die Hosen runterlässt. Wir lächeln beide schief. Sein Spruch ist eindeutig zweideutig, und ich stelle mir für einen kurzen Moment vor, wie das wohl wäre. Wenn er es täte.

Er ist der Geschäftsführer einer ziemlich großen Firma. Er ist unverheiratet und getrennt. Und hat zwei Kinder. Von einer Frau. Wir unterhalten uns über die Kinder, ich erzähle von Ava, er von seinen Kindern.

Er ist belesen, gebildet und hat eine Menge Humor.

Der Sommelier präsentiert uns Weine. Gentlemanlike lässt er mich probieren, entscheiden darf ich auch. Obwohl durch meine Venen wahrscheinlich mehr Wein geflossen ist als Wasser durch die Elbe, habe ich überhaupt keine Ahnung von Wein. Also tue ich so, als ob, und weil das zu meinen Premiumfähigkeiten gehört, wähle ich, dem außerordentlich zufriedenen Gesichtsausdruck des Sommeliers nach zu urteilen, offensichtlich den teuersten Wein aus.

Kurz ist mir dieses ganze Unterfangen unangenehm, aber es scheint mein Gegenüber nicht sonderlich zu beeindrucken, dass meine Wahl in den hochpreisigen Bereich gefallen ist. Wobei hier wahrscheinlich alles im hochpreisigen Bereich liegt.

Trotzdem nippe ich die ersten fünfzehn Minuten lang wie eine Grande Dame zart am teuren Luxuswein und halte mit spitzen Fingern das Glas auf halber Höhe. Meinen kroatischen Gastarbeitergenen reißt aber ziemlich schnell der Geduldsfaden und sie übernehmen das Steuer. Ich kippe das Glas so zackig ab, als säße ich mit einer Horde Seemänner in einer Hamburger Hafenkaschemme anstatt mit einem betuchten, gut aussehenden Unternehmer in einem Sternerestaurant.

Aber weil er sich in mir verloren hat, merkt er nicht, wie schnell ich den kostbaren Wein getrunken habe und wie oft mein Glas neu befüllt wird, während er noch am ersten nippt. Er merkt nicht, dass er den Kellner, der das Öffnen einer weiteren Flasche anbietet, abwesend abnickt, denn sein Blick ist fest in meinem verankert. Er nimmt wie ferngesteuert den ersten Probierschluck und nickt dem Kellner wieder abwesend zu, und der Kellner gießt nach. Und zwar *mir*.

Ich spüre, wie gut er mich findet, und spüre, wie gut *ich* den Wein finde.

Dass ich von Rotwein nicht nur sehr schnell betrunken, sondern vor allem sehr schnell melancholisch werde und sicher gleich den Schmerz der Welt auf den noblen Tisch packe, verdränge ich. Auch, dass ich danach wahrscheinlich zügig zur Politik übergehe, um im Anschluss meinem Gegenüber zu verdeutlichen, wie scheiße ich Menschen finde, bevor ich ihm ganz zum Schluss unaufgefordert die Zukunft vorhersage. Inklusive seines Sterbedatums. Ob er möchte oder nicht, das wird mir irgendwann schnuppe sein. So wie immer.

Abgesehen davon vertrage ich Rotwein schlecht. Eigentlich vertrage ich ihn überhaupt nicht – weil ich allergisch gegen das enthaltene Histamin bin. Aber es ist mal wieder längst zu spät für Erkenntnisse, ich habe viel zu schnell und vor allem viel zu viel getrunken, mein Kopf dreht sich bereits. Und zu allem Übel muss ich mich drehenderweise alle zwanzig Minuten vom Tisch erheben. Weil ich muss.

So elegant wie möglich stütze ich mich am Tisch ab, strecke den Rücken durch, lächle – Kinn hoch, nichts anmerken lassen – und gehe Schritt für Schritt in Schuhen, die nicht meine sind, zur Toilette.

Zurück von der Toilette finde ich ein aufgefülltes Glas Rotwein vor, und anstatt aufzuhören, anstatt irgendetwas vorzuschieben und ein Taxi zu bestellen, kippe ich ab. Und muss ein paar Minuten später wieder zur Toilette. Und wieder schaffe ich es irgendwann nicht mehr, das Höschen schnell genug hinunterzuziehen, und pinkele mich voll. Also ziehe ich es aus, stopfe es in einen der kleinen versilberten Abfalleimer und denke, dass selbst die mehr Stil haben als ich.

Ich stütze mich am Waschbecken ab und atme schwer, die Mischung aus Histamin und Ethanol hat mich komplett ausgeknockt, und ich lalle meinem Spiegelbild ein »Scheißkellner ist das!« zu, bevor ich in den Gang zurückwanke.

Ich versuche, mich kultiviert hinzusetzen, aber mein Körper fällt wie ein Sack Kartoffeln auf den Sessel und nimmt dabei ein Stück Tischdecke mit. Ich starre mein Gegenüber an. So unschuldig ist er, so süß, der hat mit Alkohol nichts am Hut, zieht es mir diffus durch den Kopf. Der sich wie ein zu schwerer Medizinball immer wieder verdächtig zur Seite neigt.

Ich bin sehr schnell sehr voll. Hackevoll. Und jetzt merkt auch er es. Ich sehe, wie erstaunt er darüber ist.

Seine Worte dringen nur noch wie durch einen Schalldämpfer zu mir durch. Er lässt die Rechnung kommen, bezahlt, der Kellner holt meinen Mantel, ich schwanke, lalle irgendwas. Er stützt mich, während wir das Restaurant verlassen, ich kippe aus einem High Heel und versuche ihn wieder anzuziehen, während ich noch an seinem Arm hänge. Das Taxi steht schon abfahrbereit vor der Tür, er setzt mich hinein und fragt, in welchem Hotel ich wohne. Ich lalle. Er versteht kein Wort. Ich sage es noch mal. Langsam und so deutlich wie möglich erkläre ich, dass ich in einem Apartment untergebracht bin. Er fragt nach der Adresse. Aber die habe ich vergessen.

»Die Hausnummer weisiaberno!«, lalle ich.

Er bleibt immer noch höflich. Sicher wird er gleich erleichtert sein, wenn das Taxi mit mir darin verschwindet und er mich nie wiedersehen muss.

»Bissu wroh?«, frage ich.

Er versteht wieder nichts.

»Manichts«, sage ich und winke ab.

Dann fällt meinem Suffkopf ein, in meinem Telefon nach

der Adresse zu schauen. Aber selbst dafür bin ich zu betrunken und tippe zu oft meinen Code falsch ein.

Er seufzt. Ich habe offensichtlich keinen blassen Schimmer, wo ich wohne. Er weist mich an, rüberzurutschen, und den Taxifahrer, loszufahren. Er gibt seine Adresse an und sagt, ich hätte etwas Schlechtes gegessen und könne deswegen nicht mehr laufen. Der Taxifahrer antwortet schnippisch, wenn ich das Auto vollkotzen würde, müsste er die komplette Reinigung bezahlen.

Mir ist übel. So, so übel. Ich schicke vernebelte Stoßgebete gen Himmel, während mein Kopf an der kalten Scheibe klebt. Bitte lass mich nicht kotzen, lieber Gott. Nur nicht kotzen.

Schnell sind wir am Zielort, er zahlt viel mehr, als er muss, und hilft mir hinaus, nicht mehr so elegant wie beim Ankommen. Ich sage, ich müsse jetzt wirklich sehr, sehr dringend Pipi, und dabei fällt mir ein, dass ich kein Höschen mehr anhabe. Also verkünde ich, dass das schnell geht, weil ich kein Höschen mehr anhabe.

Er hebt die Augenbraue und sagt, seine Wohnung sei im ersten Stock, ob ich es bis dahin schaffe. Ich erwidere, natürlich, ich sei ja kein Säugling, aber weil ich so lalle, wird daraus SÄU LING, und gleichzeitig spüre ich, dass meine Blase den Beweis dafür liefern will und sich direkt vor dem Taxi entleert.

Er kann nicht glauben, was gerade passiert ist, und ich tue so, als *sei* nichts passiert.

Wie eine Wackelfigur wanke ich mit ihm zum Gebäude und kralle mich an meine Pochette, während er die Eingangstür öffnet, die in eine majestätisch marmorierte Halle führt. Samt Portier, der ihn freundlich grüßt. Es ist alles wie in einem Hollywoodfilm. Alles. Außer mir.

Der Portier ist ob des desolaten Zustandes der Begleitung

des offensichtlich sehr vermögenden Bewohners einer der Luxuswohnungen kurz irritiert, wechselt aber schnell zu professioneller Geschäftigkeit und bietet seine Stützhilfe an. Und ich rufe ein viel zu lautes »NAHEIN«, das wie eine Warnung durch den Raum hallt, und winke energisch ab.

Ich bin nicht nur vollgestrullert, sondern auch wütend. Auf alles. Auf mich. Auf ihn. Auf den Scheißkellner. Und den Scheißwein. Auf den Portier. Das Treppenhaus. Auf meine Blase. Ich bin wütend und will die Treppen allein hochlaufen. Ich stolpere die Stufen hoch und klatsche mit dem Oberkörper auf. Aber ich will immer noch keine Hilfe und ziehe mir mühsam die Schuhe aus. Er versucht, mich zu stützen, und ich sage wieder: »NAHEIIIIIN«, und lalle weiter: »Ich werde aber keinen Sex mit dir ham ... nur damit das klar is ja ... ich mache so was nich beim ersn Date ... NIE ... das is nicht mein Stil.«

Er klemmt sich unter meinen Arm und murmelt, dass Sex sicher das Letzte sei, was ihm jetzt in den Sinn käme. Das sei auch nicht *sein* Stil. Dann hievt er mich durch eine majestätische Eingangstür in seine majestätische Luxuswohnung und fragt mich, als sei ich sein Kind: »Musst du noch mal Pipi? Soll ich dich zur Toilette bringen?«

Ich muss natürlich. Und damit meine Blase nicht wieder auf dumme Ideen kommt, lalle ich diesmal nicht »Nahein«, sondern »Mhm, bessises«.

Er bringt mich in ein Bad, das aussieht, als sei es einer Interieur-Zeitschrift entsprungen, klappt den Toilettendeckel hoch und fragt: »Schaffst du es allein?«

»Äh soooooorry?!«, lalle ich und schiebe ihn von mir weg. »Ich kann wirlich alleine pinln.«

Er geht raus, und ich rufe ihm »Die Stofftabedn sin wunerschön« hinterher und schiebe mein vollgepinkeltes Kleid hoch.

Beim Versuch, mich zu setzen, verfehle ich das Ziel und rutsche zwischen den Toilettenpapierhalter und die Schüssel. Meine Blase wittert sofort ihre Chance und leert aus, was geleert werden muss. An Ort und Stelle.

Dieses Mal will ich mir die Blöße nicht geben. Ich raffe mich auf, stöhne dabei, er fragt von draußen, ob alles okay ist.

Ich rufe: »Ja, ja, alles okay im Tagatugaland, Herr Kabidän«, und entrolle das gesamte Papier, um meine Entleerung aufzusammeln. Wie kann da überhaupt noch was drin sein, so oft, wie ich muss? Ich werfe das Papier in die Schüssel. Beim Versuch, zu spülen, verstopft die Toilette.

Er steht noch vor der Tür, klopft und fragt, ob wirklich alles okay sei.

Ich komme raus, denke mir in meinem Suffkopf noch, wie das sein kann, dass ich so betrunken bin.

Er bietet mir ein Glas Wasser an. Ich lehne ab und frage, obwohl der Turm randvoll ist, nach einem Absacker. Egal was, sage ich. Nur kein Rotwein. Und schiebe dann nach, dass es jetzt eh egal ist, ich nehme auch Rotwein.

Er starrt mich verblüfft an und antwortet, dass er nichts im Haus hat.

»Come oooon«, sage ich, »du lügs do!«

Dann verfrachtet er mich in sein Schlafzimmer.

Ich lalle wieder: »Keisex … verstann?«

»Kein Sex, versprochen«, antwortet er und streichelt mir zärtlich über die Stirn. »Mimi, du musst jetzt schlafen. Morgen früh geht es dir besser!«

Er legt mich ins Bett, ich falle wie in eine warme, weiche Wolke. Dann deckt er mich zu und schaltet das Licht aus. Bevor er das Zimmer verlässt, rufe ich ihn zurück und flüstere: »Hey du. Ich binnich imma so … einlich binnich eine Fee. Eine richige Fee … Weissu?«

Er sagt: »Na dann gute Nacht, du Fee.«

Und ich setze nach: »Willssu … willssu ganich wissn … wie ich heise? Hm?«

»Na, dann sag mal, wie du heißt.«

»Ich heise Tinkerbelle«, lalle ich.

»Wie?«

Er lacht laut auf, und ich werde wieder wütend.

»Was gibsa zu lachn?!«

»Na ja, ich finde, der Name passt zu dir. Also dann mal gute Nacht, Trinkerbelle.«

## Zerplatzte Seifenblase

Ich öffne die Augen und schaue auf eine Uhr. Es ist sechs Uhr.

Die Bettdecke, die mich einhüllt, ist leicht und warm, unter anderen Umständen würde ich mich jetzt umdrehen und mir eine weitere Runde Schlaf gönnen. Aber die Umstände sind, wie sie nach zwei Flaschen Rotwein, die ich in weniger als zwei Stunden getrunken haben muss, eben sind. Obwohl ich schnell betrunken werde, weil ich schnell kippe, vergesse ich selbst im schlimmsten Suff wenig. Ich bin zwar nicht mehr Herrin meiner Sinne und Worte, schon gar nicht meiner Taten und am allerwenigsten meiner Blase, aber meine Festplatte speichert trotzdem alles ab. Mir ist recht zügig klar, wo ich bin.

Ich schäle mich so schnell, wie ich es in diesem Zustand schaffe, aus dem Bett und sammele meine Schuhe, den Mantel und die Tasche ein. Fein säuberlich liegen sie da, als gehörten sie einer Person, die ihr Leben im Griff hat.

Und nicht mir.

Ich muss wieder.

Das Masterbad, vom Schlafzimmer abgehend, sieht noch schöner aus als das Bad, in dem ich mich neben der Schüssel entleert habe. Ich frage mich, ob ich wirklich alles weggewischt habe und nicht lieber noch mal nachschauen soll, bevor ich unbemerkt verschwinde. Ich vermeide es, mein Spiegelbild anzustarren, aber hier ist alles verspiegelt, hier lässt sich wirklich wenig vermeiden.

Ich erschrecke vor mir selbst. Mein Gesicht ist mit kleinen roten Pusteln übersät und meine Augenlider sind geschwollen.

»Oh, mein Gott!«, flüstere ich meinem Spiegelbild zu. »Scheiße!«

»Das sieht aus wie eine Histamin-Allergie«, höre ich seine Worte in meinem Rücken und erschrecke wieder.

Da steht er, lässig im Türrahmen lehnend, in Sportbekleidung und verschwitzt. Er war offensichtlich schon joggen. Er schwitzt, ich dünste aus. Seine Haut wirkt gesund durchblutet, meine ungesund befleckt.

»Oh, hey, ja, wahrscheinlich. Ähm. Guten Morgen. Danke, dass du mich ins Bett verfrachtet hast.« Ich senke den Blick, weil ich ihn nicht halten kann. Ich sehe genauso aus, wie ich mich innerlich fühle.

»Kein Problem. Möchtest du einen Kaffee? Frühstücken?«

Ich möchte weder Kaffee noch frühstücken, ich möchte einfach nur weg.

»Nein danke. Das ist sehr lieb von dir, aber ich würde dann jetzt einfach gehen. Ich bräuchte vielleicht ein Taxi?«

»Also, wenn du herausfindest, wo du wohnst, dann fahre ich dich«, sagt er lächelnd.

Auch das möchte ich nicht, auf keinen Fall. Ich rieche aus dem Mund und will so, wie ich gerade aussehe, sicher nicht neben ihm sitzen. Ich will gehen. Und zwar so schnell wie möglich.

»Nein, nein, danke. Ich habe deine Zeit schon genug strapaziert. Tut mir auch leid wegen gestern. Offensichtlich habe ich den Wein nicht vertragen. Ich nehme ein Taxi.«

Er nickt und schaut mich eine Weile schweigend an. Die Situation wird für mich immer unangenehmer. Was will er denn jetzt noch?

»Mimi, weißt du, es geht mich eigentlich nichts an. Aber du hast in nicht mal zwei Stunden zweieinhalb Flaschen Wein getrunken.«

Und ruckzuck ist sie wieder da, meine Wut. Ich spüre, wie sie sich an meinem Hals hochklopft. Am liebsten würde ich sagen, dass es ihn wirklich nichts angeht, es geht ihn einen Scheißdreck an, wie viele Flaschen ich getrunken habe, und dass er mich einfach gehen lassen soll.

Mein Blick bleibt auf den Boden geheftet, als ich antworte: »Der Kellner hat mir ständig nachgeschenkt.«

Er bleibt beharrlich.

»Der Kellner hat nachgeschenkt, weil du den Wein wie Wasser getrunken hast.«

Plötzlich wird mir klar, dass es doch nicht unbemerkt geblieben ist. Dass sein Blick zwar in meinen versunken war, er aber trotzdem ganz genau gesehen hat, was ich mir reingeschüttet habe. Warum hat er nichts gesagt?

Jetzt schaue ich hoch. »Ich bezahle die Flaschen, okay? Was haben sie gekostet?«

Seine Augen weiten sich, und er lacht auf.

»Du glaubst, es geht mir ums Geld? Du stehst in einer Fünf-Millionen-Bude, Mimi, das Geld ist mir egal.«

»Was willst du denn dann von mir? Mich belehren? Musst du nicht, weiß ich alles schon selbst!«

»Weißt du auch selbst, dass du dich auf der Straße eingepinkelt hast?«

Ich kann nicht glauben, was ich höre. Ich *will* nicht glauben, was ich höre. Er hat es wirklich gesagt. Das verschlägt mir wie bei einem Knock-out komplett die Sprache. Sofort fange ich an zu zittern. Er soll einfach still sein.

»Willst du wirklich die Frau sein, die sich zuerst volllaufen lässt, um sich dann vollzupinkeln?«

Ich schweige.

Er hat offenbar nicht die Absicht, still zu sein. Und es wird immer schlimmer. Er bohrt weiter und lässt mich nicht vom Haken.

»Willst du das?«

Ich schweige immer noch, denn ich weiß weder, was ich darauf antworten soll, noch, wie ich aus seiner Fünf-Millionen-Bude fliehen kann.

Ich schüttele den Kopf.

»Du bist eine tolle Frau, du bist witzig, du bist klug, wirklich, du hast Ahnung von so vielem, wir hatten eine großartige erste Stunde.«

Es ist, als würde ich am Marmorboden seines Bades festkleben. Ich kann mich keinen Millimeter vom Fleck bewegen, obwohl ich nichts sehnlicher möchte, als mich aus dieser Situation zu befreien.

»Und dann kippst du erst den Wein in dich rein und danach kippt alles. Warum?«

WARUM? Warum ich das tue? Weil ich nicht anders kann. Weil ich eine Trinkerin bin, keine Fee, kein Wunderwesen, nicht mal eine stinknormale Frau. Ich würde ihm das alles so gerne sagen, hier und jetzt eine Generalbeichte ablegen. Aber ich spüre, dass das hier noch schlimmer ist als das Schweigen, das *Ver*schweigen. Er ist der erste Mensch, der es überhaupt anspricht, direkt und ohne Umwege, der nicht darüber hinwegsieht. Und in Anbetracht dessen, dass das unsere erste Begegnung ist, fühlt es sich noch einschneidender und noch bedrückender an. Ich schäme mich. Tiefe, hässliche

Scham überrollt glühend heiß meinen ganzen Körper und gesellt sich zu den Rotweinpusteln in meinem Gesicht.

Ich sage wieder nichts.

Er seufzt und kommt ein Stückchen auf mich zu.

Ich weiche automatisch zurück und versuche, mich mit einer Lüge aus der Affäre zu ziehen. »Das ist mir zum ersten Mal passiert.«

»Mimi ... hör zu ... Auch auf die Gefahr hin, dass das an dieser Stelle zu früh ist, weil wir uns noch nicht mal vierundzwanzig Stunden kennen, aber ... wenn du Hilfe brauchst ... vielleicht kann ich dir eine sein.«

Er stottert diese Worte beinahe, und sein Gesicht sieht plötzlich ganz weich und durchlässig aus.

Ich schaue ihn aufmerksam an.

»Ich weiß, dass das nicht das erste Mal ist. Und ich weiß auch, dass da etwas ist zwischen uns. Und dass mehr in dir steckt als diese Trinkerbelle, die du mir gestern gezeigt hast.«

Seine Worte verwirren mich. Was will er mir damit sagen? Dass *er* sieht, wer ich bin, und deshalb auf seinem weißen Pferd angeritten kommt und mich retten kann? Ich brauche niemanden, der mich rettet. Ich brauche einfach nur ein Taxi.

Ich versuche jetzt, mich an ihm vorbeizudrücken.

»Danke ... das ist sehr lieb von dir. Aber ich brauche keine Hilfe, wirklich, alles okay, mir würde ein Taxi schon reichen.«

»Na gut, deine Entscheidung«, antwortet er. »Denk einfach noch mal drüber nach. Tu es für deine Tochter.«

Wie angewurzelt bleibe ich stehen, mit meinem fleckigen Gesicht nah an seinem. Der üble Geruch aus meinem Mund ist mir plötzlich völlig egal.

»Für meine Tochter?«

Jetzt ist er es, der zurückweicht. Und ich rücke näher.

»Was geht dich meine Tochter an?«

Er versucht, mich zu besänftigen: »Alles gut, Mimi, ist natürlich alles deine Sache.«

Ich bin meiner Sprache jetzt wieder mächtig und sage in festem Ton: »Du hast richtig bemerkt, es *ist* meine Sache. Und auch wenn ich deinen teuren Scheißwein nicht vertragen und mich vor deinem Scheißtaxi entleert habe, hast du kein Recht, irgendwelche Schlüsse über mein Leben zu ziehen. Schon gar nicht über mein Kind. Du kennst mich nicht. Und wenn dir eine Prinzessin fehlt, die du retten kannst, weil du meinst, der Kackprinz in einem Kackschloss zu sein, dann musst du leider weitersuchen. Ich bin es nicht. Alles klar?«

»Hey, beruhig dich mal, ich wollte nur …«

Ich unterbreche ihn. »Ich bin ruhig.«

Jetzt tritt er einen Schritt zur Seite und lässt mich vorbei. Ich laufe ohne Höschen und mit meinen Sachen über dem Arm durch den mit Kunst vollgepackten Flur, krame in der Pochette nach Geld, lege ihm einen Hunderteuroschein auf eine der Lederbänke, rufe: »Falls was gereinigt werden muss!«, und verschwinde. Ohne zu wissen, wohin.

Mein Akku ist leer. Ich bin leer.

## Beflecktes Badewasser

Dieses Mal ist es Baden-Baden, die Stadt, in der ich immer wohne, wenn ein *Tatort* gedreht wird. Ich bin seit Jahren die Kriminaltechnikerin beim *Stuttgarter Tatort,* und während der Dreharbeiten ist das »Hotel zum Hirsch« mein Zuhause. Es ist ein wunderschönes Hotel, malerisch im Herzen der Altstadt gelegen, mit erlesenen Stofftapeten, Jugendstilmöbeln und elegantem Ambiente. Das Frühstück wird auf feinen Tellern und mit Silberbesteck serviert, aber ich habe oft Mühe, mich nach meinen Trinkgelagen am nächsten Morgen überhaupt zum Frühstück zu begeben.

Oder zum Drehort. Die meiste Zeit stehe ich auf den Fahrten zum Set völlig neben mir, habe eine Menge Fisherman's Friend in der Hosentasche und einen ausgewachsenen Kater auf dem Beifahrersitz.

Und wieder ist es eine Maskenbildnerin, die mir unangenehm nahe kommt, weil sie mich schminken muss. Entweder ignoriert sie die Alkoholfahne, die jede meiner Poren ausdünstet, und erledigt stillschweigend ihre Arbeit, oder aber sie versucht sich in netten Plaudereien. So oder so tut sie, als sei alles in bester Ordnung. Aber gar nichts ist in Ordnung. Ich habe eingefallene Wangen, tiefe Augenringe und eine graue, leblose Haut. Meine Haare sind bis zur Spitze mit Gift getränkt und hängen matt von meinem dröhnenden Kopf.

Ich habe meine Hamburg-Eskapade noch immer nicht verstoffwechselt, und auch wenn Wochen vergangen sind, denke ich mindestens einmal täglich daran, was für ein Bild ich abgegeben habe. Aber vor allem denke ich daran, was er zu mir gesagt hat. Und ich tue es mit gemischten Gefühlen. Scham und Wut, auf mich und auf ihn, wechseln sich dabei ab. Kontakt gab es seitdem nicht, er hat keine Anstalten gemacht, mich zu erreichen, was jedoch auf Gegenseitigkeit beruht.

Während die Maskenbildnerin – hoffentlich ohne Bruder, mit dem sie mich verkuppeln will – an meinem Haar zupft, versuche ich, meinen Text zu lernen, weil ich es am Abend davor nicht getan habe. Häufig bin ich zu betrunken zum Textlernen. Wenn ich Glück habe, muss ich nicht viel sagen. Wenn ich Pech habe, muss ich Monologe voller technischer

Begriffe, die eine Kriminaltechnikerin eben benutzt, aufsagen. Und weil ich weiß, dass es unmöglich sein wird, in diesem Zustand Texte in mich zu hämmern, geschweige denn vor laufender Kamera zu sprechen, jagt eine Panikattacke die andere.

Heute ist so ein Tag, die Nacht war heftig und hart.

Das Erlebnis mit dem Hamburger hat mich in einen Tiefpunkt katapultiert, obwohl er sicher das Gegenteil vorhatte. Ich trinke noch manischer. Und die Panikattacken drohen genauso heftig zu werden.

Innerhalb weniger Minuten hat ein ganzes Team seine Blicke spannungsvoll auf mich gerichtet, während unerbittlich die kostbare Zeit am Set läuft.

Heute bin ich nicht mal imstande, geradeaus zu laufen, ohne das Gefühl zu haben, mich gleich übergeben zu müssen – mir ist schwindelig, meine Leber ist bis zum Zerplatzen angeschwollen und drückt von unten auf meine Lunge.

Ich bekomme kaum Luft. Und es ist niemand da, dem ich mich anvertrauen kann.

Niemand, dem ich sagen kann, warum ich noch einen Moment länger am offenen Fenster brauche, warum ich krampfhaft versuche, die Tränen der Wut auf mich selbst *nicht* über mein geschminktes Gesicht laufen zu lassen. Wenigstens damit will ich den Betrieb nicht schon wieder aufhalten. Ich fühle mich schuldig. Weder kann ich so mein Bestes geben noch zeigen, was überhaupt in mir steckt. Nicht mal das Schlechte kann ich zeigen. Nicht mal den Teufel, die Dämonen, nicht mal die. Weil ich immer noch niemandem je ein wahres Wort über meinen Zustand gesagt habe.

Und so bin ich tagsüber nicht voll da, weil ich am Abend zuvor zu voll war.

Ich ertrage mich nicht, nicht mein Dasein, nicht die Gläser, die ich aussaufe wie eine Hündin, ertrage auch meinen nach Suff stinkenden Körper nicht mehr, den kein Fisherman's Friend und kein Parfum dieser Welt zu etwas Besserem machen können, als er ist: ein verwüsteter Tatort.

Heute ist es besonders schlimm.

Draußen schneit es. Dieser Schnee, immer so unschuldig, so rein, idyllischer könnte es gar nicht sein.

Heute früh wurde ich vom Fahrer und nicht vom Wecker geweckt und war derart verkatert, dass ich völlig orientierungslos in meinem Hotelzimmer nach meiner Kleidung gesucht habe. Ich konnte kaum meine Zahnbürste halten, meine Augen waren blutunterlaufen, wahrscheinlich war ich sogar noch betrunken.

Der Drehtag ist wie erwartet: Horror.

Das ganze Set muss eine kostbare halbe Stunde stillstehen, weil ich mich nicht vom geöffneten Fenster wegbewegen kann. Ich kann nicht atmen. Und obwohl ich weiß, dass meine angeschwollene Leber auf die Lunge drückt und das der einzige Grund für meine Atemnot ist, habe ich Angst zu ersticken. Nicht hier. Bitte, bitte, nicht hier.

Alles wartet. Und ich fange an zu weinen.

Ich fühle mich wie eine Aussätzige und frage mich, warum mich nie jemand fragt, was mit mir los ist. Ich sehne mich so sehr nach dieser *einen* Frage. Weil ich mich dann vielleicht traue, es zu erzählen. Alles, alles, was ich bin.

Irgendwie schaffe ich die Szene und bin nach der Tortur am Fenster zwar unendlich erschöpft, aber mindestens genauso erleichtert, dass dieser Tag vorbei ist.

Der Fahrer bringt mich schweigend zurück zum Hotel, und ich kaufe im kleinen Laden gegenüber ein Badradio, Badeschaum, Kerzen und Tee.

Und keinen Alkohol an der Tankstelle. Ich muss mich dringend erholen.

Heißes Wasser läuft in die Wanne, ich stelle das Radio am

Wannenrand auf und die Musik wird vom lauten Wasserstrahl übertönt. Ich stelle das Wasser ab und der Moderator sagt *Ein bisschen Frieden* von Nicole an.

*Dann seh' ich die Wolken, die über uns sind,*
*Und höre die Schreie der Vögel im Wind.*
*Ich singe aus Angst vor dem Dunkeln mein Lied,*
*Und hoffe, dass nichts geschieht ...*

Ich schließe die Augen, lausche dem Lied und lasse meine Hand durch das warme Badewasser streifen. Ein bisschen Frieden ... den brauchte ich auch so dringend. Aber was dann passiert, wird alles andere als friedlich.

Es wird mein erster richtiger Flashback.

Nicoles warme Stimme aus dem Badradio verwandelt sich plötzlich zu einer unheilvollen Verheißung, die mich ohne Vorwarnung in das Auge des Sturms hineinzieht. Mit jeder Strophe bohrt sich das Messer tiefer in eine Wunde, die ich über Jahre mühsam geschützt habe.

Ich kann plötzlich meinen Kiefer nicht mehr kontrollieren, ich zittere und klappere wie eine Marionette mit den Zähnen, immer lauter und lauter. Und erst als sich alles in mir zu einem brachialen und dunklen Ton in meinem Bauch versammelt, hört das Zittern auf und der Inhalt meines Bauches schießt wie eine Streubombe nach oben und explodiert als schriller Schrei in der Badewanne des Hotels.

Ich schreie. Und schreie. Und schreie. Minutenlang.

Erst als jemand laut an der Tür meines Hotelzimmers klopft, holt mich das zurück in die Realität. Ich rutsche am Badewannenrand hinunter auf den Boden und lehne mich gegen die Fliesen.

Ich weiß es jetzt.

Es ist passiert. Es ist *mir* passiert.

Alles bleibt stehen und Ruhe kehrt ein. In mir. Eine Ruhe, die so tief in mir verankert ist, dass ich sie als absolute Wahrheit erkenne.

Ich schließe wieder meine Augen … und sehe – den Mond und alle Planeten, ich sehe fremde Länder, tanzende Menschen, Hochzeiten und Derwische, eine Brücke im Sonnenuntergang und einen Kopf, wie er sich ins Leben schiebt. Und dann sehe ich rote Sandalen und kleine Füße, die in weißen Söckchen mit Katzenpfoten darauf stecken. Sie gehören mir.

Dann macht es Wuuuuuusch und ich sehe … mich.

Ich bin sieben Jahre alt.

## Die Verwandlung

Es ist ein Samstagnachmittag.

Der mittägliche Versuch, aufzustehen, scheitert schon beim Augenöffnen. Unmöglich, auch nur daran zu denken.

Ava ist bei ihrem Vater. Er hat sie gestern abgeholt, den kleinen Rucksack aufgesattelt und ein aufgeregtes Kind an die Hand genommen. Es geht heute in ihren Lieblingsvergnügungspark. Sie ist sieben Jahre alt.

Ava liebt ihren Vergnügungspark.

Ich liebe meinen Alkohol.

Ich hasse meinen Alkohol.

Alkohol ist meine Horrorshow.

Ich habe nie welchen auf Vorrat im Haus, weil ich ja nicht trinken *will*.

Wenn ich ein paar gute trockene Tage hintereinander habe, überkommt mich die leise Euphorie, dass ich es tatsächlich schaffen kann. Dass ich stark genug bin, der Liebe, die mich kaputt macht, die Stirn zu bieten, sie zu verlassen, mich nicht mehr zu melden. Sie zu ghosten, zu ignorieren, nicht mehr in mein Leben zu lassen, ihr den Zugang zu mir zu versperren und sie unsichtbar zu machen, überall da, wo sie steht und auf mich wartet.

Aber sobald Avas Vater die Tür zuzieht und ich allein bin, mit mir selbst und der Stille des Hauses, steht er wieder direkt vor mir, der Wunsch zu trinken. Und *diese* Euphorie, dass ich gleich am ersten Glas nippen und dabei eine Zigarette nach der anderen rauchen werde, ist viel stärker, viel wuchtiger und viel tiefer als die Euphorie der Nüchternheit.

Ich versuche mich, bis die Supermärkte schließen, still zu verhalten und den Druck in mir auszuhalten. Der verzweifelte Versuch, dagegen anzugehen, beugt sich um Punkt 21 Uhr der süchtigen Marionette in mir.

Ich ziehe mechanisch meine Schuhe an, nehme meine Geldbörse und meinen Schlüsselbund von der Konsole im Flur, greife nach dem Einkaufskorb in der Ecke, ziehe die Kapuze meines Hoodies tief ins Gesicht und laufe los.

Zur Tankstelle.

Ich habe noch nie weiter als fünf Minuten entfernt von einer Tankstelle gewohnt. Mein Dealer ist immer in Laufnähe. So besteht keine Gefahr, dass ich mich womöglich doch betrunken ins Auto setze, weil mein Stoff nicht reicht und ich Nachschub brauche. Dieses Mal begehe ich nicht den Fehler, zu wenige Flaschen zu kaufen. Heute bin ich eine realistische Süchtige und keine Traumtänzerin, die denkt, sie könnte an diesem Tag der Tage nach nur einer Flasche aufhören.

Mein Herz klopft schnell und laut. Und ich kann nichts, absolut rein gar nichts, dagegen tun. Wie eine Gliederpuppe, von dem übermächtigen Marionettenspieler in meinem Kopf an Fäden gehalten, bewege ich mich zu meinem Dealer.

Hier werden keine Fragen gestellt, alles absolut normal und unauffällig.

Ich bekomme vier Flaschen Weißwein und zwei Päckchen Zigaretten in meinen Korb gelegt, und wie immer erzähle ich dem Pächter, dass mein Mann vergessen hat, Wein zu kaufen, und unsere Gäste gleich kommen. Er nickt desinteressiert. Es ist ihm egal. Ich lächele ihn an und nehme mir vor, das nächste Mal nicht im Jogginganzug, sondern gestylt zu kommen, damit meine Geschichte glaubwürdiger ist. Als würde das einen Unterschied machen.

Die erste Flasche kippe ich innerhalb einer Dreiviertelstunde weg. Ein Glas nach dem anderen, zwischendrin Toilettengänge. Die erste Schachtel Zigaretten rauche ich, wie ich trinke. *Binge,* schnell, manisch.

Der erste Rausch hält genauso lange wie die erste Flasche. Fünfundvierzig Minuten. Ich drehe die Musik laut auf, tanze durchs Haus und finde mich großartig. Alles ist leicht, ich bin eine Bohemienne, denke ich, ich gebe einen Kehricht auf Regeln, einen Kehricht darauf, wie ich sein sollte. Ich feiere mich, wie ich gerade *bin*. Ich tänzele ins Schlafzimmer, stelle mein Weinglas auf die Kommode, reiße die Schranktüren auf und ziehe mir ein kurzes Kleid und hohe Schuhe an, dann stelle ich mich vor den großen goldenen Spiegel, male mir die Lippen rot, fotografiere mit dem Handy mein Spiegelbild und singe.

Ich fliege. Hoch. Höher. Und am höchsten Punkt tänzele ich zurück in die Küche, so glücklich über die drei Flaschen, die noch da sind, und öffne die zweite. Nach der Hälfte der zweiten taucht plötzlich der alte Affe aus der Versenkung auf, nimmt meine Hand, drückt mich auf den Boden, in die Ecke der Küche, stellt ein neues randvolles Glas neben mich und befiehlt mir zu trinken. Auf ex.

So schnell, wie ich das Glas kippe, kippt auch der Schalter.

Weit und breit keine Spur mehr von der tanzenden Bohemienne. Ich werde schwer, alles in mir wird schwer. Es ist jedes Mal so, als wäre ich angeschossen worden. Ich fühle den Schmerz, als sei er physisch.

Ich stöhne.

Wenn ich es schaffe, *jetzt* ins Bett zu kriechen, ist es morgen vielleicht nicht so schlimm. Aber ich kann nicht. Ich bin schon zu tief drin.

Ich bin druckbetankt. Mit dem Stoff von der Tankstelle. Viel zu schnell getrunken, viel zu viel getrunken, viel zu viel. Alles zu viel.

Auch viel zu traurig, um jetzt aufhören zu können.

Ich fange an zu weinen.

Ich weine irgendwann so heftig, dass riesige Blasen aus meiner Nase kommen und zerplatzen. Wie Seifenblasen, eine nach der anderen.

Ich weine und trinke mich durch die zweite Flasche.

Und auch durch die dritte.

Ich muss meinen Eltern sagen, was mir passiert ist. Sie dürfen Hedi und Konny nicht mehr treffen, nicht mehr ins Haus lassen. Ich muss ihnen sagen, warum ich nie da bin, wenn die beiden zu Besuch kommen. Ich muss ihnen sagen, dass Konny mir wehgetan hat und dass ich sterbe, wenn ich dieses Geheimnis weiter allein in mir tragen muss.

Ich will, dass sie es wissen. Ich muss es ihnen sagen.

Ich öffne die vierte Flasche, und der alte Affe sagt: »Ach, und du meinst, sie werden dir glauben, Pinocchio? Du lügst doch schon, wenn du nur atmest. Niemand wird dir glauben. Also kannst du auch einfach aufhören zu atmen. Es ist besser für alle, wenn du tot bist.«

## Dreieinhalb Flaschen Wahrheit

Ich liege auf dem Rücken, die Gardinen zugezogen, abgeschieden in der Dunkelheit meiner Seele. Ich versuche so flach wie möglich zu atmen, mich von Sekunde zu Sekunde zu hangeln, ich muss nicht mal zur Toilette, so akut ist mein Zustand.

Auch in dieser Nacht habe ich mich wieder in ein Ungeziefer verwandelt, ich bin wie Kafkas Gregor Samsa, untragbar für meine Familie, am allerwenigsten tragbar für mich selbst. Auch ich gehe zugrunde. Unbemerkt, still und leise.

Es ist Samstag. Meine Tochter bekommt wahrscheinlich gerade eine große Portion Zuckerwatte in die Hand gedrückt und ist glücklich.

Ich bin nicht glücklich, ich bin auch nicht unglücklich. Ich bin einfach nichts, leer, verbraucht, grau, krank. Ich bin in einer schlimmen Phase, meine Trinkanfälle werden heftiger, einschneidender, unübersehbar.

Ich liege auf dem Rücken wie ein beschissener Käfer, der sich nicht umdrehen kann, und schaffe es erst beim zehnten Versuch, die Augen zu öffnen. Ich hebe die Lider und mache den Weg frei für die Tränen. Sie laufen seitlich an den Schläfen entlang, und ich wundere mich, dass nach dieser Nacht überhaupt noch Flüssigkeit aus mir austritt.

Aber meine Tränen sind indifferent, sie können sich nicht entscheiden, was genau sie beweinen. Den Zustand in Rückenlage, Status quo eines Samstages, an dem andere Menschen ihre Wocheneinkäufe machen – mit Körben, in denen sie am Abend zuvor keinen Alkohol von der Tankstelle nach Hause befördert haben? Oder beweinen meine Tränen mein ganzes jämmerliches Leben?

Ich bin so gerne Hausfrau, so gerne Mama, ich bin so gerne früh wach, schlendere über den Wochenendmarkt und kaufe hier und da das schönste Obst, das frischeste Gemüse, den besten Käse, bunte Blumen der Saison, probiere die angebotenen Leckereien, schwatze mit den Standbesitzern oder einem Nachbarn.

Ich bin so gerne Bäckerin und Köchin, ich bin so gerne leicht und beschwingt und kruschele im Haus herum, ich bin all das so gerne – und kann es, so wie ich es gerne würde, nicht leben, weil mich die Trinkerei davon abhält.

Ich bin eine alkoholkranke Frau, die ihr Leben im Suff verbringt und alles in eine Farce verwandelt, ein Schmierentheater. Ich lebe hinter einer schmerzhaften Attrappe mit nur wenigen Tagen, die okay sind. Die meisten sind alles andere als das. Und manche Tage sehen aus wie heute: Ich bin ans Bett gefesselt, so lange, bis ich es schaffe, mühsam den ersten Gang zur Toilette zu machen. Meistens, wenn es draußen schon wieder dunkel geworden ist.

Also starre ich stundenlang an die Decke und versuche, zwischendrin zu schlafen. Diese Schlafphasen werden von kruden Traumfetzen untermalt, und so denke ich, dass das Hämmern an der Tür und das darauffolgende Sturmklingeln zu einem dieser Traumfetzen gehört, bis ich begreife, dass es kein Traum, sondern Realität ist.

Aber selbst wenn ich könnte, würde ich nicht aufstehen, um nachzusehen, wer es ist. Ich bin absolut nicht fähig, auch nur ein Wort herauszubringen.

Es wird weiter gehämmert, lauter und heftiger.

Ich frage mich, ob es die Polizei ist. Vielleicht habe ich im Suff etwas angestellt und weiß es nicht mehr? Aber eigentlich erinnere ich, auf eine seltsame und nebelige Art und Weise, selbst im Vollrausch viele Details.

Es hämmert, dann wird es still.

Irgendwann höre ich Schritte auf der Treppe in Richtung Schlafzimmer. Ich raffe mich auf, ratlos, was das jetzt sein könnte und wer sich Zugang zu meinem Haus verschafft hat, und krächze: »Hallo?«

Meine Mutter betritt als Erste das Zimmer, reißt wie die Anführerin eines Sturmkommandos die Vorhänge zur Seite und schaltet dann, weil es draußen schon dunkel ist, das Licht an. Mein Vater steht wie ein Schulkind, das auf seine Abholung wartet, vor meinem Bett und starrt mich an. Ich stöhne, lege instinktiv die Arme über meinen Kopf und murre: »Hey! Spinnt ihr?«

Nachdem meine Mutter eine halbe Stunde lang die Tür bearbeitet hat, ist ihr eingefallen, wo ich einen Hausschlüssel deponiert habe, falls ich mich einmal aussperre oder Ava ihren vergessen hat. Und mit dem ist sie dann reingekommen.

Offensichtlich habe ich doch nicht mehr jedes Detail auf der Festplatte gespeichert, denn ich habe meiner Schwester in der vergangenen Nacht kryptische Nachrichten geschrieben, mein Ableben betreffend.

Meine Urne solle weiß sein, mit pinken Punkten. Ich möchte auf keinen Fall in einem Sarg beerdigt werden!

Und da meine Schwester in Berlin ist, seit heute früh nur meine Mailbox anspringt und seit gestern Abend niemand ein Lebenszeichen von mir erhalten hat, stehen meine Eltern jetzt vor meinem Bett.

Meine Mutter ist außer sich. Sie zieht die Bettdecke zur Seite und schreit mich an. Was mit mir los sei, zum Teufel? Ob ich noch alle Tassen im Schrank hätte, alle so zu erschrecken? Sie brüllt mich an, und ich fange an zu wimmern.

Mein Vater sagt immer noch nichts und ist sichtlich überfordert von der ganzen Szene, die sich ihm bietet.

Ich sage, dass ich einen Magen-Darm-Infekt habe und es mir nicht gut geht.

Nach diesem Satz verliert sie völlig die Fassung, verlässt energisch das Zimmer, sammelt in der Küche die Weinflaschen auf, die genauso leer sind wie ich, und wirft sie aufs Bett. Ob ich *davon* einen Magen-Darm-Infekt bekommen hätte, will sie wissen. Ob sich so eine Mutter verhalten würde. So schäbig wie ich. Und ob ich will, dass er mir Ava wegnimmt?

Die Geister, die sich in mir versammeln, sind nicht gut, aber sie sind so stark, dass ich mich unter Schmerzen aufraffe, mit einem Presslufthammer im Kopf und einer beißenden Übelkeit im Magen, die sich womöglich gleich hier, vor meiner Mutter, erleichtern wird, aber es ist mir egal. Ich schreie zurück: »Du meinst, so wie *du?* Verhält sich eine Mutter so wie *du?*«

Mein Vater weiß nicht, wie er sich verhalten soll, und schleicht aus dem Zimmer. Er verzieht sich in die Küche und setzt einen Tee auf.

»Was soll das heißen, ›so wie du‹?«, schreit meine Mutter zurück.

Wir stehen einander wie Feinde gegenüber, und ich sage: »Du hast mich allein gelassen, Mama. Mehr als einmal. Du warst nie da, wenn ich dich gebraucht habe. Nie! Du hast dich einen Scheiß um mich geschert und du hast kein Recht, mir zu sagen, was ich für eine Mutter bin.«

»Ich habe dich allein gelassen?« Ihre Stimme überschlägt sich. »Allein?! Mein Leben dreht sich nur um dich! Seit Jahren! Nur um dich!«

»Ach ja? *Wann* denn? Wann dreht es sich um mich? Geht es um das Geld, das ihr mir gegeben habt? Ist es das? Zahle ich euch zurück, Mama, keine Angst! Ich will euer Scheißgeld nicht. Ich will einfach nur meine Ruhe.«

»Das Einzige, was DU willst, ist in Ruhe saufen. Weil du eine Säuferin bist.«

Und dann hole ich aus und sehe, wie meine Hand im Gesicht meiner Mutter landet.

Ich ohrfeige sie.

Jetzt schaut sie mich genauso starr an wie mein Vater, der gerade mit dem frisch aufgebrühten Tee zurück ins Schlafzimmer gekommen ist.

Ich fange sofort an zu weinen. Ich sage, dass es mir leidtut, dass ich das nicht wollte. Ich weine immer heftiger, mein Körper bebt.

»Mama … mir ist so kalt«, presse ich hervor. »Mir ist so kalt.«

Meine Mutter weint auch. Und dann umarmt sie mich. Sie hält mich so fest sie kann. Und mein Vater umarmt uns beide.

Und so stehen wir drei, minutenlang, so lange, bis ich mich beruhigt habe.

»Was ist denn bloß los?«, fragt er leise. »Wir wissen nicht, was mit dir los ist.«

Ich will ihnen sagen, was mit mir los ist. Ich muss. Ich versuche es, ich setze immer wieder an. Aber es dringen nur Wortfetzen aus mir heraus. Meine Eltern verstehen nicht, was ich meine.

Mein Vater wird immer panischer. »Was ist mit Konny, was meinst du? Was hat er getan?«

Und dann ist es so, als würde eine riesige Keule aus vier Wörtern die gläserne Wand zwischen mir und meinen Eltern zerschlagen. Klar und deutlich, ohne jedwede Möglichkeit, dass daran irgendetwas misszuverstehen ist, sage ich: »Er hat mich missbraucht.«

Und dann erzähle ich ihnen diese eine Sequenz … diese eine. Die eine, die ich erinnern kann …

# Flashback

Meine Schwester ist immer noch krank und wohnt immer noch in der Uniklinik. Mama ist Tag und Nacht bei ihr und mein Vater muss arbeiten. Deswegen passen Onkel Konny und Tante Hedi auf mich auf. Ich bin gerade eingeschult worden.

Tante Hedi ist eigentlich gar nicht meine Tante, aber ich soll sie so nennen. Und zu Konny soll ich Onkel sagen.

»Wenn man das vom Herzen her ist«, sagt Hedi, »dann ist es egal, woher das Blut ist.«

Sie holt mich immer mit ihrer grünen Ente von der Schule ab und singt die Lieder aus dem Radio mit. Mein Klassenlehrer heißt Herr Sauer. Er hat rote Haare und raucht auf dem Schulhof Zigaretten, die in einer roten Zigarettenschachtel stecken. Er hat die Schachtel immer griffbereit in seiner Jackentasche. In den Pausen rennen die Jungen aus meiner Klasse an ihm vorbei und rufen: »Herr Sauer ist sauer! Herr Sauer ist sauer!« Dabei ist er noch nicht ein einziges Mal sauer auf uns gewesen, im Gegenteil. Er ist sehr lieb, er schüttelt immer nur den Kopf und sagt: »Na, na!«

Zu mir ist er besonders lieb und fragt oft nach meiner kranken Schwester. »Wie geht's dem Baby?«, fragt er dann, und ich antworte: »Ganz gut!«, obwohl es ihr überhaupt nicht gut geht.

Mama weint jedes Mal, wenn Papa und ich sie besuchen. Wenn wir wieder gehen, weint sie auch. Meine Schwester ist immer noch an viele Schläuche angeschlossen, und manchmal schiebe ich meine Hände durch die Gitter und hebe ihre kleinen Füßchen ganz sanft hoch und flüstere: »Du kommst bald heim, versprochen, mach dir keine Sorgen, wir spielen dann was Schönes zusammen.«

Wenn ich bei Tante Hedi und Onkel Konny bin, darf ich im

Garten mithelfen und die Katzen füttern. Ich liebe die Katzen so sehr. Am liebsten habe ich es, wenn sie sich an meine Beine schmiegen und von mir auf den Arm genommen werden wollen. In diesem Sommer hat eine der getigerten Katzen mit den blauen Augen Babys bekommen. Sie sind herzergreifend putzig, aber viel, viel zu klein und sehr schwach.

»Wir müssen uns gut um sie kümmern«, sagt Tante Hedi, »sonst schaffen sie es nicht.«

Ich kann an nichts anderes mehr denken als an die winzig kleinen Katzenbabys und kann es kaum erwarten, bis ich wieder zu Tante Hedi und Onkel Konny gehen darf. Tante Hedi zieht mir eine ihrer Schürzen über, damit mein Kleid nicht voller Katzenhaare ist, und lacht, weil ich aussehe wie eine geschrumpfte Erwachsene.

Sie badet mich immer, bevor mein Vater mich abholt.

»Mama und Papa sollen ein frisches Kind zurückbekommen«, sagt sie dann, und während sie den Finger in das laufende Wasser hält und überprüft, ob es warm genug ist, schiebt sie nach: »Die beiden haben schon genug um die Ohren!«

Manchmal arbeitet Tante Hedi in einer Bäckerei, obwohl sie und Konny eigentlich genug Geld haben und sie gar nicht arbeiten muss. »Ich arbeite fürs Gefühl«, sagt sie, bevor sie geht. Und wenn sie weg ist, badet mich Onkel Konny.

Er ruft mich dann immer ins Badezimmer im ersten Stock. Da gehen wir nur hin, wenn Hedi nicht da ist, und wenn ich hochkomme, ist die Wanne schon voller Wasser und Schaum. Konny hält seinen Finger in das Schaumwasser und sagt: »Ui, noch viel zu heiß, da verbrühst du dich ja nur, das müssen wir erst mal abkühlen lassen!«

Ich bleibe wie angewurzelt in der Mitte des Badezimmers stehen und rühre mich nicht vom Fleck. Ich weiß, was das bedeutet. Und ich möchte lieber nach Hause.

»Na, kleines Fräulein, dann mach dich schon mal nackig!«, fordert er mich auf.

Ich ziehe nur die Kniestrümpfe aus und hoffe, dass mein Vater gleich kommt und laut an die Badezimmertür klopft. Ich will wirklich, wirklich nach Hause.

Doch Onkel Konny sagt streng: »Aber, aber! *Soooo* wird das Kind nicht sauber!«

Ich ziehe mein Kleid aus. Die Unterhose will ich aber nicht ausziehen. Ich will nicht! Ich verschränke die Arme hinter meinem Rücken und halte sie fest.

Onkel Konny sieht, was ich mache, und sagt: »Aber, aber! So kann man doch nicht baden gehen, da wird ja nur der Schlüppi sauber.« Dann lacht er und dreht das Radio an, das über dem weißen Badezimmerschrank hängt. Das Lied kenne ich aus dem Fernsehen. Es ist das Mädchen mit der Gitarre. Die hat einen Preis gewonnen, meine Mutter hat ihr die Daumen gedrückt.

Das Wasser ist noch viel zu heiß, und Onkel Konny sagt: »Macht nichts, wir haben alle Hände voll zu tun, geht ja auch immer ganz schnell!«

Ich muss Onkel Konny helfen, die Milch für die Katzenbabys aus dem Schlauch herauszuholen, solange ich noch nicht ins Wasser kann. Aber *dass* ich ihm helfe, davon darf ich niemandem auch nur ein Sterbenswort erzählen. Auch meinen Eltern nicht.

»Wirklich niemand darf etwas wissen«, sagt er beschwörend, »das ist unser großes Ehrengeheimnis! Es ist nämlich ganz besondere Zaubermilch für die Babykätzchen, die macht unsere Kleinen groß und stark. Du siehst ja, wie dünn sie immer noch sind. Und wenn wir sie jetzt nicht ordentlich füttern, dann sterben sie uns weg.«

Ich will nicht, dass die Babykatzen wegsterben. Das wäre das Schlimmste für mich.

Also mache ich, was er sagt, und ziehe meine Unterhose aus.

Onkel Konny ruft fröhlich: »Na siehste! Ohne Schlüppi geht's dann gleich schneller in die Wanne und wir bekommen dich blitzeblank sauber.«

Dann setzt er sich auf den Klodeckel und spreizt seine Beine. Er sagt immer ganz genau, was ich mit dem Schlauch machen soll, damit die Milch rauskommt. Aber ich weiß und kann das auch so und will nicht, dass er es jedes Mal neu erklärt. Ich bin ja nicht doof.

Er weint immer sehr, wenn die Milch aus dem Schlauch herausschießt. Es tut ihm weh. Aber wenn sie draußen ist, dann geht es ihm sofort viel besser. Er fängt sie mit der Hand auf und bringt sie sofort zu den Babykatzen, damit sie aus seiner Hand trinken können.

Und ich muss mich schnell in die Badewanne setzen, weil ja sonst das Wasser wieder kalt wird.

»Und das wollen wir ja auch wiederum nicht«, sagt Onkel Konny. Wenn ich fertig gebadet habe, gibt er mir eine neue Unterhose. Die hat Tante Hedi für mich gekauft, da sind Katzenpfoten drauf. Und wenn ich angezogen bin, soll ich wieder runter in die Küche. Dort liegen die Babykatzen an ihre Mama geschmiegt im Korb und ich darf sie herausnehmen und halten, bis mein Vater mich abholt.

## Vater, Mutter, Kind II

Meine Mutter krallt ihre Finger um die Bettkante und fixiert einen Punkt auf der Stofftapete. Mein Vater tigert im Schlafzimmer umher.

Sie ist so bleich, als hätte sie keinen Tropfen Blut in sich.

Meine Eltern stellen keine Fragen, und sie stellen *es* nicht infrage. Sie glauben mir.

Immer wieder schüttelt meine Mutter den Kopf und wiederholt diesen einen Satz: »Ich werde jetzt mit Papa zu ihm fahren und ihn umbringen!«

Mein Vater spult seine Erinnerungen ab. Er geht auf und ab und spricht mit sich selbst. Plötzlich erscheint ihm alles, was er damals vielleicht schon ahnte, vollkommen klar. Vollkommen logisch in Anbetracht dessen, was er vor ein paar Minuten von mir gehört hat.

Er schaut zu meiner Mutter, die immer noch auf die Tapete starrt. Sie antwortet: »Pack deine Sachen, wir fahren jetzt zu ihm!«

Mein Vater scheint gar nicht zu verstehen, was sie will, und spricht weiter. »Diese vielen Katzen. Die Katzen, das war immer merkwürdig, und dass da immer … die vielen Mädchen … dass die da waren. Ich habe das noch gesagt, weißt du noch? Und wir haben Witze darüber gemacht, dass er so beliebt ist bei den Kindern.«

Ich schaue auf meine Hand, die in Mamas Hand liegt, und plötzlich tun mir meine Eltern so unendlich leid. Sie können die Ungeheuerlichkeit nicht fassen, ich weiß, dass sie sie nicht fassen können. Noch nicht. Sie haben gehört, was ich gesagt habe, und sie reagieren. Jeder für sich. So, wie es ihnen jetzt möglich ist. Aber was wirklich passiert ist, werden sie erst begreifen, wenn sich der Schock gelegt hat. Was nicht nur mir passiert ist, sondern auch ihnen. Was nicht nur mir angetan wurde, sondern auch ihnen. Was Konny gemacht hat. Wie oft Konny es gemacht hat. Mit mir.

Einerseits bin ich erleichtert, dass ich es ausgesprochen habe, andererseits würde ich es gerne ungesagt und ungehört machen. Weil ich weiß, dass ich sie damit für immer aus der Wiege der Unschuld herausgerissen habe. Es gibt ab heute, ab jetzt, ab hier kein Zurück mehr. Die Türen zu einem Leben, das frei war, frei von Konny, sind zugeschlagen. Dieses Leben wird es nie mehr geben. Ich habe meine Realität auch zu ihrer gemacht. Vater, Mutter, Kind.

»Mama … wenn du ihm jetzt wehtust, dann tust du nur uns weh.«

Ihre Augen weiten sich, aber sie starrt weiter den Punkt an, der sie wohl bei Besinnung hält, und antwortet: »Es ist mir egal, ich werde das tun.«

»Mama!« Ich werde lauter und ziehe an ihrem Arm. »Es bringt nichts. Gar nichts. Er wird es abstreiten und wir bekommen Probleme … Ich brauche keine neuen Probleme, und ihr braucht auch keine! Ich habe es euch erzählt, weil ich es nicht mehr allein ertrage.«

Mein Vater bleibt ruckartig vor mir stehen und sagt: »Du bist nicht allein, hörst du, Kind? Du bist nicht allein! Wir werden das für dich klären.« Und dann fügt er hinzu, als hätte er die Lösung: »Wir zeigen ihn an!«

»Es ist verjährt, Papa, selbst wenn ich Beweise hätte. Selbst dann hätten wir keine Chance, weil zu viel Zeit vergangen ist.«

Meine Mutter schaut von ihrem Punkt auf und meinen Vater an. Erst überrollt ein gewaltiges Beben ihren Körper, dann folgen genauso gewaltige Tränen. Und dann kommt ein Satz, der endlich ausdrückt, was sie immer schon gefühlt hat: »Das wäre alles nie passiert, wenn du uns nicht hierhergeholt hättest.«

## Unter die Räder gekommen

Ich verliere im Affentempo alles, auch das letzte bisschen Hoffnung auf Heilung. Ich fühle mich jetzt, da meine Eltern alles wissen, noch schlechter. Viel schlechter. Weil ich jetzt noch mehr unter Beobachtung stehe und meine Mutter mich noch mehr behandelt, als wäre ich eine, die dringend unter Aufsicht gehört. Mein Drang zu trinken treibt sich selbst auf die Spitze.

In meinem neuen Wohnsitz, meinem alten Kinderzimmer, ist immer noch alles wie früher. Aber Ghost Kingdom ist es nicht mehr, weil meine Eltern wie zwei Wachhunde aufpassen, damit da drinnen nichts passiert, was meinen desolaten Zustand weiter verschlimmert. Also suche ich mir noch verstecktere, noch krudere Gelegenheiten, um mich zu betrinken. Noch weniger als je zuvor will ich darüber nachdenken müssen, was aus mir geworden ist.

Was schon vorher dunkel in meinem Leben war, verdüstert sich jetzt noch mehr. Und irgendwann verliere ich nicht nur die Hoffnung. Ich verliere auch meinen Führerschein.

Dass ich kein bisschen lalle, überrascht die Polizisten, die mich in dieser Oktobernacht aus dem Auto holen, wohl am meisten. Das Erstaunen in ihren Gesichtern, weil ich noch stehen und sogar geradeaus sprechen kann, ist groß.

Über zwei Promille bei einem Körpergewicht von 53 Kilogramm. Ich versuche ihnen zu erklären, dass ich nur umparken wollte, weil mein Auto sonst morgen früh im Parkverbot stehen würde. Ich hatte gar nicht vor, zu fahren. Ehrenwort.

Der ältere der beiden Polizisten sagt: »Und wenn Sie es nicht vorhatten, warum tun Sie es dann?«

Meine Ausführungen helfen wenig, ich sitze in einem Streifenwagen auf dem Weg zum Polizeirevier, immer noch voll wie eine Haubitze. Und das Geschütz wird abgefeuert.

Ich höre, wie der Jüngere der beiden seinen Kollegen fragt: »Ist das nicht die aus dem Tatort?«

So tief wie möglich rutsche ich in den Sitz. So tief, bis ich im Rückspiegel nicht mehr sichtbar bin, als würde mich das unkenntlich machen, nicht identifizierbar. Ich bin geliefert. Tiefer geht es jetzt nicht mehr.

Meine Eltern sind erleichtert. Nun ist es endlich amtlich. Und lässt sich auch nicht mehr abstreiten. Ich habe ein offizielles, ziemlich großes Alkoholproblem.

Trotzdem beharre ich weiterhin darauf, dass es ein Burnout ist.

Meine Eltern wissen, dass ich nicht ausgebrannt, sondern überschwemmt bin und dass das etwas mit Konny zu tun hat, aber eigentlich ist ihnen egal, warum ich mich einweisen lassen möchte – Hauptsache, ich tue es.

Meine Mutter bringt mich in eine Klinik, die in der Nähe meines Elternhauses liegt und sofort einen Platz für mich hat.

Aber die Klinik kostet; und Geld ist das, was ich neben meiner Würde, einem festen Wohnsitz und meinem Führerschein auch nicht mehr besitze. Und ich will nicht, dass meine Eltern noch mehr für mich zahlen müssen. Ich warte auf einen anderen Platz, sage ich, wo wir nichts zahlen müssen. Mein Vater holt sein Sparbuch aus dem Schrank und sagt, nein, du gehst jetzt. Koste es, was es wolle.

Die Klinik ist so schön wie ein Prinzessinnenschloss und sieht gar nicht aus wie eine Klinik. Sie ist voll mit Gründerzeitmöbeln, schönen Teppichen und feinen Tapeten.

Ich habe nicht im Ansatz das Gefühl, in einem Krankenhaus zu sein. Meine Mutter sitzt während des Aufnahmegespräches neben mir. »Es ist ein Burn-out«, sage ich, »ich habe das nachgelesen und recherchiert. Alles ist wegen meiner aktuellen Lebenssituation passiert und weil ich als Kind Dinge erlebt habe, die kein Kind erleben sollte. Eigentlich brauche ich eher einen längeren Urlaub oder eben ein paar Tage hier an diesem wunderschönen Ort, um wieder auf die Beine zu kommen. Denn ich weiß ja, woher meine Probleme kommen.«

Der leitende Arzt erklärt daraufhin, dass über zwei Promille weniger danach klängen, als ließen sich die Ursachen mit einem Urlaub beheben. Er erkundigt sich nach meinem Trinkverhalten. Ob ich bereits morgens trinke, wie viel und in welchen Abständen ich trinke und ob ich allein trinke. Er sagt, wenn ich körperlich abhängig sei, müsse ich erst mal entziehen und könne in dem Fall nicht bleiben. Seine Fragen werden bohrend und sind mir im Beisein meiner Mutter unangenehm. Also lüge ich. Nicht mal mit der halben Wahrheit rücke ich raus.

Die Darstellung der ganzen Wahrheit übernimmt dafür meine Mutter. Zu meinem Erstaunen kennt sie selbst die kleinsten Details. Sie beantwortet die Fragen des Arztes einfach noch mal von vorne.

Ich schweige. Ärger steigt in mir auf. Aber noch bevor ich meinem Impuls nachgeben und den Aufnahmeraum verlassen kann, befindet der Arzt, dass seines Erachtens eine psychosomatische Therapie notwendig sei. Ich sei zwar *nur* psychisch abhängig, dafür aber schwer.

»Es ist der Klassiker«, erklärt er und sieht dabei meine Mutter an. »Nichts Ungewöhnliches. Ein gescheiterter Selbsttherapieversuch mit Alkohol.« Erst dann blickt er zu mir und sagt: »Sie sind gut aufgehoben bei uns. Wir kümmern uns um Sie.«

Seine Diagnose macht mich offiziell zu einer Patientin unter vielen aus der Oberschicht, allesamt gut krankenversichert und mit prall gefüllten Bankkonten. Und wo Geld ist, sind auch die besten Ärzte.

Meine Mutter ist erleichtert und drückt meine Hand. Sie dreht sich zu mir und sagt: »Alles wird gut, Schatz. Wir schaffen das alle zusammen.«

## Franky Not in Hollywood

Wo Geld ist, ist auch Frank.

Frank ist in seinen Fünfzigern und arbeitet für eine Privatbank. Für ihn scheinen keine Regeln zu gelten, insbesondere nicht die oberste Regel der Klinik: keine Liebesbeziehungen unter den Patienten, egal welcher Art. Frank juckt das nicht, er schleicht nachts über den Flur in das Zimmer vis-à-vis dem meinen.

Da wohnt Trudi, auch ein Mädel aus der Oberschicht, Mitte zwanzig, bildhübsch und depressiv. Weil Trudi mit Xanax stillgelegt ist, kann er sie mühelos vernaschen. Niemand außer mir bekommt das mit, wahrscheinlich nicht mal Trudi selbst, so vollgedröhnt, wie sie ist.

Alles an Frank macht mich aggressiv. Er ist der klassische erfolgreiche Mann, der mit jedem Scheiß davonkommt, sich bedient, woran er will, und nie zur Rechenschaft gezogen wird. Ich muss mir den Mittagstisch mit ihm teilen und aushalten, wie er Tag für Tag seelenruhig über seinen Tellerrand grinst, als wäre er auf Bali in einem Wellnessurlaub.

Als sich die kleine Liebschaft auszuweiten droht, spreche ich Frank eines Mittags im Beisein unserer Tischnachbarn auf Trudi an. Ich frage ihn, ob er wisse, dass ihrer beider Aufenthalt mit sofortiger Wirkung beendet sei, wenn seine nächtlichen Besuche aufflögen? Und ob ihm klar sei, dass das für sein erbärmliches Leben wahrscheinlich keinen großen Unterschied mehr mache, aber für ihres vielleicht schon?

Frank schaut mich mit festem Blick an. Die anderen hören auf zu kauen und schauen mich auch an. Dann neigt er den Kopf zur Seite, runzelt die Stirn und sagt knapp: »Was für nächtliche Besuche? Du verwechselst mich. Außerdem sollte sich hier jeder besser auf seinen eigenen Shit konzentrieren, oder, Else Kling?«

Damit ist das Thema für ihn erledigt. Und weil Frank klug ist, stellt er seine Schäferstündchen im Zimmer gegenüber ein.

Von jetzt an sind wir einander spinnefeind. In den Gruppentherapiestunden ignorieren wir uns, und immer wenn er von seiner Überarbeitung und der Last der großen Verantwortung spricht, verziehe ich das Gesicht. Ich glaube ihm kein Wort.

Frank trinkt. So wie ich trinke. Ich weiß es. Er weiß es. Und er weiß auch, dass *ich* trinke. Ich finde Frank scheiße. Und während einer Gruppensitzung schleicht sich der Gedanke in meinen Kopf, dass das vielleicht nicht daran liegt, dass er Trudi vernascht hat, sondern daran, dass er geschafft hat, was mir nicht gelungen ist. Frank ist der Hero unter den Kranken, und man tuschelt über seinen Erfolg. Sogar im Suff erfolgreich zu sein, nicht zu straucheln, geschweige denn abzustürzen, davon bin ich weit entfernt. Er hat Geld. Und Erfolg. Und trotzdem sind wir beide in dieser Klinik.

Frank und ich gehen uns erfolgreich aus dem Weg.

Ich bin damit beschäftigt, in der Musiktherapie allen zu zeigen, wie toll ich singe, während ich in den Gesprächskreisen die dollsten Geschichten auspacke und in der Malgruppe meine innere Frida Kahlo channele. Ich gehe komplett auf in meinem Film, bin froh, dass kein Alkohol in der Nähe ist, und lehne dankend alle Arten von Psychopharmaka ab.

Frank ist damit beschäftigt, den Macker raushängen zu lassen. Den Männern erklärt er, wie sie mit Aktien reich werden, und den Frauen unter dreißig, was für ein cooler Typ er ist. Jeder von uns tut, was er am besten kann: Ich labere und er macht einen auf dicke Hose.

Wir kommen uns nicht ins Gehege, bis der Gruppentherapeut uns eines Morgens zusammen ins Gehege pfercht. Er eröffnet uns, dass wir für neue positive Erfahrungen innerhalb der Gruppe bereit seien und uns nun bonden, also durch körperliche Nähe verbinden, dürfen. Der Therapeut schaut in die Runde und in fragende Gesichter. Aber bevor wir das tun, möchte er, dass wir über eine Situation in unserem Leben sprechen, in der wir uns mit einem anderen Menschen verbunden gefühlt haben.

Er sieht mich an und fragt: »Mimi, möchtest du anfangen?«

Ich schweige, die anderen schweigen auch.

Er schaut immer noch in meine Richtung und fasst nach: »Gibt oder gab es so einen Menschen in deinem Leben?«

Ich möchte ihm gerne etwas Patziges antworten, aber dann kommt mir dieser Gedanke. Denn obwohl ich damals weggerannt bin, vielleicht gerade deswegen weggerannt bin, gibt es so jemanden. *Gab* es so jemanden. Ich blicke in die Runde und sage: »Ja … also … ich glaube, vielleicht war da mal jemand … vielleicht war das mit … Dean.«

## Dean

Berliner Boden zu betreten ist für mich wie Crack nehmen. Ich spüre schon im Landeanflug, wie sich jede süchtige Zelle in mir zum Angriff aufstellt. Ob ich will oder nicht, Berlin lässt mir keine Wahl. Bei dieser Mischung aus Boheme und Prekariat werde ich zu einem schlimmeren Junkie als in jeder anderen Ecke der Welt. Ich weiß, dass die Stadt mich aufsaugen und mit sich reißen wird und dass ich den Sommer vollgedröhnt bis in die Haarspitzen verbringen werde.

Um mich dem Berliner Lebensgefühl anzupassen, lasse ich mich in der ehemaligen Beletage des Stummfilmstars Asta Nielsen einmieten, heute die Pension Funk in der Fasanenstraße 69. Wenigstens nach außen will ich nicht als die heruntergekommene, versoffene und mittellose Künstlerin erscheinen, sondern – dem Zeitgeist entsprechend – chic und *très bohème*. Ich bilde mir ein, dass mich mit der dänischen Diva viel verbindet – neben dem gemeinsamen Geburtstag und zahlreichen Verlobungen auch die Liebe zu Joachim Ringelnatz.

Ich habe eine Schwäche für Ringelnatz' Wortwitz und glaube, seinen Geist in den Zimmern der Pension zu spüren, während ich betrunken eines seiner Gedichte rezitiere:

*»Ich habe dich so lieb!*
*Ich würde dir ohne Bedenken*
*Eine Kachel aus meinem Ofen*
*Schenken.*

*Ich habe dir nichts getan.*
*Nun ist mir traurig zu Mut.*
*An den Hängen der Eisenbahn*
*Leuchtet der Ginster so gut.*

*Vorbei – verjährt –*
*Doch nimmer vergessen.*
*Ich reise.*
*Alles, was lange währt,*
*Ist leise.*

Eingeflogen in die Hauptstadt wie ein echter Star, drehe ich mal wieder einen Film mit einem großen Regisseur und großen Namen – und weiß weder, wie ich in diese erstklassige Gesellschaft noch in diesen Beruf geraten bin. Alles, was ich weiß, ist, dass ich trinke. Ich mag genauso stumm sein wie Asta, anders als sie bin ich jedoch ein entstelltes Lebewesen. Und je länger ich mich in der Beletage der göttlichen Schönen aufhalte, desto gottloser und hässlicher werde ich selbst. Ich sitze nach Drehschluss allein am Fenster meines Zimmers, rauche und trinke. Wenn ich genug Promille intus habe, aber noch zu wenig für einen Blackout, packt mich die Melancholie Berlins und ich suche mir meinesgleichen. Das ist nicht schwer: Über den Ku'damm schweben, wie herrenlose Plastiktüten, andere abgefuckte, mittellose Künstler. Ich gabele sie auf und saufe mit ihnen gegen die Leere an. An drehfreien Tagen sind die Saufexzesse noch schlimmer, und oft komme ich erst mit dem Vogelgezwitscher im Morgengrauen zurück. Den Mund verklebt, den Teufel im Körper, gehe ich mit blutroten Augen am Frühstücksraum vorbei auf mein Zimmer und stelle mich unter die Dusche, bis die großen Scheiben des Altbaus mit Wasserdampf beschlagen. Ich steige in die Grabkammer Berlins, und niemand würde sich wundern, wenn ich nicht mehr an die Oberfläche käme.

Doch ich überlebe. Ich trinke und treffe auf andere Trinker. Und ich treffe auf Dean. Dean, der nicht trinkt.

Er ist etliche Jahre älter als ich, trägt Bart und hat seine Locken wie ein Fußballspieler mit einem Haarband gebändigt. Er erspäht mich eines Nachts in der Ecke einer Bar, barfuß, desolat. Dean ist Ire und malt Porträts von ohnmächtigen und vollgedröhnten Frauen. Hunderte hat er aufgesammelt, das war sein Ding, so was wie ein Fetisch, erzählt er mir später. Auch mich hat er aufgelesen, aber nicht angerührt, jedenfalls nicht in sexueller Hinsicht. Er nimmt mich mit zu sich, sieht mir zu, wie ich mich komplett abschieße, und legt mich, als ich bewusstlos bin, auf eines seiner Kanapees. Dann malt er mich, so, wie er schon viele vor mir gemalt hat. Er hat, um sein Porträt zu vollenden, nur wenige Stunden, bis ich wieder zu mir komme – das spornt ihn an.

Dean verliebt sich in mich. Es bleibt eine platonische Liebe. Der alte Mann und die Süchtige. Dean und ich verbringen bald Tage und Nächte in meinem Zimmer in der Fasanenstraße. Ich rede, er skizziert. Ich weine, er weint mit. Er erzählt mir von seiner toten Mutter, die vor seinen Augen gestorben ist, als er vier Jahre alt war. Wie er stundenlang neben ihr saß in der Hoffnung, dass sie wieder aufwacht. Wie er von seinem grausamen Vater, der gar nicht sein Vater war, jahrelang zum Sex gezwungen wurde. Und als der falsche Vater endlich starb, übernahm dessen Rolle Deans Vormund. Dean weiß nicht, ob er wirklich schwul ist oder dazu gemacht wurde. Und dann weint Dean, und ich weine mit ihm. Ich denke darüber nach, dass sein Trauma viel größer ist als meines und dass er sich trotzdem nicht betrinkt.

Wir erzählen uns unsere Leben. Er beschreibt mir sein wohlhabendes, aber gewalttätiges irisches Elternhaus, das keine Eltern zu bieten hat, und ich lasse ihn in mein Gastarbeiterleben eintauchen, mit liebevollen Eltern, die den Missbrauch ihres Kindes durch ihre deutschen Freunde nicht verhindern konnten.

In diesem Berliner Sommer sind Dean und ich Komplizen. Wenn der Fahrer mich nach Drehschluss vor der Pension abliefert, wartet Dean schon auf mich, mit Stoff in einer alten Gucci-Reisetasche. Er lässt mich keinen Fusel trinken, sondern besorgt mir die besten Weine. Er will nichts anderes von mir als meine Nähe, und ich fühle mich mit Dean auf eine seltsame Weise verbunden. Wenn ich noch nicht zu betrunken bin, sprechen wir über Kunst. Er erklärt mir die

Techniken der alten Meister. Wir unterhalten uns über Gott und die Welt, die Möglichkeiten des Sterbens und des Lebens. Ich erzähle ihm von meinem Kind, für das ich leben will, von meinem Traum, eine gesunde Frau zu werden, wahrhaftig mit mir, in mir und mit allen anderen. Und dass die Todessehnsucht in mir dennoch so stark sei. Und dann sage ich noch, wie sehr ich ihn dafür bewundere, dass er nicht zur Flasche greift.

An unserem letzten Abend malt er sein Lebensbild zu Ende, und ich erfahre, warum er nicht trinkt, warum er solche wie mich aufsammelt und auf die Leinwand bannt …

Deans Mutter ist gewesen wie ich. Sie hat sich vor seinen Augen zu Tode gesoffen, denn der Teufel in ihr war stärker als die Liebe zu ihrem Kind. Damit hat sie auch den Rest seines Lebens besiegelt. Während er spricht, schaue ich ihn mit glasigen Augen an. Ich verstehe, dass er mit mir macht, was er für seine Mutter getan hat. Er besorgt den Stoff und passt auf. Er wiederholt seine Geschichte, und ich wiederhole meine.

Und als das vollständige Bild vor mir liegt, die ganze Grausamkeit unserer Gemeinsamkeiten, kann ich ihn nicht mehr ertragen. Ich will seine Mutter in ihm nicht mehr sehen und meine in mir auch nicht mehr. Ich bin keine Mutter, ich bin nichts. Plötzlich will ich den Spiegel nicht mehr, den Dean mir vorhält.

Als die Dreharbeiten vorbei sind und ich im Flieger zurück nach Hause sitze, bin ich nur noch ein Schatten meiner selbst. Ich verspreche mir, nie wieder einen Fuß in die Fasanenstraße zu setzen.

Jahre später erfahre ich zufällig, dass Dean in jenem Sommer in seiner Berliner Wohnung gestorben ist. Allein, zwischen Hunderten von Porträts, an einer Überdosis Heroin.

*Die Zeit entstellt*
*Alle Lebewesen.*
*Ein Hund bellt.*
*Er kann nicht lesen.*
*Er kann nicht schreiben.*
*Wir können nicht bleiben.*

## Bonding

Die Gruppe ist sehr still. Und ich spüre, dass mein Gesicht nass ist.

Der Therapeut erklärt: »Negative und verletzende Erfahrungen wie Gewalt, sexueller Missbrauch oder ein Mangel an Geborgenheit und Liebe führen zu negativen Gefühlen wie Angst, Schmerz und Wut. Das ist umso stärker der Fall, wenn die verletzenden Erfahrungen früh in der Kindheit und mit engen Bezugspersonen – insbesondere den Eltern – gemacht wurden. Dadurch erleiden Kinder dort, wo sie eigentlich Nähe, Zuneigung und Schutz erfahren sollten, große Verletzungen. Ich finde, Mimis Geschichte verdeutlicht das wunderbar! Wollen wir eine kurze Pause machen?«

Alle nicken. Und schweigen für die nächsten Minuten. Auch Frank.

Dann setzt der Therapeut erneut an: »Das Bonding, das wir jetzt gleich machen, soll dazu beitragen, die Bindungs- und Beziehungsfähigkeit zu stärken, die Fähigkeit, sich auf Nähe einzulassen, sich gleichzeitig gut abzugrenzen und das Bedürfnis nach Autonomie zu verwirklichen.«

Im Handumdrehen bin ich zurück in der Realität.

»Wow!«, sage ich spöttisch. »Was wird das hier? Ein Gangbang?«

Die anderen schweigen immer noch. Ich habe keine Lust, mich an egal wen hier im Raum zu binden, und bete, dass nicht der Super-GAU eintritt und wir gleich Ringelpiez mit Anfassen spielen müssen. Ich habe den Gedanken nicht einmal zu Ende gedacht, da höre ich schon meinen Namen – im gleichen Atemzug mit Franks.

Wir starren einander an. Ich soll Frank halten? Und er mich? Ich frage leise in die Runde, ob wirklich *alle* mitmachen müssen. Ich hätte es nicht so mit dem Umarmen Fremder, und wenn, würde ich auch lieber eine Frau umarmen.

Unser Gruppentherapeut lächelt und sagt: »Na, das sind doch hervorragende Voraussetzungen!«

Da stehe ich also und soll einen Mann festhalten, den ich nicht ausstehen kann. Besoffen würde ich Männer wie ihn sicher ohne Murren halten, mich vielleicht sogar freiwillig anbieten. Im Suff würde ich allerdings auch einen Kuhfladen liebkosen. Jetzt aber bin ich nüchtern, und diese Nummer hier ist äußerst unangenehm. Ich muss mich hinter Frank setzen und ihn umarmen. Widerwillen überkommt mich und ihn offensichtlich auch. Sein Körper verhärtet sich und ich habe das Gefühl, ein Brett in den Armen zu halten und kein menschliches, warmes Gewebe. Je mehr Zeit verstreicht, desto härter wird Frank.

Dann sollen wir die Positionen tauschen.

Und Franks Abneigung gegen meine Umarmung ist nichts gegen das, was ich empfinde. Ich strecke meinen Oberkörper so weit wie möglich von ihm weg und atme nur noch flach.

Der Therapeut geht an uns vorbei und flüstert: »Atmen, Mimi.«

Intuitiv hole ich tief Luft. Mit dem Atemzug fällt mein Körper plötzlich wie eine Drückfigur in sich zusammen und ich sacke in Franks Arme. Ich schmiege mich wie eine Katze gegen seinen Oberkörper, und plötzlich atmen wir synchron.

Ich spüre, wie sich sein Rhythmus meinem angleicht und er seine Abwehrhaltung aufgibt.

Dann lehne ich meinen Kopf nach hinten an seine Brust. Ich spüre Dean, Frank, mich, uns alle hier. Ich fühle so viel auf einmal. Und plötzlich schießt die aufgestaute Wut wie ein Vulkanausbruch aus meiner Brust. Meine Tränen fließen wie heiße Lava aus dem schwarzen Loch meiner Seele über meine Wangen. Ich weine und kann nicht mehr damit aufhören.

Frank lässt mich nicht los. Der Mann, den ich über Wochen zutiefst abgelehnt habe, hält mich fest wie der Kapitän das Steuer eines Schiffes, das in Seenot geraten ist. Er navigiert mich zurück in meinen Atem.

Er flüstert: »Atmen, Mimi, atmen.«

Frank und ich bonden.

Abends im Salon sitzen wir am großen Fenster mit Blick auf den Rosengarten. Wir reden.

Frank trinkt auch. Auch er hasst sein Dasein ohne Werte und ohne Moral. Irgendwann hat er begonnen, im Internet nach Suizidmethoden zu suchen. Und das hat ihm eine noch größere Höllenangst eingejagt als die Sauferei.

Viele Stunden verbringen wir gemeinsam an diesem Fenster. Nüchtern, als Freunde, während draußen die Herbstblätter fallen und dann die ersten Schneeflocken. In Frank steckt ein trauriges Kind, das sich nach der Anerkennung seines Vaters sehnt. Irgendwie sind wir hier in dieser Klinik alle Kinder. Ich lerne seine verletzliche Seite kennen und sage ihm, dass er ein guter Vater und Partner sein kann. Und es ist. Er weint. Und hält meine Hand.

Wir wissen beide, dass sich unsere Wege nach dem Aufenthalt in der Klinik nicht mehr kreuzen werden. Er fragt mich nicht nach meiner Nummer. Ich frage nicht nach seiner.

Er hat nach diesem Aufenthalt nicht mehr getrunken und

ist noch mal Vater geworden. Das hat mir ein paar Jahre später Trudi erzählt, der ich zufällig auf der Straße begegnet bin. Ich habe Trudi damals nicht erzählt, dass ich immer noch trinken muss.

## Der Kreidekreis

Die Fensterbank zum Rosengarten bleibt auch nach Franks Entlassung mein Lieblingsort. Dort verbringe ich zwischen meinen Therapien die meiste Zeit, und je näher meine eigene Entlassung rückt, desto drängender werden die Gedanken an das Danach. Daran, wie es draußen weitergehen soll.

Die Klinik ist zu meinem Garten Eden geworden, zu meiner Wiege der Unschuld. Hier bin ich geschützt. Kein Lebenslärm von außen, hier herrscht absolute Ruhe. Ich darf mich nur um mich kümmern und es wird sich um mich gekümmert. Ich bin längst nicht mehr so überdreht wie am Anfang, mein Redeanteil in den Gruppentherapien ist kleiner geworden, meine Einzelsitzungen verlaufen dafür nicht mehr stumm. Ich traue mich, von mir zu erzählen, und komme aus der weitesten Entfernung, die ich je zu mir selbst hatte, näher. Zu mir.

Dagegen bin ich weit weg vom Alkohol.

Donnerstags gehe ich hinunter in den Keller der Klinik und nehme als Neuling an den Treffen der Anonymen Alkoholiker teil. Mein Außenseitergefühl schrumpft von Donnerstag zu Donnerstag und ich wage mich immer näher an die Wahrheit. Meine Scharade erstaunt hier niemanden, denn in den Räumen der AA hat jeder seine eigene. Ich bin nicht die einzige Lügnerin, nicht die einzige Betrügerin, nicht die einzige Versagerin, nicht die Einzige, die es nicht schafft, nur bei einem Glas zu bleiben. Und vor allem bin ich nicht die Einzige, die eine ganze Armada von Verletzungen und Traumata im Gepäck hat. Ich bin eine von vielen. Und ich bin nicht allein.

Uns alle verbindet der Wunsch, nicht mehr zu trinken. Was mich jedoch von den anderen unterscheidet, ist, dass ich noch in den Kinderschuhen stecke, was meine Nüchternheit angeht.

Aber auch in vielem anderen stecke ich wieder tief in meinen Kinderschuhen.

Es hat nur ein Jahr gebraucht, um mich in diesen Zustand zu versetzen.

Genau ein Jahr ist vergangen, seit mein Kind mich bewusstlos in einer Lache erbrochenen Rotweins auf dem Küchenboden gefunden hat.

Ein Jahr, das mich bis auf die Knochen entblößt und mir alles genommen hat, was ich besessen habe. Um mich dorthin zurückzubringen, wo ich hergekommen bin. In mein Kinderzimmer. Als wäre dieser Zustand nicht schon tragisch genug, bewohne ich mein Kinderzimmer zusammen mit meinem eigenen Kind. Zwei Kinder, von denen eines schon lange keines mehr sein sollte. Aber ich kann weder für mich noch für meine Tochter sorgen. Meine Eltern sorgen jetzt für uns beide.

Der Rosengarten ist mit Schnee gepudert und glitzert. Ich sitze am Fenster und warte auf Ava. Sie darf mich heute wieder besuchen, es ist Familientag, und die Klinik wird voller sein als sonst. Manche wollen nicht, dass ihre Angehörigen zu Besuch kommen. Sie fühlen sich noch nicht stark genug und können sich noch niemandem mitteilen. Das sind die, die nicht zum Frühstück erscheinen, am Mittagstisch wenig sagen. Beim Abendbrot noch weniger. Und die kaum etwas essen.

Aber die meisten sind schon länger hier und voller Vorfreude auf ihren Familienbesuch, so wie ich.

Ich bin mit Ava vor dem Kliniktor verabredet, aber Avas Vater bringt sie, anders als verabredet, bis zu mir ans Fenster. Als die beiden vor mir stehen, erschrecke ich und fühle mich von ihm ertappt. Er steht wie ein Eindringling in meiner Heilung und löst Unbehagen in mir aus. Ich möchte das hier nicht mit ihm teilen, es ist schon erniedrigend genug, dass ich als Elternteil unnütz geworden bin. Seine Anwesenheit bringt von draußen die kalte Realität herein, die ich so lange wie möglich aussperren will.

Schnell wird klar, warum er Ava ins Klinikgebäude gebracht hat. Sie wollte mich nicht sehen und will auf keinen Fall bleiben. Sie hält die Hand ihres Vaters fest umklammert und schaut zu Boden.

Ich stehe auf, knie mich vor sie und nehme ihre freie Hand in meine. Sie steht zwischen mir und ihm, die eine Hand in seiner, die andere in meiner.

»Avalon, meine kleine Zauberin, magst du lieber wieder mit Papa nach Hause fahren?«

Ihr Blick klebt immer noch am Boden. Sie nickt.

Ich nicke auch und sage: »Das ist okay, wirklich. Wir sehen uns ja bald bei Oma und Opa.« Jetzt schaut sie zu ihrem Vater auf, als brauchte sie seine Rückendeckung, und er sagt: »Können wir vielleicht noch mal sprechen, bevor du entlassen wirst? Es gibt ein paar Dinge, die Planung benötigen.«

Die kalte Realität seiner Anwesenheit verwandelt sich im Handumdrehen in Bedrohung. Alles in mir schnürt sich zusammen. Dinge, die Planung benötigen? Ich kann nicht mal einen Monat im Voraus planen, schaffe es nicht mal, darüber nachzudenken. Weil ich nicht weiß, mit *was* ich planen soll. Es gibt keine Substanz und keinen Boden, mein Leben ist wie ein glitschiger Wackelpudding.

Automatisch trete ich die Flucht nach vorne an und frage: »Willst du jetzt reden?«

Er schaut Ava an und fragt sie, ob es okay ist, wenn er jetzt mit mir redet, und ob sie so lange etwas malen möchte. Sie nickt wieder.

Ich gehe mit den beiden in die Räume, die mit Malutensilien für die Kunsttherapie ausgestattet sind, ziehe Ava Jacke, Schal und Mütze aus und umarme sie fest. Ihr kleiner Körper bleibt starr, so als würde sie nicht wissen, ob sie weich sein darf in meiner Umarmung.

Sie setzt sich an einen großen Tisch, ich lege ihr alles hin, was sie zum Malen braucht, und gehe zurück zu ihrem Vater, der in der Sitzecke auf mich wartet.

Ich schaue ihn an.

Er schaut mich an.

Ich fühle mich wie ein Tier im Käfig, das gleich hören wird, was weiter mit ihm passiert.

»Die Situation bei deinen Eltern ist nichts für ein Kind, das einen stabilen Ablauf braucht.«

Ich atme tief ein und bin sofort im Verteidigungsmodus. »Sie hat einen stabilen Ablauf! Und es ist nur eine Übergangslösung. So lange, bis ich etwas für uns gefunden habe.«

Er antwortet: »Sie möchte nicht mit dir in deinem Kinderzimmer bei deinen Eltern wohnen. Sie hat ein eigenes Zimmer zu Hause, es ist besser so für sie.«

Seine Worte treffen mich wie eine Kugel, abgefeuert aus nächster Nähe mitten ins Herz.

Zu Hause.

Er hat recht, ich habe kein Zuhause mehr. Ich kann ihr nichts bieten. Und es ist besser für sie, wenn sie meine Entwurzelung nicht mit ansehen muss, weil ich sie in ein Kinderzimmer hineinzwinge, das weder meines noch ihres sein sollte.

»Und was bedeutet das dann?«

»Du kannst sie jederzeit besuchen, wann immer du willst, und du kannst natürlich auch bei uns schlafen. Aber ihr Lebensmittelpunkt bleibt, solange deine Situation so ist, wie sie jetzt ist, bei mir.«

Ich unternehme keinen Versuch, zu verhandeln. Ich möchte nicht an ihr zerren, ich möchte sie nicht noch mehr verletzen, ich möchte einfach nur, dass sie eine unbeschwerte Kindheit hat. Und wenn es bedeutet, dass sie bei ihrem Vater lebt.

»In Ordnung«, flüstere ich und spüre meine Tränen aufsteigen.

Raus aus mir, raus mit den Gefühlen.

Aber ich weine nicht, nicht jetzt. Nicht hier.

»Gut, in Ordnung«, antwortet er, »dann machen wir es so.«

Wir sitzen noch ein paar Minuten schweigend nebeneinander, Ava malt friedlich ein paar Tische weiter, der Schnee fällt auch vor diesen Fenstern.

Er tut, was er immer tut. Ich sehe ihm an, dass er mit mehr Widerstand gerechnet hat. Er ist erleichtert, dass Plan A so mühelos umgesetzt werden konnte.

Ich frage: »Würde es dir was ausmachen, uns für einen Moment allein zu lassen?«

»Ich warte oben am Fenster, komm einfach mit ihr hoch.«

Von Ava unbemerkt steht er auf und verlässt den Raum. Ich gehe zu ihr an den Tisch, schiebe einen Stuhl neben sie und betrachte ihr Bild. Sie hat uns drei gemalt, das Bild ist bunt und fröhlich, eine riesige Sonne in einem wolkenlosen Himmel strahlt über uns. Ich drücke ihr liebevoll einen Kuss auf das Haar und frage: »Darf ich das behalten? Es sieht wunderschön aus!«

Sie schaut mich jetzt an, anders als noch bei ihrer Ankunft, zugewandter und offen.

Sie antwortet: »Natürlich, Mama, ich hab das Bild ja für dich gemalt!«

»Danke, meine Avalon …«

Ich schlucke und spüre, dass die Tränen immer noch vor der Tür stehen und hineingelassen werden wollen.

»Ich habe gerade mit Papa einen Plan gemacht für uns drei. Es ist ein supertoller Plan, und wir machen das einfach so, bis ich eine neue Bleibe für uns beide gefunden habe.«

Ihre Augen weiten sich.

»Du bleibst jetzt erst mal bei Papa. Du musst nicht mit mir bei Opa und Oma wohnen, in Ordnung? Du kannst natürlich immer kommen, immer wenn du magst. Aber du musst nicht. Und ich besuche dich, sooft ich kann.«

Sie schweigt und ihre Miene verdüstert sich.

Ich spüre, dass sie ein schlechtes Gewissen hat, deswegen setze ich mit leichter Stimme hinzu: »Das ist doch wunderbar so, oder nicht? Ich kann in Ruhe etwas für uns suchen, und du kannst in Ruhe in deinem Kinderzimmer spielen!«

Sie schaut mich von der Seite an und fragt besorgt mit ihrer kleinen Stimme: »Aber bist du dann nicht traurig, Mama?«

Ich umarme sie fest, sehr fest, und sage: »Ich bin nicht traurig! Ehrenwort. Wir schaffen das doch alles mit links, Ava. Ich beeile mich einfach, und ratzfatz ist alles so wie früher!«

Und dann stellt sie die Kardinalsfrage, die Frage, bei der mir der Atem stockt und die mich härter trifft als alles, was in den letzten Minuten hier gesprochen wurde.

»Was hast du eigentlich, Mama?«

Ich versuche, das Zittern, das mich sofort überfällt, zu unterdrücken. Was soll ich ihr sagen? Was sage ich meinem Kind über meinen Zustand, was, das es versteht und das es nicht noch mehr verstört?

Ich atme tief ein und sage: »Weißt du, Ava, wenn man traurig ist oder weinen muss, aber auch, wenn man fröhlich ist und lachen muss, dann kommt das von den Gefühlen. Die wohnen ja in uns drin. Und manchmal schleichen sich in die normalen Gefühle, die jeder hat, auch welche ein, die da nicht hingehören. Und davon kann man richtig doll krank werden ...«

Sie schaut mich aufmerksam an.

»Und ich bin davon krank geworden, auch richtig doll. Und dann habe ich auch noch eine falsche Medizin genommen, die leider alles schlimmer gemacht hat.«

Ava nickt, als würde sie alles begreifen. »Musstest du von dieser Medizin brechen?«

»Ja, manchmal musste ich davon brechen.«

»Hast du an dem einen Morgen, wo wir das Fenster kaputt gemacht haben, auch zu viel von der falschen Medizin genommen?«

Ich schlucke. Wir haben nie über jenen Morgen gesprochen, und ich hatte gehofft, dass sie ihn vergessen hat.

»Ja, Avalon. Leider habe ich das, das stimmt. Es war so.«

»Warum nimmst du die Medizin dann, Mama, wenn die nicht gut für dich ist und wenn die falsch ist?«, fragt Ava, ihre kleine Stirn in Falten gelegt.

Wir schauen uns an. So offen, wie sich zwei Seelen nur anschauen können.

Raum und Zeit spielen plötzlich keine Rolle mehr, ich weiß, dass ich jetzt in diesem Moment etwas sagen kann, was ihre Seele trotz des kindlichen Alters ihres Körpers verstehen wird.

Ich antworte: »Weil die falsche Medizin süchtig macht, wenn man sie trinkt. Nicht alle Menschen sind so, manche schon. So wie ich. Und deswegen muss ich die falsche Medizin immer wieder trinken, obwohl ich weiß, dass sie mich noch kränker macht. Und das Allerschlimmste ist, dass sie auch alles andere kaputt macht. Verstehst du ein bisschen, was ich meine?«

Ava denkt nach und sagt: »Dann ist die falsche Medizin wie ein böser Zaubertrank, oder?«

Ich nicke.

»Dann darfst du den nie mehr trinken, Mama!«

»Ich will das ja auch nicht! Nur geht das nicht so einfach, Ava, leider. Aber deswegen bin ich hier. Weil ich so stark werden will, dass ich den Zaubertrank gar nicht mehr haben will.«

»Und wie lange dauert das, Mama, bis du so stark bist?«

»Das kann ich dir nicht sagen … Das weiß niemand so genau. Aber was ich ganz genau weiß, ist, dass ich es schaffen werde. Ich verspreche es dir.«

Ava rückt mit ihrem Stuhl jetzt näher an meinen, legt wie früher ihre Hände um mein Gesicht und sagt: »Ich weiß auch, dass du das schaffst. Weil du die allerstärkste Mama auf der ganzen Welt bist.«

## Xanax oder Valium?

Die ersten Wochen beteiligt sich meine Krankenkasse ohne große Rückfragen mit einem hohen Betrag an den Kosten des Klinikaufenthaltes, aber mein Arzt eröffnet mir irgendwann, dass sie nicht weiterzahlen will, weil ich eine Tabletteneinnahme verweigere. Die Krankenkasse geht davon aus, dass es mir offensichtlich nicht schlecht genug geht, wenn ich keine Medikamente brauche.

Er versichert mir, wie leid ihm das tut, und meint, dass wir ab jetzt die Kosten für den weiteren Aufenthalt aus eigener

Tasche zahlen müssten oder die Therapie wäre an dieser Stelle fürs Erste beendet.

Ich könne ja wiederkommen. Die meisten Patienten kommen wieder.

Ich verstehe es nicht. Ich fühle mich noch nicht stark genug, ich möchte bleiben. Ich will aber die Tabletten, die meine Mitpatienten einnehmen, nicht einnehmen. Ich sehe mit eigenen Augen, wie weggedriftet manche sind. Ich möchte kein Xanax, auch kein Valium oder Rohypnol schlucken, von dem auch ich wegdrifte. Je länger ich hier bin und je öfter ich die Treffen der AA in den Kellerräumen der Klinik besuche, desto klarer wird mir, wie sehr ich mich nach Klarheit sehne. Ich will mich nicht mehr benebeln, auch nicht mit Tabletten.

Ich bin noch nicht bereit zu gehen und gerate allein schon bei dem Gedanken an das kalte Leben und die Probleme, die draußen auf mich warten, in Panik. Meine Tochter wird sowieso erst mal bei ihrem Vater wohnen, ich habe also keinen Grund, *nicht* zu bleiben. Ich brauche dringend noch ein paar Wochen hinter den geschützten Mauern der Klinik, in meinem Zimmer mit Blick auf den verschneiten Rosengarten, das zu meinem Refugium der Stille geworden ist.

Den Schreibtisch habe ich an das große Kassettenfenster mit den schweren grünen Samtvorhängen geschoben, und die kleine gestreifte Vase, in der meine schönsten Stifte stecken, zusammen mit meinem Tagebuch fein säuberlich zum Schreiben angerichtet. Die Kerzen, die Lichterkette, der warme dicke Teppich, mein flauschiger Wollmantel und die eleganten Möbel meines Zimmers, das eher aussieht wie ein Gemach aus einem Sissi-Film und nicht wie ein Klinikzimmer, sind zu meinem Zuhause geworden. Und jetzt, da ich schneller, als ich dachte, wieder gehen muss, wird mir umso schmerzhafter bewusst, dass ich kein Zuhause mehr habe.

Es darf einfach noch nicht sein.

Ich schaue meinen Arzt an, während er etwas in meine Patientenakte schreibt, und sage: »Wissen Sie … na ja, sehr wahrscheinlich *wissen* Sie es, Sie sind ja mein Arzt … ich sollte ja hier zu den Treffen der Anonymen Alkoholiker gehen … und das tue ich. Und ich habe dort begriffen, also ich habe verstanden … dass ich süchtig bin.«

»Das ist gut«, antwortet er, »eine gute erste Einsicht. Und die Treffen sollten Sie unbedingt auch weiterhin besuchen.«

Ich druckse herum und rücke nervös von einer Stuhlkante zur anderen. »Ich habe noch nie Drogen genommen. Also, außer Alkohol natürlich. Das ist ja auch eine Droge. Aber keine anderen, kein Kokain oder irgendwas anderes. Noch nie. Ich hatte immer Angst, dass ich abhängig werde.«

Er schaut mich über seine Brillengläser hinweg an.

»Ich meine, *noch* abhängiger, verstehen Sie? Und ich hab jetzt einfach die Befürchtung, dass ich … also, dass ich … vielleicht süchtig von den Medikamenten hier werden würde. Die machen doch süchtig, oder?«

Er beantwortet meine Frage nicht.

»Ich verstehe Sie sehr gut«, antwortet er, »Sie müssen hier nichts nehmen, was Sie nicht wollen. Es steht Ihnen vollkommen frei. Sie entscheiden.«

»Aber die Krankenkasse zwingt mich ja quasi dazu«, sage ich. »Wenn ich keine nehme, muss ich gehen, oder?«

Er schließt meine Akte, legt seinen Füller zur Seite und sagt: »Niemand zwingt Sie hier zur irgendetwas. Die Krankenkasse hat den Kostenplan aufgrund ihrer Richtlinien zwar abgelehnt, aber als Selbstzahlerin können Sie selbstverständlich bleiben. So lange Sie wollen.«

Ich schlucke.

»Ich bin … ich habe mich aufgrund meiner Lebenssituation verschuldet … und lebe wieder bei meinen Eltern. Und ich kann sie nicht noch mal nach Geld fragen. Sie haben ja schon viel dazugezahlt. Also das, was die Krankenkasse nicht übernimmt, das ist ja auch schon ziemlich happig. Sie müssten einen Kredit aufnehmen, und … also, die beiden hatten noch nie einen Kredit. Sie waren in ihrem ganzen Leben noch nicht einmal im Minus mit ihrem Konto.«

Er nickt und sagt: »Verstehe. Sie müssen das nicht hier und jetzt entscheiden. Schlafen Sie einfach noch mal eine Nacht darüber und morgen sehen wir weiter. Okay?«

Ich muss nicht darüber schlafen, weil ich jetzt schon weiß, dass ich meine Eltern nicht um noch mehr Geld bitten werde. Unmöglich. Ich frage stattdessen ihn, ob es nicht einen anderen Weg gibt. Irgendeinen. Vielleicht kann man die Kasse ja austricksen.

»Können wir nicht so *tun*, als nähme ich die Medikamente?«, frage ich. »Also, Sie legen sie mir hin und ich spüle sie die Toilette runter? Das merkt doch keiner!«

Ich finde meine Idee ziemlich gut. Er findet das nicht und sagt, ich wisse doch sicher, dass das nicht die Gepflogenheiten seiner Klinik seien und dass es hier keine Mauscheleien gebe.

Das Einzige, was *ich* sicher weiß, ist: Wenn ich auch nur einmal in Berührung mit einer Xanax oder Valium komme, dann kann ich mich auch einfach in den nächsten Zweig hängen. Also checke ich eine Woche vor Weihnachten aus dem Sissi-Schlösschen aus und kehre in mein Kinderzimmer zurück.

## Berauschendes Fest

Meine Freundin lädt mich, zwei Tage nachdem ich die Klinik verlassen habe und wieder in meinem alten Kinderzimmer eingezogen bin, zu einem Weihnachtsdinner ein. Ich sage, dass ich noch nicht so weit bin, dass ich mich noch nicht traue, unter so viele Menschen zu gehen.

Sie antwortet: »Ach komm, Mimi, es wird dir guttun, ein bisschen Normalität. Außerdem ist doch bald Weihnachten. Es ist doch das Fest der Liebe!«

Ich lasse mich überreden.

Ich habe wochenlang keinen Tropfen angerührt, ich habe stattdessen gelernt, dass ich alkoholsüchtig bin und das erste Glas stehen lassen muss. Nur für jetzt. Heute.

Der Abend ist federleicht und beschwingt, eine Big Band spielt Weihnachtsklassiker aus den Fünfzigern, und alles ist, als wäre ich nie weg gewesen. Ich lasse das erste Glas nicht stehen. Ich werde rückfällig. Meine Freundin stößt freudig mit mir an.

»Du bekommst dich schon in den Griff«, flötet sie, »das eine Gläschen schadet dir nicht, ich pass schon auf, dass du es nicht übertreibst, okay, Liebes?«

Ich lächele ihr zu. Das wohlige und so vertraute Gefühl des ersten Rausches durchströmt meinen Körper, meine Laune steigt von null auf tausend und ich könnte die ganze Welt umarmen.

Vergessen sind die guten Vorsätze, vergessen ist alles, was ich in den AA-Meetings gelernt habe, vergessen ist, dass meine Eltern das ganze Geld, das sie in den letzten Jahren mühsam gespart hatten, für meine Therapie ausgegeben haben. Damit ich statt in einem kalten Krankenhaus an einem schönen Ort sein durfte. Vergessen ist auch das Versprechen, das ich meiner Tochter vor wenigen Wochen gegeben habe.

Vergessen, dass ich all das nicht vergessen wollte. Ich trinke. Ich trinke mich zügig in einen Rausch.

Und später, viel später, hält meine Freundin vor dem Haus meiner Eltern und sagt, während ich mich aus ihrem Auto hieve: »Mensch, Mimi, also, dass du immer gleich so übertreiben musst! Melde dich morgen, wenn du wieder klarer im Kopf bist, okay?«

Ich nicke und atme dabei schwer.

Meine Eltern liegen schon im Bett, mein Vater schläft, meine Mutter schläft nicht. Sie steht nicht auf. Sie fragt nichts. Weil sie nichts fragen muss. Sie hört an meinem Versuch, so leise wie möglich die Treppen hochzukommen, dass ich betrunken bin.

## Mord

Meine Eltern sind in Kroatien, und ich habe das Haus für mich allein. Ava ist bei ihrem Vater. Die Beziehung zu meinen Eltern ist nach meinem Rückfall angespannt wie ein Luftballon kurz vorm Platzen. Sie wollen einfach, dass es aufhört, ich will es auch. Nichts sehnlicher als das. Ich weiß nur nicht wie.

Ich lande schnell wieder im Krankenhaus. Aber nicht etwa im Sissi-Schloss, sondern in der kalten städtischen Notaufnahme, in der ich schon so oft komplett betrunken aufgekreuzt bin. Aus Panik zu sterben. Überhaupt bin ich wieder auf der Spur. Und zwar auf der falschen.

Ein energisches Klopfen an der Tür kündigt die Ärztin an, die ihre Nachtschicht mit meiner Entlassung aus der Notaufnahme beendet.

Sie steht vor meinem Bett und streicht sich über ihre grauen Haare. Dann neigt sie ihren Kopf und schaut mich prüfend an.

»Und? Wieder nüchtern?«, fragt sie ostentativ und schickt dann ein weniger hartes »Wie geht es Ihnen?« hinterher.

Ich versuche einen Witz zu machen, versuche, etwas Launiges zu sagen, was meine Situation weniger beschämend macht. Aber die Worte bleiben mir im Hals stecken, ich huste, und die Ärztin nimmt diesen unterbundenen Witz zum Anlass, um sich einen Stuhl zu nehmen und sich neben mein Bett zu setzen.

»Hören Sie, in diesem Jahr sind Sie schon das dritte Mal betrunken in meiner Notaufnahme gelandet, aber wenn ich Sie so anschaue, dann sehe ich ein anderes Problem.«

Ich bin irritiert und weiß nicht, wie ich darauf reagieren soll. Ein *anderes* Problem? Wenn es nur eines wäre, denke ich. Es sind zigtausend klingenscharfe Puzzleteile an Problemen. Und jedes Mal, wenn ich ein Teil an das andere setze, um das Bild zu vervollständigen, schneide ich mich. Tief und blutig.

Ich schweige.

Die Ärztin rutscht mit dem Stuhl etwas näher an mein Bett und nimmt meine Hand.

»Gestern Nacht haben Sie immer wieder gesagt, dass Sie *ihn* umbringen werden. Dass er Ihnen wehgetan hat. Und dass Ihr Leid nicht fair ist. Dass Sie noch so klein waren.«

Ich schweige und starre weiter auf das Bettlaken. Mein Herz fängt an, schneller zu schlagen. Ich habe es ihr also erzählt. Ich muss mein Telefon überprüfen, ich weiß nur nicht, wo es ist. Ich muss überprüfen, ob ich *es* noch mehr Menschen völlig zugedröhnt erzählt habe.

»Ich kenne Ihre Geschichte nicht, aber ich glaube, Ihrer Trinkerei liegt ein Trauma zugrunde. Vielleicht ist es für Sie an der Zeit, es sich anzuschauen.«

Sofort schießen mir Tränen in die Augen. Sie blickt mich noch eine Weile an, unterschreibt meine Entlassungspapiere und zieht dann einen Zettel aus ihrer Kitteltasche. Eine Liste mit Adressen. Sie lächelt aufmunternd.

»Rufen Sie da an. Sie schaffen das! Alles Gute für Sie.« Und dann schiebt sie ein lockeres »Ich will Sie hier nicht mehr sehen, verstanden?« hinterher und rauscht ab.

Ich fühle mich ertappt, als hätte ich etwas Verbotenes getan, etwas, worauf die Todesstrafe steht. Als hätte ich ein dunkles Geheimnis ausgeplaudert. Gleichzeitig fühle ich in mir die Gewissheit aufkeimen, dass es für mich nur eine einzige Möglichkeit gibt, der Todesstrafe zu entgehen. Denn nicht *ich* habe etwas Verbotenes getan. Womöglich ist alles, was *ich* getan habe, völlig normal gewesen. In gewisser Weise. Dennoch wird es mich töten, mich mitreißen in die Schlucht des Bösen, wenn ich weiter schweige.

Ich muss Klarheit für mich bekommen, Fragen stellen, Erklärungen einholen. Ich kann so nicht mehr weiterleben. Und ich will es auch nicht mehr. Es ist an der Zeit, das zu tun, was ich, seitdem die Gewissheit der unrechten Tat mein Bewusstsein erreicht hat, immer wieder in meinem Kopf durchgespielt habe.

Meine Freundin holt mich ab und wartet schon mit laufendem Motor. Die letzten beiden Male hat sie mich auch abgeholt. Sie ist meine einzige Verbündete.

Ich steige ins Auto, und sie sagt nur: »Du bist besser als das.«

Und dann fährt sie los und fragt: »Soll ich dich nach Hause bringen?«

Ich verneine. »Fahr mich zu Konny.«

Sie schaut mich von der Seite an und hakt nach: »Du willst zu Konny? Was willst du bei dem?«

»Ich will Antworten.«

Meine Freundin ist alles andere als begeistert von dieser Idee.

Sie ist wie eine Schwester für mich, eine Verbündete, seit wir drei und vier Jahre alt waren. Wir kennen uns schon unser ganzes Leben, und obwohl wir völlig unterschiedliche Wege eingeschlagen haben, wissen wir alles voneinander und haben uns nie aus den Augen verloren. Sie weiß es. Sie wusste es, bevor ich es selbst wusste.

»Mimi, also, ich weiß nicht. Heute ist vielleicht nicht der richtige Tag dafür. Was meinst du? Nicht in deinem Zustand.«

In meinem Zustand.

Ich bin schon seit Jahren, Jahrzehnten in diesem Zustand. Schwanger mit der Brut des Bösen. Eine Niederkunft ausgeschlossen. Das Böse wächst in mir, von Jahr zu Jahr wird es größer, und irgendwann wird es so groß, so übermächtig sein, dass ich darin verschwinde.

Ich wiederhole: »Fahr mich zu Konny!«

Wir fahren schweigend zu der Adresse und bleiben, dort angekommen, minutenlang schweigend nebeneinander sitzen.

Dann steige ich aus und stelle mich vor die Tür. Ich lege meinen Daumen auf die Klingel, drehe mich noch einmal zu meiner Freundin um, die mit laufendem Motor wartet, das Lenkrad fest im Griff. *Wir können jederzeit einfach wieder wegfahren,* sagt ihr Blick. Ich drehe mich wieder um und drücke den Klingelknopf, daneben das Türschild aus Salzteig. Alles ist wie früher.

## Is' was mi'm Papa?

Die Frau, die mir wenig später gegenübersitzt, hat nicht geahnt, dass ich komme. Jahre hat sie mich nicht gesehen oder gesprochen. Ich will heute ein Geständnis. Und sie wird nicht wahrhaben wollen, dass dieser sonnige Samstagmorgen ihr bringt, was sie insgeheim vielleicht schon oft befürchtet hat: die unangenehme Wahrheit.

Ich stehe vor ihrer Tür und möchte Antworten auf meine Fragen. Fragen, die sie nicht beantworten will. Fragen, deren Antworten sie sich selbst wahrscheinlich jahrelang verschwiegen hat.

Die Gesichtszüge entgleiten ihr, als sie mich sieht. Trotzdem lässt sie mich eintreten.

Im Haus duftet es nach frisch gebackenem Kuchen, und Hedi kocht Marmelade ein. Auf dem Esstisch stehen Unmengen von Einmachgläsern mit warmer, noch dampfender blutroter Flüssigkeit. Wir wissen beide, warum ich gekommen bin. Wir belauern einander wie zwei Tiere, unklar ist nur noch, wer wen zuerst anfallen wird. Das Herz schlägt mir bis zum Hals und meine Hände schwitzen. Mein erster Impuls, schnell wieder zu verschwinden, weicht plötzlich etwas Mächtigerem: meinem Lebenswillen. Ich werde ruhig, glasklar.

Sie schaut mich an. »Is' was mi'm Papa?«

»Nein, mit Papa ist nichts. Ist Konny zu Hause?«

»Nee, der Konny ist ned da. Was willste von dem?«

»Ich möchte ihm ein paar Fragen stellen, Hedi. Wann kommt er wieder?«

Hedi starrt Richtung Tür, als befürchtete sie, er würde gleich hindurchtreten. Fahrig werkelt sie an den Einmachgläsern herum.

Während ich sie dabei beobachte, drängen die Gefühle

hoch, ich fühle alles auf einmal, alles, was ich die letzten Jahre unterdrückt habe.

Alles, was trotzdem, in jeder Sekunde meines Daseins, immer da war.

Es ist passiert, es ist die Wahrheit, meine Wahrheit. Und ich will hier, dass sie es zugibt. Ich schaue Hedi an und bemerke erst jetzt, wie alt sie geworden ist. Sie war früher schon keine Schönheit und hat ihrem Mann die Bühne überlassen. *Konny Grant* hat sie ihn immer liebevoll genannt. Ein Bild von einem Mann. Sie hätte alles für ihn getan. Sie *hat* alles für ihn getan.

Ich wiederhole meine Frage. »Hedi, wann kommt er wieder?«

Sie hält kurz inne, lächelt schief und sagt langsam: »Heute ned mehr, Kind. Aj, was willste denn vom Konny wisse?«

Ein paar Kirschen fallen ihr zu Boden. Die guten Kirschen, die ihr Ehemann gestern gepflückt hat. Hedi hat daraus seine Lieblingsmarmelade gekocht und ein paar übrig gelassen. Für den Kuchen. Konny hat sicher den ganzen Tag in den Kirschbäumen verbracht und ist stolz mit prall gefüllten Körben zurückgekommen.

Konny liebt seine Bäume und die Katzen. Er ist ein gütiger und aufmerksamer Mann mit lieben Augen. Früher war er Lehrer, und seine Schüler haben ihn geliebt – er war wie ein Vater für sie. Deswegen war es nie ein Problem für ihn, dass Hedi keine eigenen Kinder bekommen konnte. Die beiden sind allseits als Tante und Onkel beliebt, und so lande auch ich bei ihnen. Meine Eltern nehmen das Angebot dankbar an, sie hätten auch nicht gewusst, wohin sonst mit mir, ohne Großeltern oder Verwandte in der Nähe, die auf eine Siebenjährige aufpassen können, während meine Schwester, das Baby, in der Uniklinik um sein Leben kämpft. Dass Konny besonders die kleinen Mädchen liebt, weiß Hedi. Und sie will ihm diese Freude nicht nehmen: Sicher wäre er ein guter Vater geworden.

Jetzt wiederholt Hedi ihre Frage: »Kind, was willste denn vom Konny?«

Ich schlucke. Und als ich gerade ansetzen will, schlängelt sich eine Katze um meine Beine und maunzt zu mir hoch.

Hedi lächelt und sagt: »Des is die Enkelin von deiner Katze, weißte noch, die hast du doch aufgepäbbelt! Die warn do so rabbeldürr, erinnerste disch noch?«

Die kleine Katze maunzt laut, und ich starre auf ihr Fell. Ob ich mich erinnere? Ich würde Hedi am liebsten mit den Marmeladengläsern den Schädel zertrümmern, nur damit sie spürt, was diese Erinnerung mit mir macht, *seitdem* ich mich erinnere. Stattdessen sage ich: »Hedi … es geht mir nicht gut, und ich habe das Gefühl, dass das etwas mit Konny zu tun hat.«

Hedi runzelt die Stirn und ihr Blick verdüstert sich.

»Und was soll das mi'm Konny zu tun ha'm?«

Die Luft flirrt zwischen Hedi und mir, als würde sich Strom entladen. Meine Panik und mein Fluchtinstinkt weichen der Wut, die heiß in mir aufsteigt. Ich sauge die Luft ein und schweige.

Hedi schweigt auch.

Dann wischt sie ein paar Kuchenkrümel vom Tisch und sagt liebevoll: »Jetzt ha'mer uns so lang net geseh'n, Kind, jetzt gibt's erst ma 'n Stück vom gude Kuche und dann erzählste ma, was de auf'm Herze hast!«

Dieser Satz, so warm wie der frische Kirschkuchen, bringt mich kurz aus der Fassung. Was ich auf dem Herzen habe?

Wo soll ich da anfangen, frage ich mich, während sie den Kuchen auf einen Teller legt, einen Teller, den ich nur zu gut kenne. Sie tut einfach, als wäre alles wie immer. Fürsorglich und zugewandt, in einem Haus, das immer voller Liebe für alle war. Sie tut so, als wäre ich gerade in der Nähe gewesen und hätte ihnen deswegen diesen kleinen Besuch abgestattet.

Ich folge ihr und wir setzen uns auf die Gartenstühle. Sie übergibt mir den Teller. Ich lasse ihn unberührt stehen und hole erneut aus.

»Hedi. Es geht mir schon seit vielen Jahren nicht gut, und ich glaube, dass Konny etwas gemacht hat, was er nicht hätte tun dürfen.«

Sie starrt mich an. Die kleinen Kuchengabeln fallen auf die Terrakottafliesen, und ich spüre, wie in ihr Unruhe aufkommt.

»Aha«, sagt sie, »und was soll des gewesen sein?«

Mein Puls rast, meine Schläfen dröhnen, der Schweiß rinnt mir den Rücken hinunter. Was es gewesen ist? Genau gewesen ist? Ich habe nur diese eine Szene im Kopf, die sich abspult wie ein Blockbuster, der auf allen Kanälen wiederholt wird. Eine hässliche, widerliche Szene, aber ich habe keinen einzigen Beweis. Ich habe keine Erinnerung mehr daran, wie oft und über welchen Zeitraum sich all das abgespielt hat. Meine Unsicherheit wächst mit jeder Sekunde, die ich in diesem Garten sitze, ohne ihre Frage beantworten zu können.

Und da ist wieder dieses Gefühl, das mich mein Leben lang wie ein Nebel begleitet hat. Und ganz gleich, wie sehr ich versucht habe, diesem Nebel zu entkommen, er war immer da. Mächtig und schwer, eine unheilvoll drohende Unsicherheit, größer als jede Wut, jeder Suff, jeder Schmerz. Hedis Frage stößt mich mit aller Brutalität gegen die Nebelwand. Habe ich überhaupt ein Recht, hier zu sein und Fragen zu stellen?

Ist das überhaupt passiert? Ich senke den Blick und fange an zu weinen – hier, im Garten von Hedi und Konny mit dem Blick auf die Terrakottafliesen, die sie mal aus dem Italienurlaub mitgebracht haben. Und weil ich vom Vorabend noch verkatert bin, zittere ich auch.

Hedi fragt besorgt: »Kind, was haste denn? Sach halt, was is', dann kann ich dir vielleicht helfe!«

Ich nehme all meinen Mut zusammen und spucke langsam und holprig Wortfetzen aus. »Konny hat mich ... also Konny hat mich ... und sich ... angefasst ... also, eigentlich ... musste ich *ihn* anfassen ... als ich ... als ich ... klein war.«

»Anfassen?«, wiederholt Hedi. »Was meinste jetz' damit?«

Hedi heftet ihren Blick eiskalt an meinen, ich kneife die Lippen zusammen und wische die Tränen weg. Durch den Nebel dringt langsam, aber sicher: Wut. Ich atme deutlich hörbar aus. Ich bin bereit, es zu sagen. Und auch wenn sie nur die eine Hälfte der Adressaten ist, sie muss es hören. *Ich* muss es hören. Aus meinem Mund. Vier Worte, die aus mir gemacht haben, was ich heute bin.

»Er hat mich missbraucht.«

Hedi hüstelt und schweigt. »De Konny? Dich missbraucht? Und wann soll de Konny des gemacht ha'm?«

»Ich weiß es nicht genau«, antworte ich. »Ich glaube, als du weg warst.«

Sie lächelt schief, abwertend, ungläubig. Sie spielt automatisch, routiniert die Karte, die sie womöglich nicht zum ersten Mal austeilt.

»Du *glaubst* des? Aber ich war ned weg, Kind. Ich war nie weg. Ich war immer da. Und außerdem, de Konny wär zu so was gar net fähig. Du hast da sischer was verwechselt.«

Ich versuche mein Zittern zu unterdrücken, ruhig zu bleiben. Wie könnte ich auch beweisen, dass sie nicht immer da war? Sie behauptet es mit solcher Selbstverständlichkeit, dass es echt klingt. Und sie weiß, dass ich nichts in der Hand habe, sie weiß, dass ich gegen eine Vergangenheit, in der es nur mich, sie und Konny gibt, nicht ankomme.

Ich spüre, wie sich der blanke Hass durch ihre gespielte Anteilnahme Bahn bricht.

Sie spannt ihren Bogen, richtet einen Pfeil aus Worten auf mich und schießt ihn aus nächster Nähe auf mich ab. Sie sagt etwas Unerhörtes, Verheerendes.

»Und du hast dich doch jedem uff'n Schoß gesetzt, mit deine große schwazze Auge, wer weiß, wer da was missverstanne hat?!«

Der Pfeil trifft mich mitten ins Herz. Die Spitze bohrt sich tief hinein, bis die Wunde offen klafft. Doch ich reiße mich zusammen und beuge mich so weit zu ihr vor, wie ich kann. Meine Antwort kommt langsam und deutlich.

»Hedi, ich war sieben. Sieben Jahre alt. Es gab nichts misszuverstehen. Weder für Konny noch für irgendjemanden sonst auf der Welt. Es geht mir seitdem nicht gut. Weißt du, was das bedeutet? Das bedeutet, dass ich seit Jahren leide. Ich leide, Hedi. Und ich wusste bis vor Kurzem nicht mal, an WAS. Ich möchte nicht mehr leiden. Hier ist etwas passiert, was nicht richtig war.«

Hedi steht abrupt auf und sagt: »Ich glaub, des is' wahrscheinlich besser, wenn de jetzt gehst. De Konny hat damit nix zu schaffe, und ich kann jetzt auch ned helfe. Vielleicht findste ja jemand, der des kann. Dann kannste des auch wegmache.«

Ihr Gesicht ist jetzt voller roter Flecken. Ich lache auf.

»Dann kann ich *das* wegmachen? Hedi, ich *kann* da nichts wegmachen. Es ist da. In mir. Und es wird da auch für immer bleiben.«

»De Konny hat damit nix zu tun, klär des mit wem anners!«

Sie schiebt mich hinaus. Als ich wie in Beton gegossen vor der Haustür stehe, schmiegt sich die Enkelin der Katze, die überlebt hat, weil ich geholfen habe, sie zu füttern, an meine

Beine. Sie maunzt und verlangt, dass ich sie auf den Arm nehme. Ich schaue auf sie hinunter. Tränen tropfen auf ihr Fell. Es sind meine, aber ich spüre sie nicht.

## Sucht mich nicht

Warum ich diese Absteige in dieser Seitenstraße gemietet habe, warum ich zu dieser Zeit überhaupt in dieser Stadt bin, weiß ich nicht mehr. Ich weiß nicht mal, in welcher Stadt ich bin. Ich weiß nur, dass ich nichts mehr weiß.

Es ist ein Stundenhotel, und ich sehe vom Fenster aus, wie die Huren ihre Freier akquirieren. Es ist dieses diffuse Gefühl, nicht nach Hause fahren zu wollen. Besser hier mit den Huren und ihren Freiern als zu Hause.

Ein Zuhause, das keines mehr ist, weil ich wieder bei meinen Eltern in meinem alten Kinderzimmer wohne. Und weil wir einander kaum ertragen können. Sie beherbergen mich, weil es sich so gehört, ich bin ja schließlich ihre Tochter. Die abgestürzte, versoffene Tochter, ohne eigene Adresse und ohne eigenes Bankkonto. Sie müssen tagtäglich aushalten, dass ich eine Gescheiterte bin. Aber sie müssen auch ein viel schlimmeres und viel hässlicheres Gefühl ertragen: das Gefühl, selbst gescheitert zu sein. Jeder für sich, beide mit mir. Und deswegen wollen sie ständig reden. Aber ich will nicht reden. Sie sollen mich einfach in Ruhe lassen. Ich kann ihnen noch so oft ihre Unschuld beteuern, die Gewissheit, dass es anders ist, nagt an ihnen und insgeheim wissen wir alle drei, dass es viel zu reden gibt.

Der Teppichboden im Stundenhotel ist voller Flecken, die Bettdecke dünn, unter dem Bettlaken, das nach Chlor riecht, liegt eine Auflage aus Plastik. Ich frage mich, warum das Hotel nicht auch einen sekretabweisenderen Boden gewählt hat als den Teppich, der augenscheinlich unzählige flüssige Begegnungen in sich trägt und bezeugt.

Ich fühle mich wie dieser Teppich. Dreckig. Und verschlissen.

Es ist kurz nach 15 Uhr, taghell, neben dem Bett steht eine Plastiktüte voller Weißweinflaschen und ich bin bereits so betrunken, dass ich mir beim Versuch, in diesem winzigen Zimmer zur Toilette zu gelangen, fast die Knochen breche. Ich stolpere über die Kante des Bettes und schlage mit dem Kopf gegen die Toilettentür.

Ich blute. Warme Flüssigkeit rinnt in meinen Mund und erinnert mich daran, dass ich nicht tot bin. Ich lebe – noch. Ich lebe ein erbärmliches, abgefucktes Leben. Ich bin weit weg von allem. Am weitesten von mir selbst.

Ich drücke ein Handtuch auf die Wunde und ziehe mich zurück aufs Bett. Aus den Nebenzimmern dringt Stimmengewirr und Gestöhne. Seltsamerweise beruhigt mich die Gegenwart dieser gesichtslosen Fremden. Sie sind wilde Tiere, die sich nur mühsam in die Zivilisation einfügen lassen und sich daher am Rande der Moral bewegen. So wie ich.

Seit Wochen fühle ich gar nichts mehr. Auch keinen Schmerz, keinen von innen, keinen von außen. Ich will einfach nur die nächste Flasche öffnen. Ich raffe mich auf, aber die Wunde blutet noch zu sehr. Ich drücke das Handtuch fester auf die Wunde, das Stöhnen nebenan wird lauter, rhythmischer, irgendetwas knallt zwei-, dreimal hart an die Wand, dann kehrt Ruhe ein. Die Kopfkissen sind auch aus Plastik, ich versuche meine freie Hand im Gewebe zu vergraben, aber es funktioniert nicht. Nichts hier im Zimmer lädt zu einem längeren Besuch ein.

Niemand will hier länger bleiben als nötig. Niemand außer mir.

Meine Tochter ist noch so klein und brauchte dringend ihre Mutter. Aber wie kann ich ihr eine Mutter sein, wenn ich es nicht mal schaffe, mich selbst zu bemuttern? Also ist sie bei ihrem Vater. Sie ist bei ihm, weil es *seine* Zeit ist, versuche ich mir einzureden. In Wahrheit will sie immer noch lieber bei ihm sein. Bei mir gibt es keine äußere Ordnung mehr. Ich bin eine Heimatlose, die ihrem Kind deswegen auch keine Heimat bieten kann.

Was wir früher hatten, gibt es nicht mehr. Das Einzige, was noch geblieben ist und sich nicht verändert hat, bin ich.

Es gibt immer noch eine trinkende Mutter, aber keinen Kuchen mehr, der frisch gebacken auf dem Tisch steht, keinen üppigen bunten Blumenstrauß in einer der gestreiften Vasen, keine fein säuberlich zusammengelegte Wäsche, die nach Lavendelweichspüler duftet, keine schwingenden Kleider, die wir beide tragen, keine Spiele in unserem Garten mit den Nachbarskindern, kein Abendbrot mit Gesichtern aus Gemüse und keine Höhlen, die wir alle zusammen unter dem Küchentisch bauen.

All das ist weg. Als sei es eine Attrappe gewesen, die nur darauf gewartet hat, mit dem nächsten großen Sturm weggeweht zu werden. Von der schützenden Fassade, die unser Leben umgeben hat, ist nur noch ein Kinderzimmer übrig geblieben. Aber nicht ihres – es ist meines.

Und dort will meine Tochter nicht leben, im Kinderzimmer einer Mutter, die es nicht geschafft hat, das Leben einer mündigen erwachsenen Frau zu führen. Weil sie alles kaputt gemacht hat, mit jedem durchtränkten Tag ihres sich verflüssigenden Lebens ein Stückchen mehr.

Die Fassade ist weg, die Verwüstung für alle sichtbar. Es gibt nichts mehr zu beschönigen.

Ich starre auf den verschlissenen Teppich und entdecke zwischen den Flecken einen Glanz. Ich greife nach ihm und erkenne, dass sich eine Rasierklinge im Teppich versteckt hat. Ich hole sie aus ihrem Versteck und schaue sie an. Dann lege ich sie quer auf mein linkes Handgelenk und drücke darauf. Fest.

Und in diesem Moment ruft meine Mutter an. Ich erschrecke und lasse die Klinge fallen. Und lasse es klingeln. Sie ruft wieder an. Und wieder. Und wieder. Irgendwann schalte ich das Telefon aus. Als ich mich auf das raschelnde Plastik lege, gerät plötzlich ein glasklarer, ein brachialer Gedanke wie ein Querbalken in meinen versoffenen Kopf: Ich *will,* dass sie sich um mich sorgen, auch wenn ich weiß, dass es ungerecht ist, ich will es trotzdem.

Im Bett dieses Stundenhotels liegt unter mir wieder ein Bezug aus Plastik. So wie früher. Denn meine Mutter legt irgendwann genauso einen auf meine Matratze, damit sie keinen Schaden nimmt. Weil ich nicht aufhören kann, ins Bett zu machen. Erst sind es ein paar Tage, dann werden die Tage zu Wochen. Und aus Wochen werden Jahre. Jahre voller nasser Bettlaken, durchtränkter Unterhosen, vollgepinkelter Nachthemden.

Ich spüre, wie es auch jetzt wieder warm wird zwischen meinen Beinen. So wie früher. Ich halte es nicht ein. Und mache das Bett voll. So lange, bis kein Tropfen mehr in mir ist, so lange, bis ich leer bin, bis sich die wohlige Wärme der Flüssigkeit meines Körpers in die kalte Realität meines Lebens verwandelt.

## Der Tod ist groß, wir sind die Seinen

Am Tag, als ich Hanne das erste Mal begegne, feiert sie ihren zwanzigsten Nüchternheitsgeburtstag. Das Meeting der AA in ihrer Stadt ist bis zum letzten Platz besetzt, denn solche Geburtstage sind etwas Besonderes. Vor allem für Newcomerinnen wie mich, die außer Rückfällen wenig vorzuweisen und deswegen auch nichts zu feiern haben, sind runde Geburtstage die Leuchttürme in der eigenen stürmischen See. Außerdem ist Hanne bei allen sehr beliebt. Auch bei mir. Sie ist nach dem Tod ihres Ehemannes, der bei der Army in Deutschland war und mit dem sie später in die USA gezogen ist, nach Hause zurückgekommen. Hanne hat keine Kinder und wenig Verwandtschaft, und diejenigen, die noch übrig geblieben sind, will sie in ihrer Nähe haben.

Aus Amerika bringt sie eine schöne Art, Meetings zu führen, mit, und so gehört das von ihr ins Leben gerufene englischsprachige Meeting zu meinen Lieblingen. Wann immer ich in Hannes Stadt arbeite, führt mein erster Weg mich zum dortigen Donnerstagabendtreffen der Anonymen Alkoholiker.

Ich liebe Hanne. Weil sie herzlich ist. Und lustig. Und liebevoll.

Aber auch streng. Dafür liebe ich sie am meisten. Für ihre Strenge.

Vor allem ist Hanne streng, wenn es um die anderen geht – die, die nicht befallen sind vom Alkoholismus, aber alles darüber zu wissen meinen.

Hanne kennt das blaue Buch der AA, das *Big Book*, die Bibel derer, die sich dem Programm anschließen, auswendig und lebt die Philosophie dieser besonderen 12-Schritte-Gruppe durch und durch. Sie schüttelt stets eine Antwort aus dem Ärmel, wenn ich eine Frage habe. Und ich habe eine

Menge Fragen. Sie beantwortet alles, was sie beantworten kann, bis ins kleinste Detail und ist dabei nie wertend. Jemandem ihre Meinung aufzudrücken, auf diese Idee würde sie nie kommen. Aber sie verteidigt das Programm und sie verteidigt unsere Gesundheit.

Eigentlich wertet niemand in den Räumen der AA. Weil wir alle im selben Boot sitzen und wissen, wie schnell wir kentern und absaufen können. Wenn einer von uns einen Rückfall hat, dann heißt es, komm einfach wieder, komm öfter, komm, wenn es gerade nicht anders geht, jeden Tag. Mach neunzig Meetings in neunzig Tagen, *it works if you work it,* und du schaffst das. Nur für heute.

Ich habe so viele Rückfälle wie andere Unterhosen im Schrank. Aber ich komme wieder.

Wenn es warm genug draußen ist, sitzen Hanne und ich noch stundenlang auf der Bank vor der Kirche, in der das Meeting stattfindet, und reden.

An einem jener Tage bin ich richtig aufgewühlt, nicht nur, weil zwischen meinen Trinkepisoden weniger Zeit vergeht, als mir lieb ist, und ich leide wie ein Hund, sondern vor allem, weil mich eine Kollegin genau an einem solchen *bad day* davon überzeugen wollte, dass Alkoholismus einfach ein *Mindset* sei und ich mir keine Krankheit einreden solle. Sie ist der Meinung, dass man alles im Leben mit Willenskraft und Disziplin regeln kann. Auch den Umgang mit Alkohol.

»Mimi, verstehe ich das richtig – du willst mir erzählen, dass *du* alkoholkrank bist? So ein Quatsch. Jetzt schau dich doch bitte mal an. Du siehst bombe aus. Und du bist doch sonst so diszipliniert, da wirst du es doch wohl schaffen, einfach weniger zu trinken!«

Ich versuche meiner Kollegin zu erklären, dass eben *das* nicht geht, weil ich nicht aufhören kann zu trinken, sobald ich das erste Glas intus habe. Und dass ich gar nichts trinken darf, wenn ich weiterhin unter den Lebenden weilen will. Und dass ich deswegen keine Undisziplinierte bin, sondern eine ziemlich klare Alkoholkranke, die noch trinkt.

»Aha«, hakt meine Kollegin nach, »also nie wieder trinken? So gar nichts mehr?«

Ich antworte: »Na ja, es *ist* eben eine Krankheit, und wenn man die hat, dann ist jeder Tropfen Gift. Das habe ich mir ja nicht ausgedacht!«

Meine Kollegin schaut mich mit verzogenem Mund und in Erwartung meiner Ausführungen, die sie natürlich prompt widerlegen will, an.

Ich versuche es weiter. »Wenn du eine schwere Allergie gegen, sagen wir mal, Sesam oder Nüsse hättest und wüsstest, dass dich selbst eine halbe Nuss umbringen könnte, würdest du doch nie mehr Nüsse essen wollen, oder? So ähnlich ist das bei mir. Also ja, nicht weniger, sondern gar nichts. Nie mehr. Aber erst mal nur für heute.«

Sie lacht laut auf und sagt dann: »*Come oooooon*. Das kannst du doch im Leben nicht vergleichen. Das eine ist eine Allergie, dagegen kannst du nichts tun, das andere ist Willenssache und keine Krankheit. Du *musst* ja nicht gleich die ganze Pulle aussaufen, du tust das, weil du es *willst!* Du bist doch nicht vom Teufel besessen, der dich dazu zwingt. Also lass es doch einfach.«

Ich sitze mit Hanne auf der Bank und fange schon beim ersten Satz an zu heulen. Ich erzähle ihr von dem Gespräch mit meiner Kollegin und davon, wie beschissen sich das alles für mich anfühlt. Richtig, richtig beschissen. Alles. Beschissen, noch trinken zu müssen. Beschissen, solche Meinungen aushalten zu müssen. Mich erklären zu müssen. Denn genau das ist Alkohol für eine wie mich: der Teufel, die Schlange in persona. Ich heule und erzähle Hanne, wie müde ich bin, von mir selbst, meinem Leben, davon, nicht zu begreifen, warum ich nicht aufhören kann, und nicht verstanden zu werden – von Menschen wie meiner Kollegin, die eine Meinung vertritt, die viele andere auch haben.

Mein Zustand ermüdet mich so unendlich. Und er hat rein gar nichts damit zu tun, dass ich willenlos wäre. Und es hilft mir auch nichts, wenn mir gesagt wird, mir mangele es wohl genau an diesem *einen* ausschlaggebenden Merkmal, das es mir möglich machen würde, meine Balance zu halten: Disziplin.

Und ich müsse mich einfach anstrengen.

Hanne hört zu, nickt, schweigt kurz und sagt dann: »Weißt du, es ist vollkommen egal, was die anderen für eine Meinung über uns, über unser Leben oder über Alkoholismus haben. Ihre Meinung spielt keine Rolle. Deine Sicht auf dein Leben spielt eine Rolle. Und eine Rolle spielt auch, wie du dieses Leben leben willst und welche Wege du bereit bist zu gehen, damit du es in Fülle und Liebe zu dir selbst leben kannst. Erst mal nur zu dir selbst. Verstehst du?«

Ich nicke und wische mir die Tränen aus dem Gesicht.

Hanne spricht weiter: »Alkoholismus ist eine schwere, tödliche Krankheit, das ist einfach so. Die haben wir uns beide nicht ausgesucht, kein Mensch sucht sie sich aus. Wir müssen aber nicht an ihr sterben. Trotzdem ist es alles andere als leicht, mit ihr zu *leben*. Und selbst wenn du nicht mehr trinken musst – und dieser Tag wird kommen, das verspreche ich dir, so wahr ich auf dieser Bank sitze –, sie wird nicht weggehen. Sie ist wie deine natürliche Augenfarbe – du wirst nur durch Willenskraft und Disziplin niemals blaue Augen bekommen, egal, wie sehr du dich bemühst.

Du *kennst* deine Wahrheit, Mimi, du weißt, dass du den Alkohol niemals kontrollieren kannst, weil er dich kontrolliert. Und deine Aufgabe ist es nicht, die anderen von etwas zu überzeugen, was sie weder fühlen noch verstehen können. Deine Aufgabe ist es, einen Weg zu finden, nüchtern leben zu dürfen, um nicht mehr kontrolliert zu werden …«

»… und frei zu sein«, schiebe ich hinterher.

Und Hanne wiederholt: »Und frei zu sein.«

Hanne und die Gespräche nach den Meetings auf der klapprigen Kirchenbank werden, je näher ich meiner Nüchternheit komme, zu den kleinen blauen Nadelköpfchen auf meiner inneren Landkarte, die mir zeigen, dass dieser Weg richtig ist. Bleib dran. Komm zurück auf den Weg, hier geht es entlang. Und Hanne ist auch diejenige, die mir am vehementesten eintrichtert, dass ich achtsam bleiben muss, vor allem, wenn die Gnade der Nüchternheit eingetreten ist.

»Weißt du, Kind, wenn du nüchtern lebst, sollst du sicher nicht jede Minute immerzu an Alkohol denken, aber du solltest stets im Hinterkopf behalten, dass der Teufel keines seiner braven Schäfchen einfach so hergibt. Er lässt sich ungern von deiner höheren Macht seinen liebsten Spaß verderben! Und bis zu deinem letzten Atemzug wird er auf der Lauer liegen und alles tun, damit *er* es ist, der ihn bekommt.«

An einem Tag im Oktober, ich komme gerade von einem Meeting meiner Heimatgruppe in Frankfurt zurück, erhalte ich eine Sprachnachricht, die mir den Boden unter den Füßen wegzieht.

»Liebe Mimi, Hanne ist rückfällig geworden. Sie hat es dieses Mal leider nicht geschafft. Sie wird neben ihrem Sohn beigesetzt. Die Beerdigung ist nächsten Freitag. Wenn du kommen magst, hier ist die Adresse. Bitte kein Schwarz tragen. Du weißt ja, wie bunt sie war. Ich hoffe, wir sehen uns. Tut mir leid, dass ich dir diese Nachricht überbringen muss. Deine Isi.«

Die Tage bis zur Beerdigung erlebe ich wie im Nebel.

Rückfällig geworden … Hanne? Ich verstehe es nicht. Nach so vielen Jahren. Was ist passiert? Hat sie denn niemanden angerufen? Um Hilfe gebeten? Sie wusste doch alles. Alles, was zu tun ist, wenn der Druck kommt. Warum hat sie getrunken? Und *neben ihrem Sohn* beigesetzt? Hanne hat nie einen Sohn erwähnt. Warum hat sie nie ihren Sohn erwähnt? Was wusste ich eigentlich wirklich über sie? Bin ich zu ignorant gewesen? Ging es auf der Bank vor der Kirche, nach den Donnerstagsmeetings in ihrer Stadt, nur um mich?

Mein Gedankenkarussell hört bis zum Tag von Hannes Beisetzung nicht auf, sich zu drehen. Ich hole auf dem Weg dorthin Isi ab, und die Fahrt verläuft in Schweigen. Wir haben beide einen Kloß im Hals. Ich weiß, dass wir dasselbe denken: Wenn Hanne nach so vielen nüchternen Jahren wieder trinken musste, was wird dann mit uns sein?

Der Parkplatz des Waldfriedhofs ist so wie Hannes Meetings bis zum letzten Platz besetzt. Wir müssen weit entfernt parken, so viele Menschen sind gekommen. Auch wenn Hanne immer Scherze darüber gemacht hat, wie winzig ihre Familie zum Schluss gewesen ist, wird allen schnell klar: Wir sind ihre Familie. Hunderte alkoholkranke Menschen stehen dicht gedrängt in der kleinen Trauerhalle und draußen auf dem Platz und feiern Hannes Leben. Ihre Nüchternheit. Ihren Mut. Ihre Liebe zu uns. Ihre Weisheit. Als Hannes Sarg von sechs Männern aus dem Donnerstagsmeeting aus der Halle Richtung Friedhof getragen wird, applaudieren wir. Wir klatschen, bis unsere Hände wund sind. Wir lachen. Und wir weinen.

Einen Monat später fahre ich noch mal allein zu Hannes Grab, um ihr eine kleine Eule in die Erde zu legen – denn das war Hanne für mich, so weise, so klug und so besonders wie eine Eule.

Ich betrachte die Daten auf dem Grabstein ihres Sohnes,

von dem sie nie erzählt hat. Er war fünf Jahre alt, als er starb. Und vielleicht war Hannes Schmerz am Tag seines dreißigsten Geburtstages so groß und so übermächtig, dass sie nicht wusste, wie sie ihn aushalten sollte. Und der Teufel wollte ihr nur Linderung geben, wenn sie ihm dafür ihren letzten Atemzug gab.

## Terror im Kölner Treff

Der November hat einen guten Anfang genommen und vierzehn Tage habe ich keinen Schluck getrunken. Ich denke jeden Tag an Hanne und will es schaffen. Für sie. Für mich.

Ich koche einen Kaffee und schaue dem Aufwachen meiner kleinen Stadt zu. Mein Blick schweift zum Brunnen vor meinem Fenster. Er liegt auf dem Trockenen. So wie ich. In mir regt sich ein Anflug von Euphorie. Meine Finger legen sich fest um meine Tasse, so fest, dass die Knöchel weiß hervortreten. Ich bin mir so sicher: Dieses Mal wird alles anders. Dieses Mal werde ich mir beweisen, dass ich keine Loserin bin. Ich werde das erste Glas stehen lassen, so, wie ich es gelernt habe.

Dieses Mal wird alles gut.

Aber nichts wird gut.

Am Abend sitze ich in der Talk-Sendung *Kölner Treff*, trage die rote Brille, unterhalte wie immer das Publikum und schwärme in den höchsten Tönen von meinem neuen Leben, in dem ich es geschafft habe, wirklich *alles* zu verändern. Ich reiße Witze über meine Beziehungen, baue hier und da eine rührende Anekdote ein und erzähle von meinem frischen, tollen und gesunden Lifestyle – in dem Alkohol selbstverständlich keine Rolle mehr spielt.

Bei jedem Lacher und bei jedem Applaus spanne ich einen höheren Bogen, stelle mich dar als die Siegerin, eine Überlebende dunkler Zeiten, als Phönix aus der Asche. Und spüre dabei innerlich, wie sich mein Monster erneut zum Angriff aufstellt. Schwer bewaffnet und zu allem bereit.

Ich habe mir eine seltsame Selbstkontrolle antrainiert: innerlich kaputt, äußerlich Witze reißend wie ein Clown in der Manege, der seit Jahren mit derselben Nummer unterwegs ist. Und je weiter ich mich von der Realität entferne, desto mehr Lügen kommen auf den Lügenberg, der größer und größer wird. Erst belüge ich nur mich selbst. Dann auch alle anderen. Obwohl ich mir am Morgen schwöre, dass ich es für heute schaffe, trinke ich meist schon, bevor die Sonne untergeht.

Heute ist ein solcher Tag. Ich sitze in der Talkshow und lüge, ohne mit der Wimper zu zucken, vor laufender Kamera. Nach jeder Frage, die mir gestellt wird, hole ich aus, um den größtmöglichen Unterhaltungswert zu liefern.

Und während ich in dieser illustren Runde sitze und über mein neues, perfektes Leben, das es nicht mal im Ansatz gibt, spreche, liefere ich mich widerstandslos meinem schlimmsten Feind aus: dem Saufdruck, vor dem ich seit Jahrzehnten zu flüchten versuche.

Der tiefe und unkontrollierbare Wunsch zu trinken erreicht seinen Höhepunkt, als zur gleichen Zeit während eines Freundschaftsspiels zwischen der französischen und der deutschen Fußballnationalmannschaft die erste Detonation am Stade de France hochgeht und die ersten Menschen aus ihrem Leben reißt. Niemand in der Runde ahnt, was die nächsten Stunden geschehen wird. Und vor allem ahne ich nicht, dass mich später im Hotel nicht nur der Alkohol, sondern auch die Bilder aus Paris per Schleudersitz in einen lebensbedrohlichen Rausch katapultieren werden.

Der Horror ist da. In mir drin und dort draußen.

Nach der Show gibt es einen Absacker, eine fröhliche Runde mit klirrenden Gläsern und netter Plauderei, der ich mich mit einem Glas Wasser in der Hand und der Ausrede entziehe, ich hätte noch eine wichtige Verabredung. Ich verabschiede mich zügig, immer noch weiß niemand von uns, dass die Stadt der Liebe mit Hass bombardiert wird. Mein Fahrer stammelt auf dem Weg Wortfetzen von Tod und Terror, doch nichts davon dringt zu mir durch. Das Blut rauscht laut in meinem Kopf und ich kann an nichts anderes mehr denken als an den erlösenden ersten Schluck. Und jedes Mal, wenn der Fahrer in den Rückspiegel sieht, um meine Reaktion auf seinen schauerlichen Bericht einzufangen, senke ich den Kopf. Ich will raus aus dem Auto, rein in das Zimmer, einchecken in die erlösende Flasche Bier.

Nur eine Flasche Bier, schwöre ich mir. Nur diese eine Flasche.

Grauenhaft. Alles ist grauenhaft. Mein Leben, die Lügen, die Schuld, die ich auf mich geladen habe, der tägliche Mord an meiner Seele, das Gemetzel, das ich jedes Mal, wenn ich trinke, in meiner Familie anrichte, die Bilder, die ich sehe. Als ich schon sicher bin, dass ich es nicht mehr aushalten kann, schalte ich den Fernseher ein. Über den Bildschirm flimmern unerträgliche, entsetzliche Abbilder des Bösen. Der Saufdruck gibt mir jetzt die Absolution zur Selbstzerstörung, also schütte ich das Bier runter wie Wasser. Es ist sowieso egal. Die Welt ist ein Scherbenhaufen. Ich zittere. Ich höre nicht auf zu zittern und greife nach dem Telefon. Denn ich ahne, dass das hier nicht gut ausgehen wird, wenn ich niemanden um Hilfe bitte. Aber dann kann ich nicht weitertrinken. Also lasse ich die Hand wieder sinken.

Das Monster ist längst aus seinem vierzehntägigen Schlaf erwacht und sitzt herausfordernd in der Spelunke meines trinkenden Ichs. Es gibt den Befehl und ich gehorche, wie immer.

Ich trinke und bin – wie so viele Menschen an jenem Abend – Zeuge des Grauens dieser Welt. Ich fühle die Dröhnung in mein Blut schießen und beruhige mich langsam. Der Stoff beginnt zu wirken. Ich lehne mich erleichtert und tief in die Kissen. Der Fernseher läuft laut, und ich trinke die Biere aus der Minibar. Dann leere ich die kleine Flasche Weißwein. Danach öffne ich die kleine Flasche Rotwein. Und danach tue ich, was ich noch nie getan habe. Ich greife nach den noch kleineren Flaschen. Wodka, Jägermeister, Jim Beam, und danach wieder zum Telefon. Nicht, um mir Hilfe zu holen, sondern um Nachschub zu ordern. So, wie es mir mein Monster eindringlich befiehlt. *Hol Nachschub ... hol Nachschub ... wir sind noch nicht fertig mit dir.*

Ich bestelle zwei Flaschen Wein und noch mehr Bier, sicher ist sicher. Eine geschlossene Bar ist zu gefährlich, wenn ich noch nicht genug intus habe. Der Zimmerservice bringt die Getränke mit jeweils zwei frischen Gläsern. Ich sage, dass ich Besuch erwarte, und halte dem Blick der jungen Frau, die mich etwas zu lange mustert, nicht stand. Ein kurzes Aufflackern von Scham. Aber ich bin schon zu weit hinausgeschwommen. Und die junge Frau ist genauso schnell weg, wie sie gekommen ist. Zum Glück.

Ich setze mich vor das Bett und öffne zuerst die Weinflaschen. Erst die eine, dann die andere. Jetzt das Bier. Ich trinke und versinke.

Um 00:20 Uhr stürmen Einsatzkräfte der Polizei den Pariser Nachtclub *Bataclan*, um Leben zu retten. Ich weiß nicht, ob *ich* noch zu retten bin. Ob ich den Raum, in dem ich gerade liege, lebend verlassen werde. Ob mich der letzte Schuss, den ich in wenigen Sekunden auf mich selbst abfeuern werde, tötet.

Durch mich hindurch hallt ein letztes schrilles Lachen, und ich sehe plötzlich mein siebenjähriges Ich. Ich sitze auf einer riesigen Schaukel, die sich immer höher und höher nach oben schwingt. Dann taucht eine Leuchtreklame über meinem Bett auf. Die Schlagzeile der *Bild*-Zeitung: *Alkoholdrama in Kölner Hotelzimmer, Schauspielerin Mimi Fiedler erstickt an Erbrochenem.* Ich greife mit beiden Händen nach der Reklame, sie soll verschwinden. Wenig später verliere ich das Bewusstsein.

Weit nach 12 Uhr mittags erwache ich mit dem Gesicht auf dem Boden vor der Toilette. Mühsam versuche ich mich aufzurichten, mich aufzusetzen, überall klebt Blut. An meinen Händen, auf den Marmorfliesen, auf dem Handtuch, auf der Kleidung, die ich noch immer trage. Ein Schlachtfeld. Ich suche das Zimmer mit den Augen nach Spuren ab und entdecke zerbrochene Weingläser. Glasscherben, die ich wohl irgendwann versucht habe aufzuheben. Glasscherben, die meine Hände aufgeschnitten haben. Wann bin ich noch mal aufgewacht? Habe ich komplett zugedröhnt noch mal den Zimmerservice angerufen? Oder bin ich auf der Suche nach Alkohol in den Hotelfluren umhergeirrt? Hat mich jemand dabei gesehen oder bin ich im Zimmer geblieben? War ich an der Bar? Habe ich jemanden angesprochen? Mein Kopf explodiert. Ich weiß nichts mehr von dem, was passiert ist, bevor sich der Vollrausch schwer und dunkel über mir ausgebreitet hat.

Ich stöhne wie eine Schwerverletzte und ziehe mich am Waschbecken hoch. Ein Blick in den Spiegel. Ich muss geweint haben. Da ist eine öde, verkrustete Landschaft aus Wimperntusche und Blut in meinem Gesicht. Ich starre mich an. Es ist … im ganzen Zimmer … überall … Blut ... überall Verwüstung. Ich bewege mich langsam auf das Bett zu. Die Leere nach dem Schuss.

Ich hätte längst in München sein sollen. Die Theaterprobe hat vor einer Stunde begonnen. Zig verpasste Anrufe auf meinem Telefon. Was soll ich sagen? Ich weiß nicht mal, ob ich überhaupt sprechen kann, weil mein Gaumen und meine Zunge mit Aphthen besiedelt sind. Die schmerzhaften kleinen Bläschen sind mir genauso vertraut wie die blutverschmierten Zimmer und Betten, wie die frischen Wunden auf meinem Gesicht oder die unzähligen blauen Flecken auf meinem Körper.

Ich schaue an mir herunter und überprüfe den Zustand meiner Kleidung. Und wie nach jedem Absturz in diesem Hotel bete und hoffe ich, dass mich niemand mitgenommen hat. So. Wie ich bin. Mitgenommen, benutzt und zurück auf mein Zimmer gebracht hat. Ich finde keine Spuren und fange vor Erleichterung an zu weinen.

Das Hoteltelefon klingelt mehrmals. Ich lasse es klingeln. Es klopft an der Tür, ich antworte nicht.

Ich muss duschen. Alles wegräumen: die Scherben, die Flaschen. Ich muss das Blut wegwischen. Aber ich kann mich nicht bewegen. Ich bin gelähmt vor Schmerz und schließe die Augen. Meine Lider zucken ohne Unterlass und mein Herz hämmert. Es will raus aus meinem vergifteten Körper, so wie ich auch.

Gerade erst habe ich mich überlebt und wünsche mir doch nichts mehr als Stille, nichts mehr, als dass dieses Hämmern endlich aufhört. Und mein Leben.

## Lügen haben meine Beine

Otto, der Mann, den ich nur wenig später heirate und dem ich die ersten sieben Monate unserer Beziehung verschweige, dass ich alkoholkrank bin, tritt in mein Leben.

Er lebt in München, ist Vater von vier Kindern, steht mit beiden Beinen mehr als fest in seinem Leben und hat nicht mal den leisesten Anflug eines Problems. Ich erzähle ihm von meinen. Ich erzähle ihm, dass ich immer noch meine Schulden abstottere und gerade erst wieder Boden unter *meinen* Füßen spüre. Ich erzähle ihm von meinem *Downfall,* auch von der Klinik, ich erzähle von den Männern in meinem Leben und wie kaputt jede dieser Beziehungen am Ende gewesen ist. Von meiner längsten Beziehung, meiner Beziehung zu Alkohol, erzähle ich nichts. Ich verschweige, wie kaputt sie mich gemacht hat und immer noch macht. Und dass sie über allem steht. Auch über ihm.

Wir leben in zwei verschiedenen Städten. Wenn Otto bei mir in Kronberg ist, trinke ich nicht. An den Tagen, an denen ich bei ihm in München bin, will ich ebenfalls nicht trinken, und wenn wir zu Hause bleiben, schaffe ich das auch. Gehen wir aus, gelingt es mir nicht. Wir tun das, was Frischverliebte tun. Natürlich trinken wir auch gemeinsam, wie zwei normale Menschen, die gesellig sind. Wir gehen aus, treffen Freunde, feiern Feste. Wir feiern die Feste, wie sie fallen und so oft sie fallen.

Dass ich am Ende dieser Feste auch falle, bemerkt er. Ich erkläre ihm, dass ich den Alkohol schlecht vertrage. Es hat etwas mit einer Stoffwechselgeschichte zu tun, sage ich. Er wundert sich, aber er glaubt es. Ich glaube es auch. Weil es stimmt. Ich vertrage Alkohol nicht.

Er hinterfragt es nicht. Jedenfalls nicht am Anfang. Bis ich mich an einem Abend komplett betrinke und Herzprobleme bekomme. Sie sind so stark, dass er einen Krankenwagen rufen möchte. Ich bitte ihn, es nicht zu tun, und versichere ihm, es läge an meiner Allergie gegen bestimmte Alkoholsorten. Es würde vorbeigehen. Er glaubt mir, aber er bleibt besorgt. Und schlägt vor, einfach für eine Weile gar nichts mehr zu trinken. Später wird Otto sagen, dass er wohl etwas geahnt hat, es aber noch nicht greifen konnte.

Er hält sich an unsere Vereinbarung. Ich nicht.

Zu Hause in Kronberg wünsche ich ihm abends eine gute Nacht, verabschiede mich ins Bett und kippe die bereits geöffnete Flasche Wein ab. Am nächsten Morgen stelle ich früh den Wecker, schreibe ihm eine fröhliche Nachricht und versuche, den Tag irgendwie unbemerkt zu überstehen.

Ava beobachtet die Scharade. Irgendwann steht sie hinter mir im Bad, während ich mein Gesicht restauriere.

»Mama, du darfst ihn nicht weiter anlügen. Wenn er es rausbekommt, wird das alles noch schlimmer, als es jetzt schon ist! Du musst ihm sagen, was du hast.«

Ich stütze mich auf das Waschbecken, müde, ausgelaugt. Ich bin so unendlich fertig und flüstere: »Ich weiß … aber vielleicht schaffe ich es endlich … aufzuhören. Ich habe das Gefühl, dass es bald zu Ende ist, Ava. Dann merkt er es doch gar nicht. Ich kann es ihm nicht sagen.«

Ava antwortet: »Du kannst, aber du willst nicht. Weil du dann nicht mehr trinken kannst.«

Meine Tochter ist fünfzehn Jahre alt und musste sehr schnell erwachsen werden. Sie musste, weil sie nie sicher sein konnte, wie sie mich vorfindet. Ich schaue sie an und sage: »Du hast recht … ich … ich muss es ihm sagen.«

Ich tue es aber nicht. Ich fühle mich elend dabei und lüge. Wie immer.

Die Lügen sind das Schlimmste am Trinken. Nicht mal die körperlichen Schmerzen oder das Entsetzen darüber, was für eine Mutter, was für einen Menschen der Alkohol aus mir macht, sind so schlimm wie die Lügen.

Aber was soll ich Otto auch sagen? Dass er eine Alkoholikerin heiraten will? Und dass *so eine* dann die neue Beutemutter seiner Kinder wird? Dass er sein Leben mit einer Frau verbringen wird, die nicht weiß, ob sie es je schaffen wird, ohne Alkohol zu leben? Die sich womöglich irgendwann, irgendwo einpinkelt, weil sie sich nicht im Griff hat, weil sie eine Trinkerin ohne jegliche Kontrolle über ihr Leben ist? Wie soll ich ihm sagen, dass er vielleicht mit einer Frau leben wird, die am Tag nach einem Saufanfall vor Schmerzen nicht das Bett verlassen kann und die öfter in der Notaufnahme war, als andere in den Urlaub fahren?

Ich kann es ihm nicht sagen.

Ich will nicht.

Ich muss nüchtern werden.

Ich muss, gottverdammt, endlich nüchtern werden.

## Angela

Monate vergehen. Noch immer lüge ich Otto an. Und zwinge meine Familie, für mich zu lügen. Ich bitte sie inständig darum, es mir zu überlassen, wann und wie ich ihm die Wahrheit zumuten werde.

Monate vergehen, in denen ich fast täglich in einem AA-Meeting sitze, um noch am selben Abend zu Hause zu trinken. Monate, in denen ich »Gute Nacht, Geliebter« sage und mich zusaufe, schneller als je zuvor.

Ich trinke jetzt fast jeden Tag. Und ich weiß nicht, wie lange ich das noch aushalte. Ich bin am Ende der Fahnenstange angekommen und spüre, dass es nicht mehr lange dauern wird, bis ich überdosiere und mich Ava eingepinkelt und leblos in meinem Erbrochenen vorfindet.

Ich will so nicht sterben. Ich will nicht, dass *das* das letzte Bild ist, das sie von mir hat. Ich möchte mein Kind nicht in diesem Horror zurücklassen.

Nicht mein Kind, nicht meine Eltern, nicht meine Schwester. Niemanden.

Ich möchte nicht, dass sie sagen müssen, wie ich verendet bin. Im Suff, ohne Würde und ohne Hoffnung.

Ich möchte das alles nicht. Aber der Alkohol möchte mich auch nicht loslassen.

Wenn er mich schon nicht nur für sich haben kann, dann will er mich ausradieren. Vernichten. Zerdrücken wie einen Käfer. Töten.

Ich spüre das.

Auch während ich im Zug sitze und auf dem Weg nach Berlin bin.

Es ist ein schöner, warmer Apriltag.

Die Sonne scheint durch das Fenster und malt tanzende kleine Discobälle auf die Sitze in dem Sechserabteil, das ich für mich allein habe. Dieser Moment ist so rein und so unschuldig. Hoffnung keimt in mir auf. Heute könnte der Tag gekommen sein, an dem ich aufhöre zu trinken.

Wie oft habe ich schon in Zügen nach irgendwo gesessen, wie oft habe ich der flüsternden Hoffnung Gehör geschenkt, wie oft war ich voller Vorfreude wie ein Kind. Wie oft habe ich gedacht: *Der große Tag ist gekommen – heute ist es so weit.*

Und wie oft habe ich die Hoffnung noch am selben Tag verraten und mich bis zur Besinnungslosigkeit betrunken.

Otto arbeitet gerade in Berlin. Es ist der 7. April 2018, sein Geburtstag. Wir sind seit einem halben Jahr zusammen und führen eine Fernbeziehung. Er weiß nicht, *wie* fern. Weil ich einen Umriss meiner Identität erfunden habe, eine Silhouette, ordentlich und lupenrein verpackt, mit einem akkuraten Haarschnitt und roten, präzise aufgemalten Lippen.

Bis zum neunundzwanzigsten Jahrestag meiner Beziehung mit Ally sind es nur noch wenige Monate. Ally Kohol und ich. Wir sind Bonnie und Clyde, Jekyll und Hyde. Ich weiß, dass es zwischen ihr und mir eigentlich keinen Platz für eine dritte Person gibt. Und weil Otto ihr gefährlich nahe kommt, lässt sie mich auch an dem ersten Geburtstag, den wir gemeinsam feiern, nicht aus den Augen. Ally ist wütend und hält das Messer schon in der Hand, allzeit bereit, mir tief ins Herz zu schneiden, so tief, dass ich keine Chance mehr haben werde.

Otto hat eine TV-Produktion in Berlin. Ich reise schon am Mittag an, das Hotelzimmer ist bezaubernd und hat einen eigenen kleinen Spa-Bereich.

Und eine üppig bestückte Minibar.

Ich stelle die mitgebrachten Geschenke und den Frankfurter Kranz auf den Tisch und stecke bunte Kerzen hinein. Es ist Ottos Lieblingskuchen.

Dann öffne ich erneut die Minibar und starre eine lange Minute hinein. Ich könnte sie jetzt leeren und dann zügig nach unten zur Rezeption gehen, um die Rechnung in bar zu begleichen. Ich könnte es mit Ally tun, hier an Ort und Stelle, aber ich müsste danach unsere Spuren verwischen.

Ich beschließe, es nicht zu tun. Es ist zu riskant. Ich darf nicht Gefahr laufen, Otto erklären zu müssen, warum ich um diese Uhrzeit die Minibar leer getrunken habe. Allein. Nicht hier und jetzt, nicht an seinem Geburtstag. Ich verlasse das Hotel und suche nach Restaurants, in denen sich möglichst wenig Menschen aufhalten. Ich darf nicht erkannt werden oder womöglich auf jemanden treffen, den ich kenne. Aber ich bin eine geübte Trinkerin, ich kenne mich aus. Ich verhalte mich unauffällig und trinke in jedem Restaurant, das ich innerhalb der nächsten vier Stunden aufsuche, immer nur ein Glas. Ein großes Glas Chardonnay. Ich mische die Art des Alkohols nicht und trinke dazu Wasser.

Bevor ich die Restaurants verlasse, suche ich die Toilette auf. Die Flüssigkeit rinnt wie ein Wasserfall aus mir heraus und pumpt trotzdem gleichzeitig meine Zellen auf.

Heimlich, kaum sichtbar, schwellen meine Hände und Füße an. Ich spüre die Spannung und weiß, dass ich jetzt aufhören muss, damit der Pegel nicht kippt und damit ich den restlichen Tag so unauffällig und geräuschlos wie möglich über die Bühne bringen kann.

Bevor Otto im Hotel ankommt, dusche ich lange, föhne meine Haare, schminke mich neu, ziehe mich hübsch an, parfümiere mich und spüle mit Mundwasser den süßlichen Geruch des Chardonnays weg. Und weil ich weiß, dass die Frische nicht lange anhält, behalte ich es in Griffnähe, damit ich nachspülen kann.

Ich bin angetrunken, aber nicht betrunken. Ich verhalte mich unauffällig.

Er bemerkt nichts und freut sich sehr über meinen Besuch, den Kuchen, die Geschenke, meine Aufmerksamkeit und meine Liebe. Er erkundigt sich nach meinem Tag, und ich sage, ich sei lange durch Berlin spaziert, schön sei das gewesen. Von dem, was ich schon intus habe, erzähle ich nichts. Wir brechen auf und treffen im *Borchardt* Ottos Geburtstagsgesellschaft. Er hat eine lange Tafel reserviert.

Die Stimmung ist fröhlich und ausgelassen, es ist sein Abend und seine Feier. Am Nebentisch sitzt Angela Merkel und isst ein Wiener Schnitzel. Wir machen Scherze darüber, ob wir sie zu uns herüberholen sollen. Wir haben eindeutig mehr Spaß. An ihrem Tisch und draußen vor der Tür stehen Bodyguards und passen auf sie auf.

Auf mich passt keiner auf.

Ich stoße mit den anderen auf Otto an und halte eine Rede. Es ist mein zweites Glas, meine Zunge ist schwerer geworden, aber ich habe immer noch die Kontrolle über mich. Die Stimmung wird ausgelassener, die anderen trinken auch. Ein Freund von uns ist Magier und will uns beweisen, dass er es schafft, innerhalb weniger Sekunden einen von uns in Hypnose zu versetzen.

»Wer will?«, fragt er, und alle zeigen auf mich.

Er schafft es. Er versetzt mich vor aller Augen am Tisch in Trance. Ich habe keine Kontrolle mehr, und als ich wieder zu mir komme, ist der Schalter umgelegt und ich bin komplett betrunken. Die anderen applaudieren.

Es ist Magie! Was für eine magische Aktion! Der Boden unter mir wird butterweich, der Moment, mich zu verabschieden, Übelkeit oder irgendetwas anderes vorzuschützen, ist da. Ich sollte jetzt verschwinden, denn der Damm ist gebrochen, die Überschwemmung droht und es gibt ab jetzt nur noch eine Steuerfrau: Ally.

Aber ich bleibe und nehme ein randvolles Glas Chardonnay entgegen, das der Kellner mir reicht, ohne dass ich es bestellt hätte. Ich überlasse nun Ally Kohol vollkommen wehrlos das Spielfeld und kippe das Glas herunter. Niemand bemerkt, dass ich nicht mehr klar bin, niemand bemerkt, wie oft ich versuche, vom Tisch aufzustehen, niemand bemerkt, wie viel Mühe es mich kostet, die Stufen hinunter zu den Toiletten zu überwinden. Niemand registriert, dass ich mich hinaus an die Luft schiebe wie eine Erstickende. Die frische Luft trifft mich wie ein Boxhieb mitten in die Magengrube. Ich schließe die Augen. Als ich sie wieder öffne, eskortiert einer der Bodyguards seinen Schützling durch die Tür und an mir vorbei. Ihr Blick trifft auf meinen, sie lächelt mich an. Ihr Lächeln ist mild, so liebevoll. Als ich versuche, zurückzulächeln, entgleitet mir jedes einzelne, streng geheim gehaltene Gefühl und ich fange an zu weinen. Sie hält kurz vor mir inne und wird im selben Moment weitergeschoben. Das Auto, in dem die Bundeskanzlerin davonfährt, um unser Land zu regieren, wird kleiner. Mein eigenes Land ist verwüstet, abgebrannt, ausgelöscht. Es herrscht Krieg, ich bin von der Feindin besetzt. Seit fast dreißig Jahren herrscht in mir Krieg. Niemand ist da, der mich verteidigt.

Otto tritt irgendwann aus der Tür, weil er nach mir sucht. Ich friere, und er fragt, was mit mir los ist. Ich antworte nicht.

Er bringt meinen Mantel, hüllt mich darin ein, setzt mich auf eine Bank und bezahlt dann die Rechnung. Wir verlassen das Restaurant, die anderen feiern weiter. Der Mann an meiner Seite, der mit seinen Freunden seinen Geburtstag begehen sollte, anstatt mich ins Hotel zurückzubringen, macht mir keine Vorwürfe. Er ist besorgt um mich. Ich wünschte, ich könnte ihm sagen, wie berechtigt seine Sorge ist. Aber ich kann nichts mehr sagen, weil ich sprachlos bin, verstummt. Kein Wort kommt aus mir heraus.

Am nächsten Morgen wird er mir sagen, dass ich vor ihm stand wie ein verlorenes Kind. Und ob es *jetzt* etwas gäbe, das ich ihm sagen möchte. Ich verneine, tonlos. Immer noch stumm. Er umarmt mich. Fest. Und lässt mich minutenlang nicht los. Als er die Umarmung schließlich löst, sagt er: »Es kommt alles zu Gottes Zeit, Mimi.«

Ich nicke schweigend und lächele. Dann gehe ich zum Tisch, schneide den Geburtstagskuchen an und gebe ihm ein großes Stück.

## Cheating on a Cheat Day

Auf den Tag genau, drei Monate später, ist es so weit. Die Wahrheit kommt ans Licht. Vehement und gewaltig und glasklar. Sie lässt mir einfach keine Möglichkeit mehr, sie zu unterdrücken, und kommt als Gin-i aus der Flasche. Oder besser aus *den* Flaschen.

Sie kommt mit einer meiner Freundinnen.

Aus Berlin.

Meine Freundin weiß – wie alle außer Otto und seiner Familie –, dass ich Alkoholikerin bin. Sie weiß, wie verzweifelt ich versuche, nüchtern zu werden, und sie würde niemals mit mir zusammen trinken. Die drei Flaschen Gin bringt sie Otto mit, ihr neuer Freund hat eine Gin-Destillerie und möchte meinen Freund mit dem feinen Stöffchen beschenken.

Ich erzähle Otto am Telefon, dass er drei Flaschen geschenkt bekommt. Auch wenn er immer noch keinen Alkohol trinkt, Gin mag er. Für später, denke ich. Ich bin ja eh außer Gefahr, denn ich trinke nur Wein oder Bier. Außerdem habe ich einen guten Tag. Weil ich es geschafft habe, am Tag davor nicht zu trinken. Und ich werde es auch heute schaffen. Ich bin so sicher.

Ich hole meine Freundin vom Bahnhof ab, es ist ein herrlicher Julitag. Ich bin euphorisch und beschwingt. Und katerlos.

Meine Freundin steigt genauso beschwingt ins Auto, wir begrüßen einander herzlich und fangen sofort an zu plaudern. Während wir vom Frankfurter Hauptbahnhof nach Kronberg fahren, erzählen wir einander von unseren neuen Lieben.

Lachend sage ich, dass Otto mein *JackpOtto* ist, und sie lacht mit mir. Und dann fragt sie mich in mein Lachen hinein, wie es mir denn gerade mit dem Alkohol geht, und immer noch lachend erwidere ich, wie ferngesteuert, als wäre es die Wahrheit und nichts als die Wahrheit: »Ach Mensch, das hab ich dir noch gar nicht erzählt! Ich nehme an so einem neuen Alkohol-Experiment an der Uniklinik teil, ziemlich erfolgreich sogar, und es ist total crazy, wie gut das funktioniert!«

Sie hakt interessiert nach: »Ach ja? Was denn für ein Experiment?«

Ich zucke nicht mal mit der Wimper, die neue Lüge sprudelt einfach aus mir heraus, als hätte es sie schon immer gegeben. So, als hätte ich sie nicht gerade eben erst erfunden.

»Ich darf einmal im Monat einen *cheat day* einlegen. Und Alkohol trinken. So viel ich will.«

Sie stutzt kurz und schaut mich prüfend von der Seite an. »Echt? Und das funktioniert?«

»Ja«, antworte ich, »ich hätte das auch nie gedacht, aber es ist so. Und zur Feier des Tages habe ich mir den von diesem Monat für – tadaaaaaa! – *heute* aufgehoben.«

Meine Freundin ist immer noch irritiert, aber sie weiß, wie ernst mir das mit der Nüchternheit ist. Und deswegen glaubt sie mir.

Ich erzähle ihr, dass Otto gesagt hat, er würde uns eine der drei Flaschen Gin schenken, und sie antwortet, dass wir uns ja jede *ein* Getränk gönnen könnten. Mehr müsste es heute doch nicht sein.

»Oder?«, fragt sie. »Wir müssen ja nicht übertreiben.«

Später sitzen wir im Garten und nippen beide genüsslich an unseren Gläsern. Ich lobe den Gin ihres neuen Freundes und wir trinken wirklich nur dieses eine Glas. Ich kann das. Ich kann es sogar gut. Weil ich weiß, dass ich die Flasche leer trinken werde, wenn sie schläft. Um 23 Uhr sage ich ihr, dass ich müde bin und wir ja morgen weiterplaudern könnten. Sie geht ins Gästezimmer, ich in mein Schlafzimmer. Voller Aufregung darüber, dass ich gleich an den guten Stoff komme, warte ich ab, bis sie eingeschlafen ist. Sie ist eine tolle Freundin, denn sie tut es zügig.

Als nach meinem Klopfen an ihrer Tür kein Laut zu mir dringt, gehe ich zum Kühlschrank und bereite mir einen Drink zu. Viel Gin, wenig Tonic. Ich kippe zwei volle Gläser ab und setze mich dann auf die Terrasse, weil die Nacht so mild ist. Ich bin in dem Zustand, in dem ich sein wollte. Taumelig, glückselig, irgendwie stolz auf mich, wie gut ich das alles hinbekommen habe. Ich muss Otto noch Gute Nacht sagen, denke ich. Ich rufe ihn an. Es klingelt durch. Besser keine Sprachnachricht senden, vielleicht hört er es doch raus. Lieber so tun, als wäre ich kurz vorm Einschlafen, wenn er hoffentlich gleich zurückruft. Er ruft aber nicht zurück. Er ist bei einem Geschäftsessen und an den Tisch zurückgekehrt. Ich schreibe ihm ›Gute Nacht, ich liebe dich‹.

Ich gehe hinein, zurück zum Kühlschrank, und will nachgießen. Leer. Die Flasche ist leer.

Und weil der Teufel will, was er immer will, öffne ich die zweite Flasche Gin. Und trinke sie innerhalb einer Stunde leer. Trinken, pinkeln, trinken, pinkeln. Die Mühe, zur Toilette zu laufen, mache ich mir nicht mehr. Wie ein Hund pinkele ich in den Garten.

Um kurz vor eins ruft Otto an. Ich gehe nicht ran. Noch nie hat er mitten in der Nacht angerufen, wenn ich geschrieben habe, dass ich schlafen gehe, nachdem ich ihn vorher nicht erreicht habe. Er ruft noch mal an. Und noch mal. Vielleicht ist etwas passiert?

Ich gehe ran.

Ich lalle. Ich bekomme keinen klaren Satz heraus. Er fragt mich, wo ich bin.

»Suhause«, lalle ich.

Eine kurze Pause.

Er fragt: »Sag mal, bist du betrunken?«

Ich schrecke zusammen, fühle mich ertappt, als wäre diese Frage der Schlüssel zum Tor meines Lügengebäudes, und lege auf.

Ich lege nicht nur auf, ich schalte mein Handy aus. Und trinke weiter.

Beim Pinkeln im Garten kippe ich zur Seite und krieche danach auf allen vieren zurück ins Haus. Ich krieche über Steinboden. Später werde ich Hautfetzen von meinen Knien in den Steinritzen finden.

Irgendwie schaffe ich es in mein Bett.

Am nächsten Tag komme ich erst gegen 13 Uhr langsam wieder zu Bewusstsein. Unfassbare Schmerzen. Meine Beine sind blutig und ich muss auf mein Gesicht gefallen sein. Aber dieses Mal sind es Schmerzen im Endstadium, noch nie zuvor war ich an diesem Punkt. Ich versuche, mich aus dem Bett zu schälen, aber es geht nicht. Ich schließe wieder die Augen. Schlafen … nur noch schlafen.

Eine Stunde später steht Ava an meinem Bett und schüttelt mich. Sie hat bei ihrer Freundin übernachtet.

»Mama, sag mal, was zum Teufel ist wieder los mit dir? Otto versucht seit Stunden, dich zu erreichen!«

Ich stöhne irgendetwas, dann überrollt mich die heftigste Übelkeit, die ich je gespürt habe. Ich krächze, dass ich einen Eimer brauche. Ava rennt hinunter in den Waschkeller und holt einen. Sie kann ihn gerade noch rechtzeitig unter meinen Mund halten.

Ich erbreche mich, mehrmals. So heftig, dass ich irgendwann Blut spucke.

Mittlerweile steht auch meine Freundin völlig betreten im Türrahmen und flüstert, dass es ihr so unendlich leidtut, sie hätte mir nicht glauben dürfen, aber ich sei so überzeugend gewesen. Sie schaut mich an und fängt an zu weinen. Ich versuche ihr zu sagen, dass es nicht ihre Schuld ist. Ich kann aber nicht, ich muss mich wieder übergeben.

Ava fragt mich, ob sie einen Arzt rufen soll. Ich schüttele den Kopf, sage: »Otto … bitte … ruf … Otto an.«

»Nein, Mama!«, entgegnet sie mit fester Stimme. »Das machst du bitte selbst.«

Vierzig Minuten später schaffe ich den Anruf.

Ich kann immer noch kaum sprechen. Ich spüre, dass mein Gaumen voller Bläschen ist, jedes Wort, jede Bewegung verursacht Höllenschmerzen.

Er ist stinksauer. Was das alles soll, fragt er, warum ich mich so volllaufen lasse, mitten in der Woche, und warum ich überhaupt trinke, wir hätten doch eine Verabredung, erst mal nichts zu trinken, hätte ich ihm nicht gesagt, dass ich Herzschmerzen habe? Und wo ich überhaupt heute Nacht gewesen sei?

Ich versuche ihm zu antworten und kann nicht. Ich kann nichts sagen, nicht atmen, mein Brustkorb fühlt sich so zusammengequetscht an, als sei mir ein Auto mit voller Geschwindigkeit dagegengefahren.

»Bekomme ich keine Antwort?«, fragt er in vehementem Tonfall.

Und dann zerschlagen vier Wörter die gläserne Wand zwischen Otto und mir. Klar und deutlich, unmissverständlich, sage ich: »Ich bin eine Alkoholikerin.«

Er schweigt eine gefühlte Ewigkeit lang. Dann fragt er: »Was heißt das, du bist eine Alkoholikerin?«

Ich flüstere: »Es heißt, dass ich trinke. Ich trinke schon immer, Otto … Und ich habe auch die letzten sieben Monate getrunken.«

»Wann hast du getrunken?«, fragt er ungläubig. Sein Tonfall ist hart.

»Nachdem ich dir Gute Nacht gesagt habe.«

Wieder schweigt er. Langsam scheint die Bedeutung dessen, was er gerade vernommen hat, zu ihm durchzudringen. Er fragt: »Jedes Mal?«

Ich antworte: »Meistens – ja.«

»Allein?«, will er wissen.

»Allein. Immer … so wie immer.«

Und dann erzähle ich ihm, so gut ich kann, die Wahrheit. Meine Wahrheit. Dass ich eine Lügnerin bin. Und deswegen auch ihn angelogen habe. Um trinken zu können. Er fragt mich, ob ich schon morgens trinken muss, ich verneine es. Er fragt mich, ob ich harte Sachen trinke, ich verneine es. Der Gin in dieser Nacht, das sei das erste Mal gewesen.

Er stellt Fragen, ich antworte.

Er hört zu. Und beginnt zu verstehen. Er urteilt nicht. Und verurteilt mich nicht. Er sagt, ich hätte es ihm gleich sagen sollen. Ich antworte, dass ich mich geschämt habe und, was viel schlimmer sei: dass ich weitertrinken wollte.

»Was müssen wir jetzt tun, damit du gesund wirst?«, fragt Otto.

»Ich darf nicht mehr trinken«, sage ich. »Sonst …« Ich schlucke.

»Sonst was?«, hakt er nach.

»Sonst will ich nicht mehr leben, Otto.« Dann fange ich an zu weinen und sage: »Ich kann das nicht mehr.«

Otto lässt mich weinen. Er atmet ruhig. Und seine Ruhe überträgt sich auf mich. Dann sagt er: »Du wirst aber leben, und was meinst du, wie schön dieses Leben sein wird!«

# Tripping

Es ist Anfang Juli. Otto weiß jetzt, dass die Frau, die er zum Altar führen möchte, nicht nur hier und da mal einen über den Durst trinkt, sondern eine handfeste Alkoholikerin ist. Eine, die in den ersten sieben Monaten der Beziehung nicht ihm, sondern nur sich selbst reinen Wein eingeschenkt hat.

Und ich gerate nicht nur deswegen in Panik, sondern vor allem, weil mir eine Reise mit unserer riesigen Sippe ohne jegliche Rückzugsmöglichkeiten bevorsteht. Otto hat uns allen, damit wir uns besser kennenlernen, zu unserem ersten gemeinsamen Weihnachtsfest einen kleinen Städtetrip in die USA geschenkt. Ich kenne mich nur zu gut und bin schon vor Abflug komplett überfordert. Heimliches Trinken – ausgeschlossen. Ich stehe ganz oben auf der Beobachtungsliste.

Auch wenn ich nicht trinken *will*, auch wenn ich nüchtern bleiben *will*, beginnt mein System in den drei Wochen bis zur Abreise komplett durchzudrehen. So viele Städte, so viele Menschen nonstop um mich herum, so viele Eindrücke, garantiert so viel Saufdruck, dem ich standhalten muss.

Ich besuche in diesen drei Wochen häufiger als jemals zuvor die Meetings der AA, ich meditiere zwei Mal am Tag, atme bewusst, bringe jedes noch so kleinste Gefühl zu Papier, trinke frisch gepresste Säfte, versuche meine Gedanken umzulenken, aber der Saufdruck in mir steigt bereits jetzt wie der Pegel eines Flusses, der kurz davor ist, alles um sich herum zu überschwemmen.

Ich trinke nicht, weil ich mich meinem zukünftigen Mann gegenüber geoutet habe und weil jede neue Lüge eine zu große Kluft zwischen uns reißen würde, die weder er noch ich überwinden könnte. Ich rede mir auch ein, dass ich es dieses Mal schaffe.

Das hier, das ist meine allerletzte Chance. Ich weiß das.

Aber ich trinke nicht deshalb *nicht,* weil ich nicht trinken will. Ich will trinken. Jede Faser in mir will das. Und ich weiß nicht, wie ich es schaffen soll. Wie soll ich es bewerkstelligen, ab jetzt nicht mehr das zu tun, was ich neunundzwanzig Jahre lang getan habe? Seit acht Jahren habe ich sogar eine amtliche Bezeichnung für mich und für das, was mich steuert und mich wie eine Marionette an unsichtbaren Fäden dorthin bewegt, wo es mich haben will: den Mund am Glas, in dem die Eiswürfel im Alkohol baden, voller Vorfreude auf den Rausch, den er gleich bringt.

Acht Jahre Gewissheit und so unendlich viele Vorsätze, so unendlich viele Versuche. So unendlich, unendlich viele Versuche, die Fäden durchzuschneiden, um doch jedes Mal kläglich zu scheitern. Jeder durchgeschnittene Faden wächst spätestens ein paar Tage später nach wie Unkraut.

Otto weiß zwar jetzt, dass ich trinke und dass ich es tue, weil ich süchtig bin. Aber er ahnt nicht, was die Sucht wirklich für mich bedeutet. Er ahnt nicht, dass die Sucht stärker ist als jede Liebe, sogar stärker als die Liebe zu meiner Tochter, für die ich ohne Weiteres mein Leben geben würde, wenn ich müsste. So stark, dass ich es trotzdem nicht schaffe, mein Leben zu schützen, damit ich ihres weiterhin begleiten kann. Die Sucht ist die große Überschrift meines Lebens. Und auch derjenigen Menschen, die mich mit ihr teilen müssen, ob sie wollen oder nicht. Otto ahnt nicht, in was für einem Horrorfilm ich lebe und wie unmöglich es mir erscheint, diesem Horror zu entfliehen.

Niemand ahnt das.

Und ich kann es auch niemandem erklären, der nicht genauso süchtig ist wie ich.

Der Roadtrip steht kurz bevor, und ich frage mich minütlich, wie ich es hinbekommen soll, mich beisammenzuhalten, nicht auffällig zu werden, mich in eine Gruppe einzufügen, in der ich gar nicht sein will. Es ist nicht wegen der Kinder, auch nicht wegen Otto. Sondern ausschließlich wegen mir selbst. Mein Eremitendasein der letzten drei Jahrzehnte hat mich zu einer Aussätzigen gemacht, die nicht weiß, wie sie sich ohne die Möglichkeit, Gefühle am Ende des Tages ausschalten zu können, verhalten soll. Ich trete schutzlos und aufgerieben eine Reise an, die in jedem Moment, den ich mit den anderen verbringen werde, ohne dass ich mich betrinken kann, die Gefahr einer unkontrollierbaren Gefühlsexplosion birgt.

Aber es ist, wie es ist. Ich kann nicht mehr zurück und beschließe, meinen Showgirl-Modus einzuschalten. Nur für die Dauer der Reise. Du schaffst das, Mimi, sage ich in jeden Spiegel, an dem ich vorbeilaufe. Und mein Suchthirn, tief verwurzelt in den Katakomben meines bisherigen Lebens, schiebt hinterher: Danach kannst du wieder trinken. Du machst einfach, was du immer gemacht hast. Was du am allerbesten kannst: trinken. Und lügen.

## Lost and Found

Die erste Stadt, in der wir einchecken, ist New York. Unser Hotel liegt im hippen Stadtteil Brooklyn. Es ist Kaiserwetter, der New Yorker Himmel strahlt wolkenlos, es ist warm und einladend. Wir sind in den USA, dem Land der unbegrenzten Möglichkeiten, und ich habe fest vor, diese Reise mit den Kindern und Otto in vollen Zügen zu genießen, ohne ständig daran zu denken, dass ich lieber voll wäre. Und allein. Als hier zu sein. Mit den anderen.

Ich bin schon einmal in New York gewesen, vor vielen Jahren. Der Aufenthalt war kurz. Dafür heftig. Denn auch hier habe ich getrunken. So wie an jedem Ort, wohin ich jemals einen Fuß gesetzt habe. Es gibt keinen einzigen, an dem ich gewesen bin und mich nicht betrunken habe. New York soll eine Premiere werden. Diesmal will ich mich nicht betrinken.

Und damit ich innerlich sicherer werde, suche ich gleich nach der Ankunft im Hotel im Internet nach AA-Meetings in der Nähe. Für alle Fälle. Bevor es kippt, gehe ich hin. Nehme Platz in den Räumen, die Menschen wie mich kennen. Die Stimme aus meinem Suchthirn, die mir kurz vor Abflug noch mal klar und deutlich gesagt hat: »Danach kannst du wieder trinken«, ist auf leise gedreht. Ich will sie nicht hören. Nicht während dieser Reise und auch nicht später.

Ich fühle mich stabil, so stabil, dass ich übermütig werde und fast vergesse, mit wem ich unterwegs bin. Und dass das Monster in meinem Kopf natürlich nicht zu Hause geblieben, sondern mitgeflogen ist. Selbstverständlich First Class. Ausgeruht und allzeit bereit.

Die Ausflüge mit der großen Reisegruppe, die meine neue Patchworkfamilie ist, überfordern mich schon nach zwei Tagen. Otto ist geschäftig, er hat alles durchorganisiert und keinen Raum für Rückzug gelassen. Ich möchte nicht unhöflich sein, er hat sich Mühe gegeben, und ich will unter keinen Umständen die Einzige sein, die eine Sonderbehandlung braucht. Aber ich brauche sie. Dringend.

Draußen ist mir viel zu heiß, drinnen viel zu kalt, die Klimaanlagen sind maximal aufgedreht, so wie ich auch. Der Lärm der Stadt, das permanente Hupen, die unzähligen Menschen, die wie Ameisen kreuz und quer durcheinanderlaufen, die von überallher in meine Nase kriechenden Gerüche – billige Parfums, Schweiß, der Dunst der Restaurants, die Abgase – lähmen mich, und ich kann mit dem Tempo der anderen nicht mithalten.

Wir sind auf der Fifth Avenue, ich renne einem grauhaarigen Mann hinterher, klopfe ihm, als ich ihn endlich einhole, auf die Schulter und sage: »Otto! Bitte … warum … rennt doch nicht so.« Aber Otto ist nicht Otto, ich stottere: »*Excuse me, Sir, I thought you were my husband.*«

Der Mann murmelt irgendetwas und setzt seinen energischen Gang fort. Wie alle anderen Menschen, die sich mit mir zusammen auf der Fifth Avenue befinden. Ich kann nicht weiterlaufen, meine Beine werden butterweich, ich bleibe stehen und habe plötzlich das Gefühl, als hätte mich jemand auf eine Drehscheibe gestellt.

In diesem Moment ist es völlig egal, ob ich existiere oder nicht. Ich bin wertlos für diese Welt. Es ist kein Unterschied, ob ich tot oder lebendig bin.

Ich spüre es mit jeder Zelle meines Daseins, während ich auf dieser sich immer schneller drehenden Scheibe stehe und sich mein Schwindel langsam, aber sicher in Saufdruck verwandelt, weil ich am helllichten Tag, ganz allein, ohne ein vertrautes Gesicht in meiner Nähe, ohne eine Hand, die ich greifen kann, mir selbst überlassen bin. Ich will einfach nur trinken. Und gleichzeitig will ich aufhören zu sein, und ich weiß nicht, ob ich jemals wieder wegkomme von diesem Flecken Erde. Ich frage mich, warum ich nicht einfach sterben kann, warum ich so, wie ich bin, existieren muss. Warum?

In dieser Sekunde wird mein innerer Druck so stark, dass der Damm nicht mehr hält. Keine Chance, die Flut einzudämmen, ich werde mitten auf der Fifth Avenue mitgerissen und von einer Panikattacke überrollt. Mein Herz rast, springt mir wie früher fast aus der Brust, ich fange an zu zittern wie Espenlaub, der Schweiß rinnt wie Wasser von meinen Händen. Ich hocke mich auf den Bürgersteig, weil ich nicht umfallen will, aber die Menschen, die an mir vorbeigehen, rempeln mich an, ich bin unsichtbar. Dann kippe ich zur Seite und bleibe liegen.

Eine ältere Frau beugt sich über mich, berührt meinen Arm und sagt: »*Miss, are you okay, Miss? Can you hear me? Miss, is everything okay with you?*«

Ich setze mich mühsam auf. Sie schiebt ihren Arm unter meinen und stützt mich. Sie ist besorgt und fragt wieder: »*Are you okay, Miss?*«

Mein Blick heftet sich an ihren, als könnte sie mich retten vor der Flut. Ich fange an zu weinen und bekomme nur drei Worte heraus. Ich wiederhole sie immer und immer wieder.

»*I am lost.*«

## Eloï, Eloï, lema sabachthani

Die Frau beruhigt mich, bleibt neben mir in der Hocke, bis ich wieder ruhiger atme. Sie fragt, wo ich wohne, ich sage ihr, wie das Hotel heißt, sie hält ein Taxi an und fragt mich, ob sie mitfahren soll oder ob ich es allein schaffe. Ich schaffe es allein. Dann setzt sie mich hinein, ich bedanke mich bei ihr, inständig: »*Thank you so much, so much.*«

Sie nimmt mein Gesicht in ihre Hände und sagt: »*Always remember that you are loved and that Jesus is with you. He said: Come to me, all you who are weary and burdened, and I will give you rest.*«

Ich senke meinen Kopf. Sie weiß nicht, was ich ihm abverlangt habe, in meinem Kinderzimmer, die Jahre danach, sie weiß nicht, was für eine Enttäuschung ich für ihn gewesen sein muss. Sie weiß nichts von meinen Meetings bei den AA und meiner Suche nach meiner höheren Macht. Sie weiß nicht, dass sie sich einfach nicht zeigen will. Und dass ich darüber so verzweifelt bin, dass ich mir oft wünsche, einfach zu sterben. Obwohl ich so, so gerne lebe. Sie nickt, als hätte sie meine Gedanken gelesen. Und sagt: »*I feel you, my love. But don't give yourself up. Turn your head to Jesus.*«

Ich sitze im Taxi in New York, unter Millionen von Menschen, ich sollte glücklich sein, erleichtert, zuversichtlich, mutig, entschlossen. Aber ich fühle nichts davon. Ich fühle mich wie der einsamste Mensch auf der Welt. Ich fühle mich so unendlich zerbrochen. Ich bin hier mit unseren Kindern, Otto hat sich so viel Mühe gegeben, diese Reise für uns zu organisieren, ich darf das nicht kaputt machen. Ich möchte den Kindern keine Bürde mehr sein, sie sollen sich leicht fühlen, ohne meine Last mittragen zu müssen.

Aber ich muss reden, ich muss mich mitteilen, es muss raus aus mir.

Zurück im kühlen Hotelzimmer, klingt der Satz dieser Frau, die wie ein Engel an meiner Seite aufgetaucht ist, in meinem Inneren nach wie ein Echo. *Turn your head to Jesus … turn your head to Jesus …*

Ich knie mich vor das Hotelbett und senke den Kopf. Ich fange wieder an zu weinen. Und ich fange an zu beten.

»Ich flehe dich an, Jesus … wenn ich dir nur irgendetwas bedeute … nimm diese Last von mir. Bitte, bitte, ich flehe dich an, nimm sie von mir.«

Und als würde eine unsichtbare Schnur meinen Kopf heben, schaue ich nach oben, durch das Fenster hinaus in die Weite der Stadt. Und als hätte der Himmel das größte Friedensangebot ausgesendet, das ein einzelner kleiner Mensch je erhalten hat, sehe ich Hunderte weißer Tauben in den Himmel steigen. In enger Formation drehen sie eine große Runde und fliegen ein kurzes akrobatisches Spektakel, bevor sie zügig aus meinem Sichtfeld verschwinden.

## What if God Was One of Us?

Seit acht Jahren sitze ich nun schon in den Gruppen der Anonymen Alkoholiker. Ich habe Meetings quer über den Globus absolviert und Hunderte Geschichten gehört, in denen sich meine eigene Geschichte jedes Mal spiegelt. Es spielt keine Rolle, ob ich in Los Angeles mit berühmten Persönlichkeiten zusammensitze, mit Obdachlosen in Köln oder mit Hausfrauen im Taunus. Alle haben wir eines gemeinsam: Wir sind krank und wir wollen gesund werden.

Ich lausche den Geschichten, verinnerliche die Überschriften und hänge der These an, dass es eine höhere Macht gibt, die mich retten kann und wird. Und dass meine Genesung keine Willensfrage ist – im Gegenteil.

Und jedes Mal bin ich mir so sicher: Dieses Mal werde ich es schaffen! Aber nach jedem erneuten Scheitern, jedem nächtlichen Besuch an der Tankstelle, um heimlich billigsten Fusel herunterzustürzen, wird der Jammer größer.

Warum scheine ich die Einzige zu sein, die es nicht schafft? Inmitten all dieser Solidarität und Wärme, umzingelt von Genesungsgeschichten, sitze ich im Abseits und fühle mich wie eine Verliererin. Je weiter meine Heilung in die Ferne rückt, desto verzweifelter werde ich, desto mehr Alkohol brauche ich und desto bodenloser falle ich ins Leere.

Immerhin muss ich nun niemandem mehr etwas vormachen. Absolut jeder in meinem Umfeld weiß, dass ich trinke und wie viel.

Wir sind zurück aus Amerika, ich habe die Reise mehr schlecht als recht überstanden. Jede neue Stadt wurde zu einer neuen Herausforderung, und jedes Mal aufs Neue war ich sicher: Hier kippe ich.

Und obwohl ich nicht gekippt bin, sondern wieder zu Hause, ohne heimlich gekippt zu haben, fühle ich mich weder gestärkt noch froh. Ich bin komplett energielos und ausgelaugt. Ich fühle mich bis aufs Letzte aufgebraucht und reise wenig stabil zum nächsten Dreh an. Es herrscht drückende Hitze, und ich weiß, dass heute kein guter Drehtag wird.

Ich bin nervös und fühle mich schwach, mein Mund ist schon beim Aufwachen trocken, und obwohl ich seit Amerika keinen Alkohol getrunken habe, fühle ich mich verkatert und überhaupt nicht geerdet. Ich lasse mir Kaffee aufs Hotelzimmer bringen und schaue beim Bestellen in den leeren Mülleimer unter dem Schreibtisch. Wie oft habe ich nach einem Saufgelage den Mülleimerinhalt vor Scham in meinen Koffer gestopft, wie eine Betrügerin, die ihre Tat vertuscht, damit sie nicht auffliegt. Und wie oft habe ich nicht mal mehr das geschafft, weil ich möglichst schnell aus dem Zimmer verschwinden musste.

Heute ist kein guter Tag, Mimi! Dieser Satz hämmert an meine Schläfen wie eine Drohung. Den weiteren Verlauf kenne ich gut genug.

Mit meinem zukünftigen Ehemann habe ich, seitdem er es auch weiß, eine Vereinbarung: Ich sage ihm, wenn ich trinken muss.

Ich wähne mich in der trügerischen Sicherheit, es bis heute Abend ins Meeting der AA zu schaffen. Dann wäre ich gerettet und trocken bis in den nächsten Tag. Ich hätte es im Griff und es gäbe nichts zu erzählen.

Der Drehtag lenkt mich ab, ich bin aufgekratzt und liefere einen Kalauer nach dem anderen. Das Showgirl ist in Hochform.

Das Team lacht, die Kollegen lachen, ich lache. Es hat sich ein Schalter in mir umgelegt – das unsichere Gefühl von heute Morgen ist wie weggeblasen.

Ich lasse mich vom Fahrer zum nächsten AA-Meeting fahren, sitze in der Runde und höre den Geschichten der anderen zu. Ich versuche, die dunkle Wolke, die sich in meine Gedanken geschlichen hat, zu verscheuchen, das Unwetter durchziehen zu lassen, mich irgendwo sicher unterzustellen.

Mühsam konzentriere ich mich auf die Gespräche. Mein Herz klopft in alter Manier verdächtig laut, in froher Erwartung eines Drinks.

Als das Treffen fast vorüber ist, hebe ich meine Hand. Ich erzähle, wie ich mich heute früh gefühlt habe, dass ich mich manchmal über mich selbst erschrecke, dass ich die Verbindung zu meinem Inneren einfach ausknocken kann, wenn ich mich und das Gefühl in mir nicht mehr aushalte. Alle Augen sind liebevoll auf mich gerichtet – hier wird man weder unterbrochen noch bewertet. Ich denke laut darüber nach, wie einfach dieser Schalter bei mir zu bedienen ist. Ich weiß hundertprozentig, dass mindestens ein Mensch im Raum fühlt wie ich. Das allein ist schon ein Wunder. Ich spreche von meinem Glauben und davon, wie unfassbar müde ich von der Suche nach dieser höheren Macht bin. Und dass diese Macht, von der hier alle reden, offensichtlich die letzten acht Jahre an mir vorbeigegangen sein muss. Oder ich an ihr. Irgendwann – vielleicht.

Mir gegenüber schält eine ältere Frau mit roten Haaren eine Mandarine. Sie schaut mich über den Rand ihrer Brille hinweg an und lächelt in sich hinein, während ich erzähle.

Warum lächelt sie so? Jetzt lächeln auch alle anderen, nicken zustimmend in ihre Richtung. Und dann in meine. Aber hier ist es gar nicht erwünscht, einander zu kommentieren. Warum kommentiert sie mich dann? Warum kommentieren mich auch alle anderen? Was soll das?

Abrupt verstumme ich und kämpfe gegen die aufsteigenden Tränen an.

Ich bin wütend. Und ich spüre, dass ich immer wütender werde.

Nach dem Meeting kommt die Rothaarige zu mir und überreicht mir einen Zettel. Ich nehme ihn entgegen, falte ihn auseinander und lese: *When the student is ready, the teacher will appear.*

Ich starre auf das Stück Papier.

Die Rothaarige streichelt mir zärtlich über den Arm, jemand anders reicht mir wortlos Taschentücher. Ich weine und kann nicht mehr aufhören zu weinen. Der Rest der Gruppe klappert mit Tassen, räumt Teller weg. Niemand wundert sich. Irgendwer weint immer.

Acht Jahre sitze ich jetzt in diesen Treffen, acht Jahre der Suche nach diesem gottgleichen Lehrer, der höheren Macht, nach dem Etwas, das mir antwortet. Ich höre und verstehe alles Gesagte, ich habe alles ausprobiert, was es sonst noch gibt, draußen in der Welt außerhalb der AA-Mauern. Ich habe jeden Film geschaut, jedes Buch gelesen, das blaue Buch der AA verinnerlicht und auch alle anderen Motivationsansätze studiert. Ich habe Ärzte, Psychologen und Heiler konsultiert – *der* Lehrer ist bisher nicht darunter gewesen. Ich bin immer noch ratlos, aussätzig, alkoholkrank. Eine Säuferin.

Auf dem Weg zurück ins Hotel kriecht die Nervosität vom Morgen wieder in mein erschüttertes Bewusstsein. Heute ist kein guter Tag, Mimi. Ich rufe meinen Mann an, stelle meine Stimmfarbe auf weich. Ich bin nicht bereit, von Meetings und Zetteln zu erzählen, und vor allem nicht davon, dass der Saufdruck längst gegen meine Tür hämmert. Stattdessen rede ich von meinem unterhaltsamen Drehtag und darüber, dass ich ja so müde sei und heute wirklich nur noch ins Bett fallen würde.

Als das Gespräch beendet ist, stehe ich vor meinem Hotel. Aber ich gehe nicht hinein.

Ich folge dem Sog der dunklen Straßen, die sich hinter

dem noblen Hotel befinden, dem teuflischen Versprechen der Bahnhofsspelunken, an deren Stehtischchen rege gesoffen und geraucht wird. In einem Tabakladen kaufe ich die weißen und eleganten Vogue-Zigaretten, die in meinen Händen fein und weniger abgefuckt aussehen, wenn ich rauche, wie ich trinke.

Laute Musik mischt sich mit rauem Gelächter. Das erste Bier kippe ich runter wie Wasser. Zuerst stellt sich das elendige Gefühl ein, dass ich erneut versagt habe – um sich in der nächsten Sekunde in Erleichterung zu verwandeln. Mein erstes Bier nach Amerika. Endlich.

Unaufgefordert stellt mir die Bardame das zweite Bier hin, sie kennt mich. Mein Feuerzeug zündet die zweite Zigarette an, obwohl ich gerade erst zu Ende geraucht habe. Mechanisch, ferngesteuert, hülsenhaft.

Aus den Lautsprechern tönt ein Lied von Joan Osborne. Ich rauche, kippe auch das zweite Bier manisch runter und lausche der Musik. *What if God was one of us? Just a slob like one of us?*

Ich krame den Zettel der Rothaarigen aus meiner Jackentasche, zerknülle ihn und werfe ihn auf den Tisch. Scheiß-Lehrer. Scheiß-God. Scheiß-Higher-Power.

In diesem Moment schiebt sich von der Seite eine Hand über meine. Sie drückt die bereits bis zum Filter abgerauchte Zigarette im Aschenbecher aus. Die Hand ist schmutzig, die Fingernägel sind gelb und eingerissen. Ich blicke auf und sehe ein heimatloses Gesicht, gerötet und verkrustet, umrahmt von öligem Haar, und rieche den beißenden Geruch von Schweiß und ungewaschener Kleidung.

Wässrige Augen schauen mich eindringlich an. Ich sehe kurz hin und dann wieder weg. Der Blick des Mannes lässt nicht von mir ab, es ist, als würde er in mich hineinschauen wollen.

Er tritt ein Stück näher und fragt: »Und was machst *du* hier?«

Ich weiß nicht so recht, was ich antworten soll. Also versuche ich, etwas Leichtes zu sagen, und erwidere mit einem schiefen Lächeln: »Das Gleiche wie *du?*«

Er rückt noch näher, so nah, dass mir unbehaglich wird. Dann beugt er sich zu mir, bis er mit seinem Gesicht fast meines berührt. Seine Haut sieht aus wie verdorrtes Land. Langsam und eindringlich, als sei es sehr wichtig, dass ich seine Worte nicht nur höre, sondern auch verstehe, sagt er: »Aber *du* gehörst hier nicht hin.«

Plötzlich ist es, als habe meine Welt angehalten. Wie ein Karussell, das sich Jahre über Jahre viel zu schnell und ohne Unterlass gedreht hat und nun ruckartig zum Stillstand kommt. Ich schwanke vom Leben, das ich bis zum heutigen Tag geführt habe, noch auf dem Barhocker sitzend hin und her und weiß nicht, ob das vom Bier oder vom Satz des Mannes neben mir kommt.

Alles ist plötzlich still. Keine Musik, kein Geräusch aus der Spelunke, keines aus der Stadt, selbst das Rauschen meines eigenen Blutes ist verstummt. Ich bin in einem Vakuum gelandet und habe keinen blassen Schimmer, wo ich mich befinde. Es gibt nur noch ihn und mich. Er legt seine Hand auf meine und sagt: »Steh auf. Geh nach Hause. Und komm nicht mehr wieder.«

Wie unter Strom nicke ich, krame einen Geldschein aus der Tasche, schiebe ihn unter den Aschenbecher, lege die Zigaretten auf den Tisch und stehe auf.

An der Tür drehe ich mich noch einmal nach ihm um.

Er nickt aufmunternd, und sein Mund formt: *Geh.*

Und dann gehe ich.

Zurück im Hotel, setze ich mich auf das Bett. Meine Finger umklammern fest die Griffe meiner Handtasche. Und ich höre sie. Klar und deutlich, die Stimme, nach der ich so lange, so unendlich und schmerzlich lange gesucht habe. Es ist die Stimme meiner höheren Macht.

Ich erkenne sie sofort. Und sie klingt wie eine vertraute, schon immer da gewesene Stimme, eine Stimme, die in mir widerhallt wie ein Echo.

»Du darfst loslassen, du darfst heil werden, du darfst glücklich sein. Es bedeutet nicht, dass du damit das Kind in uns verrätst. Es ist in Ordnung, dass du leben willst. Du wirst heil für uns alle, für jeden Anteil unseres Lebens. Leg deine Waffen nieder. Du brauchst sie nicht mehr. Es ist vorbei.«

Die Stimme, die ich höre, ist – meine eigene.

# VERGEBUNG

# Abschiede und Neuanfänge

Ich stehe am Küchenfenster im Haus meiner Kindheit und schaue hinaus auf den Hof. Seit vier Jahren muss ich nicht mehr trinken, und auch für meine Eltern ist es an der Zeit, ein langes Kapitel ihres Lebens abzuschließen. Nur noch wenige Monate werden sie hier wohnen, denn sie gehen zurück in ihre Heimat. Sosehr sie sich auf ihr Dorf und das dalmatinische Meer freuen – der Abschied tut ihnen weh. Denn in ihre Heimat zurückzugehen bedeutet, ihr Zuhause hier, ihre Kinder und Enkelkinder zurückzulassen. Ein halbes Jahrhundert haben sie in Deutschland gelebt, in einem Land, das viel von ihnen gefordert, ihnen aber auch viel gegeben hat. Hier, in diesem Haus, sind wir vier, meine Schwester, meine Mutter, mein Vater und ich, erwachsen geworden. Oder, wie meine Tochter Ava früher zu uns gesagt hat: »Ihr vier, ihr seid *Gewachsene.*«

Ich muss lächeln. Es hat eine ganze Weile gedauert, bis wir wirklich gewachsen sind, aber dem Ziel ist es sowieso egal, welchen Weg man nimmt. Hauptsache, man kommt an. Und das sind wir.

Auch wenn ich vieles in meinem Leben nicht noch einmal so machen würde, bin ich dankbar für das, was ich heute weiß. Und noch dankbarer bin ich dafür, dass ich nicht mehr trinken muss.

Ich muss an Hanne und ihre Worte denken.

»Du wirst den Unterschied erkennen.« Das hat sie immer zu mir gesagt. »So, wie du die große Liebe sofort erkennst, wirst du das Wunder der Nüchternheit auch erkennen. Es wird sich anders anfühlen als alle Versuche davor.«

Und es stimmt. Hanne hatte recht. Es fühlt sich anders an. Und dieses neue anders ist nicht immer bequem, aber es ist heilsam. Weil jeder Tag, den ich nüchtern verbringen darf, ein neues kleines Wunder ist.

Die Nüchternheit ist eine sehr strenge, aber auch eine sehr gute Lehrerin. Denn sie duldet kein Wegschauen und keine Lügen. Sie hat mir beigebracht, dass ich meine Vergangenheit nicht verändern kann, den Blick darauf jedoch schon. Und es ist nicht länger ein Blick zurück im Zorn. Auch wenn ich meinen Monstern nüchtern begegnen muss – ich halte diese Begegnungen ohne Alkohol viel besser aus als mit. Und ich werde mit dem Zugang zu einer reinigenden Quelle belohnt, aus der ich mir nehmen darf, was meine Seele braucht, um weiter zu heilen.

Das Leben wäre nicht das Leben, wenn es nicht immer wieder beweisen würde, dass es Humor hat. Wenn er auch manchmal rabenschwarz ist.

Hedi bleibt ein Stück Kuchen im Hals stecken. Und weil niemand da ist, der ihr helfen kann, den Kuchen wieder auszuspucken, erstickt sie daran.

Als Hedi stirbt, löscht sich Konny aus. Er lebt jetzt in einem Heim für Demenzkranke und erinnert sich nicht mehr daran, was er ist und wer er ist.

Es war entsetzlich, was er getan hat. Aber was ihm selbst angetan wurde, war vielleicht *noch* entsetzlicher, sodass er es im Laufe seines Lebens anderen antun *musste*. Nach Hedis Tod ist er an einen Ort gegangen, der ihm sicher nie fremd war: die Dunkelheit.

Konny hat getan, was er getan hat. Sein Kopf mag den Inhalt der Festplatte, auf der alle Bilder und Taten seines Lebens gespeichert waren, gelöscht haben. Eines Tages aber wird er einer viel mächtigeren Instanz gegenüberstehen und sich der Verantwortung stellen müssen, der er zu seinen Lebzeiten entkommen ist. Diese Instanz ist das Jüngste Gericht und ich bin sicher, dass es unmöglich ist, an ihm vorbeizukommen. Ganz egal, wie viel man aus seiner Erinnerung gelöscht hat. Und *weil* ich mir dessen so sicher bin, kann ich Konny und Hedi loslassen und ihnen vergeben. Denn die Nüchternheit hat mich vor allem eines gelehrt: dass Vergebung der allerschnellste Weg zur Freiheit ist. Und wenn man vergibt, bedeutet das nicht, dass man vergisst oder kleinredet, was passiert ist. Im Gegenteil: Vergebung ist die Anerkennung, dass geschehen ist, was geschehen ist, und dass man trotzdem das Recht auf ein gesundes und gutes Leben hat.

Die Nüchternheit hat mir auch beigebracht, dass es gar keine Rolle spielt, *warum* ich getan habe, was ich getan habe, und auch nicht, was *mir* angetan wurde – die Verantwortung für meine Handlungen liegt trotzdem bei mir. Nur bei mir.

Ich trage sie. Würdevoll, ohne Wertung und mit einem dennoch wahrhaftigen Blick auf mein Leben. So wie es eben war. Manches konnte ich reparieren. Manches musste ich loslassen und betrauern, weil es unwiderruflich zerbrochen war. Und damit leben, dass ich es war, die es zerstört hat. Dafür ist vieles, von dem ich *dachte,* es sei ganz sicher kaputt, resilient genug gewesen und hat überdauert.

Bald stehen im Hof meines Elternhauses Umzugswagen, beladen mit Erinnerungen aus fünfzig Jahren, die vom Leben einer kleinen dalmatinischen Familie in einem kleinen hessischen Dorf erzählen. Einem Leben, an dem sie nicht zerbrochen ist.

Auch wenn es in unendlich vielen Momenten nicht gewiss war, ob wir den nächsten Schlag überleben – wir alle haben uns vollständig von den Folgen eines gewaltigen, verheerenden Sturmes erholt. Wir sind noch da. Stärker, als wir es je waren.

Vielleicht braucht es nur *ein* Mitglied einer Sippe, das den epigenetischen roten Faden durchtrennt, damit er nicht weitergesponnen werden kann. Vielleicht war für meine Familie dieser Mensch *ich*.

Mit dieser Vorstellung kann ich den Weg, den ich gegangen bin, versöhnlicher betrachten und dem einen Menschen auch noch vergeben, der sich immer hinten angestellt hat, weil er dachte, er hätte kein Recht auf Vergebung.

Mir selbst.

PS:
Ich wünsche dir, dass auch du dich niemals aufgibst, und hoffe, du konntest in und zwischen meinen Zeilen etwas für dich finden. Einen Ansatz, einen Anstoß, eine Erkenntnis vielleicht. Aber am allermeisten hoffe ich, dass du in Frieden bist. Und wenn du es noch nicht bist, wünsche ich dir, dass du Frieden findest.

Und du weißt ja: Dem Ziel ist es egal, wie du hingekommen bist. Deswegen ist jeder Weg richtig, auch der Umweg.

# Epilog

Fast ein ganzes Jahrhundert lang wusste niemand in meiner Familie, wo mein Urgroßvater Ivan genau begraben wurde und ob seine Grabstätte überhaupt noch existiert. Dank der Datenbank einer genealogischen Suchmaschine haben meine Schwester und ich Ivan und seinen Bruder Mijo vor zwei Jahren gefunden.

Ivan ist von der kroatischen Auswanderer-Community 1925 auf dem St Mary Catholic Cemetery in Chicago beerdigt worden. Und dort liegt er immer noch. Dass er es auch wirklich ist, belegt vor allem das Bild, das sich auf seinem Grabstein befindet – das einzige, das es von ihm noch gibt. Ein Hobbyfotograf mit außergewöhnlicher Sammlerleidenschaft hat uns das Gesicht unseres Urgroßvaters zurückgegeben. Auf unserer Suche nach Ivan sind wir auf seine Internetseite gestoßen, auf der Hunderte von besonderen Grabsteinen zu sehen sind. Ich habe den Fotografen gefragt, warum er ausgerechnet den einfachen Grabstein unseres Urgroßvaters, auf dem nur ein Name, eine Jahreszahl und ein Bild zu sehen sind, fotografiert hat. Und er hat mir zurückgeschrieben, dass der stoische und entschlossene Blick des Mannes, der auf dem Bild zu sehen ist, ihn gefesselt und verfolgt hat.

Er habe sich immer gefragt, wer dieser Mann gewesen ist.

Es ist ohne Zweifel Ivan, denn mein Vater, sein Enkel, ist ihm wie aus dem Gesicht geschnitten.

Zu Ivans hundertstem Todestag werden meine Schwester

und ich ihn zurück ins Dorf holen und ihn neben seiner Frau und seiner Tochter beisetzen. Dort, wo er hingehört. Er wird sich der Sturheit der Frauen seiner Familie beugen müssen. Dann wird meine Urgroßmutter nach hundert Jahren endlich ihren Willen bekommen.

*Ivan, was nicht geht, geht einfach nicht! Komm du zurück nach Hause, dann haben wir die Probleme vom Tisch!*

Dass ich an Mariä Himmelfahrt nüchtern werden durfte und Ivan auf dem St Mary Catholic Cemetery begraben liegt, ist vielleicht Zufall, vielleicht aber auch nicht. Vielleicht ist es ein kleiner Hinweis aus dem Jenseits, dass er immer an meiner Seite war. Und dort auch immer bleiben wird.

Ivans Bruder Mijo ist nach 1925 in weniger beleuchtete Kreise geraten und bis zu seinem Tod in Amerika geblieben. Aber da auch er Nachkommen hat, ist es nicht an mir, seine Geschichte zu erzählen. Seine letzte Ruhe hat er 1945 im Familiengrab einer anderen kroatischen Auswandererfamilie in Milwaukee gefunden, mit der wir nicht verwandt sind.

Den jüngsten Bruder, Mate, konnte ich auf einer österreichisch-ungarischen Verlustliste aus dem Ersten Weltkrieg ausfindig machen. Zumindest kennen wir jetzt den letzten Ort, an dem er sich aufhielt. Mate geriet am 10.11.1918, einen Tag vor Kriegsende, im Piemont in Kriegsgefangenschaft. Wann er gestorben und wo er begraben ist, konnte ich nicht herausfinden – noch nicht, denn auch ihn werde ich so lange suchen, bis ich ihn gefunden habe. Und obwohl Mate, bevor er in den Krieg zog, nur einen einzigen Sohn gezeugt hatte, hinterlässt er mit Abstand die meisten Nachkommen.

Nach dem Flugzeugabsturz 1976 hat Gevatter Tod noch einige weitere Male versucht, sich meinen Vater zu holen. Ohne Erfolg.

Selbst als ihm nach dem Fund eines tennisballgroßen Krebsgeschwüres in seinem Kopf die allergeringsten Überlebenschancen attestiert wurden, ist er dem Tod durch die Finger geschlüpft. Mein Vater hat erst den Ärzten in der Klinik und dann uns mitgeteilt, dass immer noch *er* entscheide, *wann* er den Löffel abgibt. Der Tod hat sich der Sturheit meines Vaters gebeugt, denn nach sämtlichen Therapien war der Tennisball im Kopf meines Vaters so weit in sich zusammengeschrumpft, dass er herausoperiert werden konnte. Mein Vater lebt immer noch. Und wie.

Meine Mutter wurde sehr schnell zum Liebling meiner Großmutter Mara, ihrer Schwiegermutter. Die beiden hatten bis zu Maras Tod ein inniges Verhältnis, und Mara war es auch, die meine Mutter dazu ermutigt hat, sich ihren Traum zu erfüllen und Altenpflegerin zu werden.

Meine Mutter liebt ihren Beruf, und die Alten lieben meine Mutter. Wir alle lieben meine Mutter. Sie ist das Zentrum unserer Familie, und heute darf sie auch endlich das sein, wonach sie sich immer gesehnt hat: frei von Sorgen um ihre Familie.

Meine Schwester ist nach dem extrem holprigen Start in ihr Leben nie mehr krank gewesen. Ich bin sehr froh, dass meine Gebete nicht erhört wurden und sie geboren wurde. Sie ist meine Verbündete, und wir sind mehr als Schwestern. Wir sind *Soulmates*. Dass sie nur am Anfang dieses Buches vorkommt und später nicht mehr, ist dem Umstand geschuldet, dass meine Schwester weder das Licht der Öffentlichkeit mag noch im Zentrum der Aufmerksamkeit stehen möchte. Letzteres mag sie sogar so wenig, dass wir uns früher alle umdrehen mussten, wenn sie etwas auf dem Klavier vorspielen sollte.

Meine Mutter, mein Vater, meine Schwester und ich, wir vier, wir sind eine unkaputtbare dalmatinische Bande, und ich liebe es, ein Teil dieser Bande zu sein.

Auch Ana kommt in diesem Buch nicht vor, denn ein paar wenige Sätze wären der Beziehung und der Verbundenheit, die wir teilen, nicht gerecht geworden. Ana ist mein fünftes Beutekind, eines, das ich in die Ehe mit Otto mitgebracht habe, ohne Anas Mutter zu sein. Ana ist meine jüngste Cousine mütterlicherseits und kam nach dem Tod ihres Vaters zu mir und Ava. Ana, Ava und ich, wir haben nächtelang geredet, geweint, aber auch gelacht. Ana ist Avas Schwester, die über einen Umweg zu ihr gekommen ist. Die beiden sind zweifelsohne ein Blut und aus einem Holz geschnitzt.

Ana hat bis zum heutigen Tag einen Instinkt für mich wie kein anderer Mensch auf dieser Welt. Sie spürt tausend Kilometer entfernt, wenn es mir nicht gut geht. Und ich wiederum fühle mich wie ihre Seelenmama, ihre Extra-Mum, denn sie hat eine wundervolle Mama. Anas und meine Geschichte, die unserer Mütter und unserer Großmutter und vor allem die Geschichte unseres Großvaters, die ich hier nur kurz angerissen habe, erzähle ich vielleicht ein anderes Mal. Erzählenswert ist sie fraglos, denn sie beginnt mit einem Mord.

Dass *ich* noch lebe und den Mord an mir selbst nicht vollenden musste, das habe ich auch Ana zu verdanken.

Noch heute klingt der Satz einer Sozialarbeiterin beim Jugendamt in mir nach, die mal zu Avas Vater und mir sagte, dass wir noch ein ganzes Leben vor uns haben und dass alles, was heute so aussichtslos erscheint, nicht für immer so bleiben muss. Wir könnten das Ruder jederzeit herumreißen. Und so wenig wir das manchmal glauben konnten: Sie hat recht behalten.

Heute sind wir Freunde. Aber erst haben wir alles auf den Tisch gelegt und verhandelt. Danach konnten wir das, was war, vollständig dort lassen, wohin es gehört. In die Vergangenheit. Ohne Groll. Und ohne jemals zurückzublicken.

Woher auch immer Avas Seele kommt, sie ist resilienter und sturer und unbeugsamer als die Seelen aller Frauen, die es vor ihr gab. Ich habe meiner Tochter unendlich viel zugemutet, aber ich habe sie nie belogen. Eigentlich war sie lange Zeit der einzige Mensch, den ich *nicht* belogen habe. Meine Seele wusste, dass ihre Seele stark genug für die Wahrheit ist und dass jede Lüge zwischen uns schlimmer gewesen wäre als die Sucht selbst.

So haben wir uns gemeinsam aus der Zu*mut*ung Mut machen können.

Auch wenn es viele Jahre gedauert hat, bis ich das Versprechen, das ich meiner Tochter am ersten Tag ihres Lebens gegeben habe, einlösen konnte: Ich habe es geschafft. Und auf dem Weg dorthin habe ich sie nicht verloren. Ich bin immer der erste Mensch, den sie anruft, wenn sie etwas auf dem Herzen hat. Und umgekehrt ist es genauso. Darauf, und auf ihr ganzes kluges Wesen, bin ich unendlich stolz. Aber vor allem bin ich stolz darauf, dass ich *ihre* Mutter sein darf.

Mein Ehemann Otto und ich leben in einem weißen Haus auf einem Hügel, mit freiem Blick auf die Sterne. Und weil es ihn in meinem Leben gibt, traue ich mich endlich auch, nach ihnen zu greifen.

# Kontaktadressen für Hilfsangebote

Gerne möchte ich auf die Arbeit meiner Freundin Nathalie Stüben verweisen.

Ihr YouTube-Kanal *Ohne Alkohol mit Nathalie* und ihr gleichnamiger Podcast haben schon vielen Menschen die Augen geöffnet. Ihre Online-Programme sind für all diejenigen, die sich eine Starthilfe in ein nüchternes Leben wünschen, eine wunderbare Unterstützung bei der Erfüllung dieses Wunsches. Mehrere Tausend Menschen sind diesen Weg bereits gegangen. Und werden ihn weitergehen. Ich freue mich, wenn auch du ein Teil dieser Bewegung wirst.

## Anlaufstellen Alkoholismus

*Hilfe für selbst Betroffene:*
www.beratung.help/b/alkoholberatung
(Bundeslandeingabe)

www.selbsthilfealkohol.de
www.dhs.de
www.blaueskreuz.de
www.kenn-dein-limit.de
www.anonyme-alkoholiker.de
www.freundeskreise-sucht.de
www.oamn.jetzt

*Hilfe für erwachsene Angehörige:*
www.guttempler.de
www.kreuzbund.de
www.al-anon.de

*Hilfe für minderjährige Angehörige:*
www.nacoa.de

## Anlaufstellen nach sexuellem Missbrauch

www.hilfe-portal-missbrauch.de
www.lichtweg.de
www.weisser-ring.de